Universidad del
Rosario

Justicia para los vasallos de su majestad

Administración de justicia en la villa de San Gil, siglo XVIII

Velasco Pedraza, Julián Andrei
Justicia para los vasallos de su majestad. Administración de justicia en la villa de San Gil, siglo XVIII / Julián Andrei Velasco Pedraza. – Bogotá: Editorial Universidad del Rosario, Escuela de Ciencias Humanas, 2015.
xxii, 276 páginas. – (Colección Textos de Ciencias Humanas)
Incluye referencias bibliográficas.

ISBN: 978-958-738-653-0 (impreso)
ISBN: 978-958-738-654-7 (digital)

Administración de justicia – Historia – Colombia – Hasta 1810 / Real Audiencia de Santa Fe de Bogotá – Historia – Siglo XVIII / Colombia – Historia – Colonia, 1550-1810 / Nueva Granada – Historia / Colombia – Historia – Hasta 1810 / I. Universidad del Rosario, Escuela de Ciencias Humanas / II. Título / III. Serie.

986.102 SCDD 20

Catalogación en la fuente – Universidad del Rosario. Biblioteca

jda Julio 31 de 2015

Hecho el depósito legal que marca el Decreto 460 de 1995

Justicia para los vasallos de su majestad

Administración de justicia en la villa de San Gil, siglo XVIII

Julián Andrei Velasco Pedraza

Universidad del Rosario

Colección Textos de Ciencias Humanas

Editorial Universidad del Rosario
Carrera 7 No. 12B-41, of. 501 • Tel: 2970200 Ext. 3112
editorial.urosario.edu.co

Primera edición: Bogotá, D.C., octubre de 2015

ISBN 978-958-738-653-0 (impreso)
ISBN 978-958-738-654-7 (digital)

Coordinación editorial: Editorial Universidad del Rosario
Corrección de estilo: Ludwing Cepeda A.
Diseño de cubierta: Miguel Ramírez, Kilka DG
Diagramación: Precolombi EU-David Reyes
Impresión: Xpress. Estudio Gráfico y Digital S.A.

Impreso y hecho en Colombia
Printed and made in Colombia

Fecha de evaluación: 26 de marzo de 2015
Fecha de aceptación: 26 de mayo de 2015

Contenido

Anexos

Índice de gráficas, mapas y tablas

A mi familia y amigos,
a quienes tanto les debo...

Vicarios de Dios son los Reyes, cada uno en su reyno, puestos sobre las gentes, para mantenerlas en justicia, e en verdad, quanto en lo temporal, bien assi como el Emperador en su Imperio.

Las Siete Partidas (P. 2, T. I, L. 5)

Aunque el pueblo Romano transfirió en el Príncipe la jurisdicción de hacer leyes, potestad del cuchillo y elección de Magistrados, todavía reservó en sí la administración de otras cosas concernientes a otros menores gobiernos de la República, en los cuales el Pueblo tiene mano y poder, aunque subordinado y expuesto a la censura del Príncipe, su Tribunales y Justicias.

Juan de Hevia Bolaños, *Curia Philípica* (Primera Parte, § I, n. 7)

Agradecimientos

Ya me puse a pensar
y no alcanzo a cubrir
tan lindas intenciones.
Gracias, J.A.J.

Agradecer siempre será, paradójicamente, un acto sencillo y a la vez difícil. Sencillo, pues nuestro corazón no podrá negar nunca la gratitud hacia quienes contribuyeron con nuestro trabajo, haya sido de manera voluntaria o indirecta. Difícil... pues nuestras deudas podrían ser muchas y complicado es lograr pagarlas, al menos con suficiencia en las letras. Estas líneas intentan cumplir con esa doble tarea.

Indudablemente, mis padres, en primer lugar. Sin su apoyo emocional y económico todo lo que haya hecho no hubiera sido posible. Para toda la vida siempre estaré en deuda con ellos. A mis grandes y siempre presentes amigos: Carlos y Nelson. Con ellos ha perdurado y se ha engrandecido nuestra amistad a pesar de estar en tres latitudes distintas. Por los refrescos, los chats, los chascarrillos y las llamadas. Por la compañía en las penurias varias, las alegrías espontáneas y los momentos no tan buenos. A *Carlitos*, por nuestros paseos dominicales, por *El balcón de la novena*, por la disponibilidad para las lecturas y por San Gil. A Nelson, por tantas cosas, pero le debo mucho la buena amistad y ayuda en Bogotá, el D.F., París, Sevilla... y en Triana, junto a Lolita.

A Jorge, amigo, compañero y colega. Por ofrecerme su gran e incondicional amistad, por su compañerismo, sus atenciones, por su disponibilidad para conversar sobre nuestros avances y por sus lecturas de los míos. Por las chelas, las risas y por acercarme, de muchas formas, a la tierra oaxaqueña.

A la UNAM, por la formación que me ha proporcionado, por la beca de dos años que me permitió los estudios en ella y por el apoyo económico para la visita al Archivo General de Indias. A mi tutor de tesis, Felipe Castro (IIH-UNAM), quien, sin que mi tema de investigación fuera de su especialidad, ni mi espacio de estudio de su conocimiento, aceptó la dirección de este trabajo. Su siempre atenta, detallada y crítica lectura constituyó una de las mejores maneras de poder mejorar este trabajo. Además, sus comentarios teóricos y metodológicos siempre me llevaron a reflexionar sobre lo que yo mismo hacía, cómo lo hacía y a enterarme de lo que escribía. Para mi fortuna, hemos coincidido en varios puntos sobre este oficio de historiar.

A dos profesores que me han enseñado mucho y me han ofrecido su amistad, y a quienes este trabajo les debe demasiado. Jorge Traslosheros (IIH-UNAM), por sus clases, que me llevaron a comprender que este fenómeno de estudio se enmarca en problemáticas y hechos de mayor duración y envergadura, por su comprensión y permanente disponibilidad para atender mis interrogantes. A Víctor Gayol (CEH-Colmich), por haberse interesado y haber criticado desde el principio esta investigación, por sus comentarios, sugerencias, atenciones y por su gran amabilidad en Zamora.

A muchas personas que leyeron algún fragmento o la totalidad de este trabajo y a otras de quienes he aprendido mucho con solo el acto de escucharlos: Andrés Botero (U. de Medellín), Rafael Diego Fernández-Sotelo (Colmich), Beatriz Rojas (Instituto Mora) y Carlos Garriga (Universidad del País Vasco).

A los miembros del *Seminario de Historia Judicial y de la Justicia* (UNAM-Colmich); a mis compañeros de los seminarios de tesis en la UNAM y a nuestras profesoras Pilar Martínez López-Cano y Gisela von Wobeser; y una mención especial merecen los miembros del *Grupo de Historia Colonial* (Uniandes), de quienes tanto he aprendido y que al final de la elaboración del trabajo tuvieron el tiempo para leer el borrador completo. A "Vicky", por haber compartido la pasión por este tema y por las discusiones al respecto. Naturalmente, no pude incluir todos sus comentarios o sugerencias y corregir algunos detalles propios de una tesis; cualquier falencia de este trabajo solo a mí se debe.

A varios grandes amigos: Robinson, por sus lecturas, apoyo, disponibilidad y por compartir tantos datos; a Alejandro, por sus asesorías en temas jurídicos y su interés en mi trabajo; a Gabriel, por los apoyos constantes y nuestras extensas conversaciones; a Diego, Ronald y Mateo, por compartir su amistad y ayuda.

Esta obra debe su publicación a las profesoras Diana Bonnett (Uniandes), a quien también le debo el gran apoyo y confianza en mi trabajo, y a Adriana Alzate (Universidad del Rosario) por todas las gestiones y su interés.

Introducción

Este estudio representa la historia de un aprendizaje. Un aprendizaje realizado a través de una investigación. Un estudio histórico sobre un fenómeno muy puntual, en una época particular. Así, en las páginas que el lector encontrará en este texto, se evidencia un proceso de indagación histórica, sus transformaciones y altibajos, pero también los fundamentos, ideas y conclusiones sobre el problema del funcionamiento de la administración de justicia en una villa de la monarquía católica en el siglo XVIII.

Es la historia de un problema fundamental para entender el gobierno que la monarquía hispana estableció en sus territorios americanos. Se trata de la administración de justicia en un poblado que perteneció a la Real Audiencia y Chancillería de Santa Fe, primero, y al Virreinato del Nuevo Reino de Granada o Virreinato de Santa Fe[1], después, en el siglo XVIII. Entender cómo funcionaba la maquinaria de gobierno, en especial para la impartición de justicia, en este contexto específico, permite demostrar la forma en que operaba su orden jurídico y político, un orden jurisdiccional; la práctica concreta de instituciones creadas para su gobierno y las vinculaciones con las características estructurales de una comunidad o localidad específica; y saber el significado que adquiría la administración de justicia para la misma.

El caso que sirvió de ejemplo para tratar los problemas referidos es el de la villa de San Gil. Ubicada en un territorio central del Virreinato de Santa Fe, surgió a finales del siglo XVII y conforme avanzaron los años, su población y economía se hicieron relativamente prósperas. San Gil, salvo un par de hechos relevantes,

1 La denominación famosa y extendida en uso de "Nueva Granada" solo se empezó a utilizar a inicios del siglo XIX. Aquí consideramos que lo más correcto sería usar las denominaciones empleadas en el siglo XVIII como "Virreinato del Nuevo Reino de Granada" o "Virreinato de Santa Fe".

no fue una villa extraordinaria, por el contrario, resultó ser muy "típica". Esto no resta importancia a su estudio, pues todas las épocas y todos los espacios son, en alguna medida, particulares y dignos de ser estudiados. Los historiadores acostumbramos a plantear las investigaciones en términos de lo destacable, de lo que resalta a simple vista del caso "interesante o especial. Aquí hemos apostado por plantear una investigación en términos de lo "normal", si por ello entendemos lo que sucedía en el día a día.

La villa de San Gil no era un lugar especialmente destacable. Aunque su economía y demografía fueron prósperas en el siglo XVIII, no constituyó, por ejemplo, un centro minero o una población de conquista; no era la capital de una provincia, pero tampoco un territorio de frontera. El mayor peso demográfico recayó sobre la población mestiza y las élites regionales no fueron de grandes abolengos ni de fortunas de gran envergadura. San Gil, pues, era un lugar bastante normal. Más que una ciudad sede de audiencia o un territorio de frontera –por poner los extremos–, estudiar la administración de justicia en una población "promedio" puede decirnos mucho de los mecanismos cotidianos del poder, de la estabilidad, y en ocasiones sobre alteraciones, de las prácticas judiciales en un territorio que parecería no tener un interés particular, pero que era parte de la monarquía. Por ello, es un buen ejemplo del funcionamiento a un nivel local[2] y rural de las instituciones monárquicas.

El límite temporal establecido cubre casi exactamente un siglo. Inicia en 1689, cuando la villa de San Gil fue erigida y dio comienzo a su vida política con un territorio propio; y termina en 1795, año en que el panorama territorial del oriente del virreinato, y por el cual San Gil se vio afectada, sufrió reacomodos significativos. Por su parte, el marco espacial estuvo dado por los límites político-administrativos de la villa, es decir, su jurisdicción. Esta ha sido el marco orientador, pues se refería a los confines donde la institución capitular que regía la vida local tenía y, no necesariamente ejercía siempre, facultad para gobernar. El ejercicio del poder del cabildo y sus jueces no tenía vigencia más allá. Por lo tanto, nos hemos restringido a un marco local.

En este contexto, de cierta manera también provincial, evaluaremos un problema poco tratado por la historiografía colombiana, pero sí por la de otras latitudes. En efecto, mientras que la historiografía argentina, la chilena y la mexi-

---

2 Giovanni Levi ha puntualizado esto como una cuestión de escala y de observar el funcionamiento de procesos y fenómenos con lupa, lo que permite evaluar las variaciones y adaptaciones locales de lo macro. LEVI, Giovanni. "Un problema de escala". En: *Relaciones. Estudios de Historia y Sociedad*, Vol. 24, No. 95, 2003, pp. 279-288.

cana, por no hablar de la producción no americana, cada vez más contribuyen al conocimiento de la administración de justicia durante la dominación española, el ámbito colombiano posee un impresionante desconocimiento de estas cuestiones. Salvo contados trabajos[3], sabemos casi nada sobre la práctica judicial de ciudades, villas y áreas rurales del virreinato[4]; poco sobre la cristalización y manifestación de una cultura que era muy jurídica y religiosa; aún menos sobre los tribunales y las jurisdicciones por medio de los cuales se impartía justicia.

Entre los estudios disponibles, algunos fueron pioneros en su tiempo. En primer lugar, el estudio de Margarita Garrido analizó detalladamente la expresión judicial que podían tener distintos grupos por medio de quejas y reclamos[5], con el fin de analizar la cultura política en la época de transición. Pocos años después, Beatriz Patiño Millán, a través de la justicia en la provincia de Antioquia, dio luces sobre el problema de la criminalidad y su relación con la estructura social[6]. Diana Luz Ceballos, desde una visión culturalista, realizó un estudio analítico de procesos por brujería y hechicería, examinando en detalle algunos juicios y sus contextos. Se ha avanzado en el tema, aunque se hacen necesarios nuevos estudios para superar la persistencia de visiones simplistas o anacrónicas sobre la administración de justicia, además de la profunda incomprensión sobre las instituciones[7].

---

3 Montoya Gómez, María Victoria. *Los jueces y los desordenados: la administración de justicia y los esfuerzos por ordenar vistos a través de las relaciones ilícitas. El caso de la ciudad de Antioquia, 1750-1809.* Trabajo de grado (doctora en Historia). México: Universidad Nacional Autónoma de México, 2013; de la misma autora: "La jurisdicción de los jueces pedáneos en la administración de justicia a nivel local. La ciudad de Antioquia, 1750-1809". En: *Anuario Colombiano de Historia Social y de la Cultura*, Vol. 39, No. 2, julio-diciembre 2012, pp. 19-40; Muñóz Cogaría, Andrés David. "La administración de justicia penal y la criminalidad en la gobernación de Popayán (1750-1820)". En: *Anuario Colombiano de Historia Social y de la Cultura*, Vol. 40, No. 1 enero-junio 2013, pp. 19-48; Conde Calderón, Jorge. "La administración de justicia en las sociedades rurales del Nuevo Reino de Granada, 1739-1803". En: *Historia Crítica*, No. 49, enero-abril 2013, pp. 35-54. Solo para mencionar los más recientes.

4 Algunos trabajos que se han acercado a la temática son: Garrido, Margarita. *Reclamos y representaciones. Variaciones sobre la política en el Nuevo Reino de Granada, 1770-1815.* Bogotá: Banco de la República, 1991; y Patiño Millán, Beatriz. *Criminalidad, ley penal y estructura social en la provincia de Antioquia, 1750-1820.* Medellín: Instituto para el Desarrollo de Antioquia, 1994.

5 Garrido, Margarita. *Op. cit.*

6 Patiño Millán, Beatriz. *Op. cit.*

7 Todos estos problemas interpretativos se evidencian en un reciente artículo citado atrás: Muñóz Cogaría, Andrés David. *Op. cit.* También algunos aspectos persisten en una que otra interpretación de las obras citadas.

El objetivo de este trabajo es el de contribuir al estudio del tema. Tiene relevancia en cuanto ofrece el conocimiento de una parte, así sea mínima, del complejo orden jurisdiccional de la monarquía católica en el siglo XVIII y sus prácticas; de una jurisdicción de un virreinato[8] poco conocido en su organización y funcionamiento; de la forma en que en una localidad operó la administración de justicia a través de una nómina de jueces que ejercieron distintas potestades, en ocasiones armónicamente, en otras de manera conflictiva.

Este estudio ha sido orientado por la idea de *configuración*[9]. Esta se refiere a que la realidad social –presente o pasada– es construida por una diversidad de ámbitos y acciones sociales[10] que se relacionan entre sí y son interdependientes. Si bien en la propuesta sociológica que seguimos acá se pretende también analizar las posiciones relativas de los individuos con el fin de entender las configuraciones por ellos construidas, aquí no pretendemos llegar a ese detalle. Así, nuestro objeto de estudio se compone de distintos ámbitos interrelacionados y que, en conjunto, configuraron la administración de justicia en la villa de San Gil. La noción de *configuración* ha servido también como fundamento para unas *estrategias de investigación*. No solo hemos construido un fenómeno para analizar, sino además una metodología compuesta que se fue elaborando sobre la marcha del presente estudio.

Si este trabajo debiera ser clasificado, esperamos que pueda serlo como un estudio histórico-jurídico. Partimos, principalmente, de los aportes de la historia o historiografía crítica del derecho[11]. Esta considera que no se deben trasladar a realidades pasadas categorías provenientes de la manera en que concebimos el poder y el derecho en la actualidad. La realidad jurídica y política de los siglos XVI-XVIII era muy distinta de la nuestra. Por el momento, bastará con decir que se lo concebía y funcionaba como un orden jurídico plural y que la estructura

---

8 Aunque un poco descriptivo, véase: MAQUEDA ABREU, Consuelo. *El Virreinato de Nueva Granada, 1717-1780: estudio institucional.* Madrid: Dykinson, 2007.

9 ELÍAS, Norbert. *La sociedad cortesana.* México: FCE, 1996 [1982], "Introducción"; BARRIERA, Darío. "Por el camino de la historia política: hacia una historia política configuracional". En: *Secuencia,* nueva época, No. 53, mayo-agosto 2002, pp. 162-196.

10 WEBER, Max. *Economía y sociedad: esbozo de una sociología comprensiva.* México: FCE, 2012 [1964], p. 5 y ss.

11 Los autores más destacados de esta corriente han sido J. M. Scholz, Bartolomé Clavero, Antonio Manuel Hespanha, Paolo Grossi y Carlos Garriga. En habla castellana destaca el grupo HICOES (Historia Cultural e Institucional del Constitucionalismo en España (Y América)). En lo sucesivo ampliaremos las referencias.

institucional en buena parte estaba abocada a la justicia, pues administrarla era la mejor forma de gobernar. La impartición de justicia era diferenciada, derivado esto de una concepción de la sociedad donde cada persona tenía una calidad y un rol social distintos. Asimismo, los derechos eran diferentes de una persona a otra, de un grupo a otro, pero siempre en el espectro de unos principios y criterios jurídicos y religiosos determinados. La tarea de los tribunales era garantizar tales derechos a través de la justicia.

Aquí debe tenerse siempre en cuenta el derecho como cultura. Sabemos muy bien que el campo jurídico y sus elaboraciones son un reflejo y parte de la sociedad en que son producidos. No obstante, en la época de este estudio, el derecho –en sentido amplio y sin hacerlo equivalente a la ley– se puede entender como cultura misma, como una manifestación de ella, y no un producto bien diferenciado de la misma. El derecho, las formas jurídicas, la legislación, las instituciones y los pleitos estaban llenos de expresiones culturales de aquella sociedad. El derecho, más que una expresión de poder, y aunque lo era, constituía una manifestación de valores y prácticas arraigados en la sociedad.

Entonces, ¿cómo era el funcionamiento de la administración de justicia en una localidad de la monarquía católica?, ¿qué jurisdicciones existieron, y cómo y quiénes las ejercían?, ¿cuál era su lógica y práctica en la labor de los jueces? Con estos interrogantes nos aventuramos en algunos elementos de la administración de justicia y que sirvieron como ejes para la estructura expositiva del trabajo. En primer lugar, hemos considerado pertinente dar un lugar separado a un balance historiográfico. Esto con dos objetivos. Primero, nos hemos restringido a una parte significativa de la producción aparecida en los últimos diez años, esto por la amplitud de la literatura de años anteriores y de la cual hay algunos balances; aquí se destacan tres tradiciones historiográficas del derecho en América Latina. Segundo, el balance está orientado por las problemáticas, las perspectivas y los aportes hechos recientemente con el fin de evidenciar algunas ideas y argumentos que han sido de utilidad fundamental para el desarrollo de nuestro trabajo y que es necesario comentar ampliamente.

En segunda medida, el horizonte jurídico (esto es también cultural) se hacía necesario por ser este un fenómeno partícipe de la tradición jurídica de Occidente[12]. En esa medida, hemos trazado las principales características del orden jurídico

12 Berman, Harold. *La formación de la tradición jurídica de occidente*. México: FCE, 1996; Merryman, John Henry. *La tradición jurídica románico-canónica*. México: FCE 2012 [1969].

y político que sirven de fundamento para entender el sustento del ejercicio del poder y de la administración de justicia. Como parte de ese fundamento previo, también esbozaremos un panorama jurisdiccional del virreinato al que pertenecía nuestro espacio de estudio con el fin de entender cómo se ubicaba en un contexto institucional mayor.

En tercer lugar, para una contextualizada comprensión de la realidad histórica, se han establecido las características más importantes de San Gil en la centuria dieciochesca. En parte, esto ha sido con el fin de esbozar las particularidades de esta sociedad local y entender las instituciones y las acciones de los actores sociales. Sin embargo, hemos hecho énfasis en los fenómenos directamente relacionados con la temática que tratamos. De tal manera describimos las principales vicisitudes territoriales y la específica distribución del poder político en la jurisdicción de San Gil.

Cuarto, al ser aquel un orden compuesto por jurisdicciones, correspondía desarrollar este punto. Tratamos la estructura de oficiales que ejercieron potestades jurisdiccionales en San Gil, es decir, sus jueces. Este capítulo, más que concentrarse en la reglamentación de los cargos existentes (vía predilecta en antaño y todavía no desarraigada) y sus facultades, ha privilegiado conocer el ejercicio concreto que hicieron los jueces de sus potestades. Destacan jueces de los que poco conocemos: el teniente de corregidor como representante directo de la jurisdicción del rey, los alcaldes de la Santa Hermandad como jueces restringidos a las zonas rurales y de gran importancia para ellas y los alcaldes partidarios como los principales distribuidores de la justicia por la extensión de la jurisdicción.

En quinto lugar, la realidad cotidiana y práctica de la justicia, en sus requerimientos operativos y de conocimientos judiciales. Esta ha sido una dimensión poco tratada en general, a pesar del evidente sustrato logístico que requiere la labor de las instituciones. De ello, por ejemplo, se evidencia toda la documentación que ha llegado a nosotros. Parte de la generación de esos documentos mediante el ejercicio de la impartición de justicia, era el conocimiento que tenían los jueces, fuera producto de estudios (letrados) o por transmisión social en la localidad y que no constituían un conocimiento formal (legos). Fuera lo uno o lo otro, la tarea del juez, así como los principios y criterios que debían direccionar sus decisiones, estaban perfectamente arraigadas en la cultura de aquellos tiempos. Las condiciones particulares para concretar la impartición de justicia, así como la labor del escribano, también han sido adscritas a esta problemática de la cotidianidad.

Ahora bien, el diversificado y complejo orden jurisdiccional daba lugar al cruce o al encuentro de jurisdicciones. No pocas veces fue conflictivo y cuyos procesos de resolución (juicios de competencias) han sido analizados en el capítulo 6. En realidad, abarcamos allí los problemas que tenían que ver con la jurisdicción de determinado juez, fueran aquellos producto del encuentro de dos de ellas (conflicto de competencias), o también las denuncias por el mal uso de la misma (favoritismos, invasión de otra) y que podían dar lugar a recusaciones; o las necesidades y argumentos para dotar a algunos jueces de mayores competencias.

Por último, la investigación se completó con un panorama de la justicia civil. Nos hemos concentrado en algunas características de la impartición de justicia, propiamente dicha. Primero, el rol de la justicia a nivel local y las relaciones que se tejían en torno y a partir de ella; y el fundamento y distinción procesal que estaba detrás de la materia civil. Segundo, se ha trazado un contexto litigante para la villa de San Gil. En otras palabras, los elementos básicos para un acercamiento a la impartición de justicia: cantidad, tipos, porcentajes y desarrollos generales de los casos civiles. Entonces, la resolución de conflictos privados fue abordada de una manera general, pues su tratamiento merecía una investigación puntual que no estábamos en capacidad de incluir en este trabajo. Dejamos una reflexión final con miras a la continuación de este tema.

Todo este proceso de investigación puede ser considerado como un ensamblaje de un rompecabezas. Cada aspecto, elemento o manifestación era una ficha que se relacionada con muchas otras en una armazón que terminaba por componer un tejido histórico. Sin embargo, el rompecabezas no está completo, pues quedan piezas por hallar. Algunas porque se nos escapan a nuestros ojos contemporáneos; otras porque las vicisitudes del tiempo y de los humanos no dejaron huella que llegara hasta el presente; y otras que corresponderá ubicarlas y comprenderlas por medio de investigaciones posteriores. Esperamos que las conclusiones del trabajo tracen algunos derroteros.

En tan diverso y complejo panorama, recurrimos a una variedad de fuentes documentales, de múltiples tipos y de varios archivos. El pilar fundamental de la documentación lo constituyeron los expedientes judiciales del Archivo General Municipal de San Gil[13] (AGMSG), organizados en dos fondos. También recurrimos a protocolos notariales de este archivo, así como del Archivo Notarial del Socorro

13 El lector advertirá que no mencionamos ni citaremos las actas capitulares. La razón es que tal documentación no ha sido hallada hasta el día de hoy, así como tampoco la de otros cabildos de la región.

(ANS). El Archivo General de la Nación (AGN) en Bogotá fue el segundo pilar de la investigación, pues no solo nos aportó casos judiciales, sino informes, trámites de cargos, disputas jurisdiccionales y toda una gama de documentos que nos ha permitido acercarnos al ejercicio de la justicia, la práctica institucional local y sus relaciones con otras instancias.

Algunos legajos del Archivo General de Indias (AGI) fueron útiles para trazar el panorama jurisdiccional del virreinato. Como el lector verá en el capítulo 2, una serie de informes de provincias, así como el *Estado general del virreinato* de 1794 y las relaciones de virreyes nos facultaron para hablar de algunos de esos aspectos. Las fuentes normativas también fueron fundamentales: las *Siete Partidas*, la *Recopilación de Indias*, entre otras. Su utilización se incluyó no solo con el fin de obtener la información de la reglamentación de los cargos y otros aspectos jurídicos, sino también con el fin de comprender parte del sentido de los términos de la época y el panorama jurídico en que se inscribían.

Esperamos que este estudio también sea de alguna manera "útil" al abogado o al jurista que llegue a consultarlo. Ojalá contribuya a la reflexión sobre la justicia de nuestros días y sobre su funcionamiento. Que sea una especie de referente, sin esgrimir nostalgia, de un mundo donde la diversidad de derechos era su esencia y por lo tanto el derecho surgía de la misma constitución y funcionamiento de la sociedad y no de un Estado, como hoy en día, que pretende su monopolización y su ejecución, muchas veces sacrificando la diferencia. Esperamos que, de alguna manera, lo dicho en este trabajo sirva para pensar en un derecho y una justicia más cercanos a la realidad. Un derecho y una justicia más sociales[14].

---

[14] Una serie de críticas y consideraciones sobre esto han sido propuestas ampliamente por: GROSSI, Paolo. *El orden jurídico medieval*. Madrid: Marcial Pons, 1996; Del mismo autor. *Mitología jurídica de la modernidad*. Madrid: Trotta, 2003; HESPANHA, Antonio Manuel. *Cultura jurídica europea: síntesis de un milenio*. Madrid: Tecnos, 2002, Cap. 1; PRODI, Paolo. *Una historia de la justicia: de la pluralidad de fueros al dualismo moderno entre conciencia y derecho*. Buenos Aires: Katz, 2008, Introducción.

Capítulo 1
Repensar la justicia: un balance de ideas

En los últimos quince años, la historia de la justicia ha recibido un gran y renovado interés. Tanto las dinámicas de las instituciones como de sus relaciones con la población que gobernaban, entre la época del dominio de la monarquía católica y el siglo XIX, vistas a través de la justicia, han sido estudiadas desde distintas e innovadoras perspectivas. En efecto, especialmente en la última década, hemos visto la publicación de estudios individuales y colectivos que han enfatizado en el análisis de la justicia y sus distintas aristas. Así, podemos decir que estamos llegando a un mejor y más claro conocimiento de las realidades tejidas entre el derecho, las instituciones y la sociedad en torno a la impartición de justicia. No obstante queda todavía mucho por estudiar.

El cometido de este capítulo tiene varios componentes. En primera medida, pretende introducir a la temática presentando un conjunto de estudios recientes sobre la administración de justicia en los dominios americanos de la monarquía española. Se limita a los estudios más actuales y resalta la historiografía latinoamericana, ya que ha sido la más prolífica. En segundo término, este apartado del trabajo no se perfila tan solo como un balance y análisis historiográfico, sino también como una excusa para enunciar un cuerpo de ideas primordiales que han servido de puntos de partida, directrices, enunciados, presupuestos y comparaciones para los diversos elementos que analizamos en esta investigación.

Varios de los temas presentes en las siguientes páginas no son nuevos. De una u otra forma, y hasta hace poco más en otrora que en el presente, la administración de justicia, en su variante de las instituciones o de la criminalidad, había sido estudiada por quienes se interesaban en la historia del derecho o por quienes cultivaban la historia social o una historia social de la criminalidad. Sin embargo, algunos aspectos o fenómenos fueron de cierta forma abandonados y otros estudios se limitaron a resaltar las limitaciones de aquellos. A pesar de esto, desde hace varios años las temáticas referenciadas han recibido un nuevo interés con miras a un mejor entendimiento de la sociedad indiana.

En esta notable simpatía por la historia de la justicia es posible apreciar, para el contexto latinoamericano, tres núcleos principales. El primero consiste en varios estudios de la historiografía mexicana, la cual ha privilegiado el análisis de casos judiciales particulares o de algunos tribunales. En segundo lugar, la historiografía en Argentina ha sido muy prolífica a través de libros colectivos donde se enfocan en una historia social de la justicia o de las distintas formas en que se la impartía en contextos locales y regionales. Y un tercer eje lo constituye el quehacer historiográfico chileno, el cual se ha concentrado en la historia criminal para entender la sociedad, en especial para el siglo XIX.

Nuestra finalidad no es presentar un simple catálogo de autores, temas y obras. Tampoco solo la descripción de las principales características de los estudios. Sin desmeritar este modo de realizar un estado de la cuestión, hemos optado por profundizar en los objetos de estudio, las perspectivas o visiones que se han utilizado para ello y en los aportes que se han realizado hasta el momento. En torno a estos tres ejes hemos estructurado las páginas que vienen a continuación. Cabe aclarar que nos hemos restringido a una muestra de la amplia producción que año con año se incrementa notablemente.

1.1. Los temas: "viejos" y nuevos objetos

Desde hace aproximadamente un siglo la administración de justicia, las instituciones y el derecho en América durante la dominación hispánica han sido estudiados. Historiadores clásicos como Rafael Altamira Crevea, José María Ots Capdequí y Alfonso García-Gallo, entre otros, abordaron cuestiones jurídicas indianas, ellos dentro de la historia del derecho español y otros dentro del americano, según cada país[1]. Estudiosos como Ricardo Levene, Ricardo Zorranquín Becú, Silvio Zavala y José Miranda, por ejemplo, trataron las instituciones y el derecho indiano[2].

---

1 Para una síntesis, aunque ya algo desactualizada, de estos temas y el gran conjunto de estudios referentes al tema, puede verse: GONZÁLEZ, María del Refugio. *El derecho indiano y el derecho provincial novohispano. Marco historiográfico y conceptual.* México: UNAM, 1995.

2 Para un balance y referencias relacionadas ver: DEDIEU, Jean Pierre. "Procesos y redes. La historia de las instituciones administrativas de la época moderna, hoy". En: CASTELLANO, Juan Luis, DEDIEU, Jean Pierre y LÓPEZ-CORDÓN, Ma. Victoria (Eds.), *La pluma, la mitra y la espada. Estudios*

Desde otra vía, se habían analizado la criminalidad[3] y los expedientes judiciales en sí mismos para dar cuenta de diversos fenómenos[4]. Este enfoque cuenta con reconocidos trabajos. De tal forma que es imposible aseverar, en general, un vacío historiográfico.

A pesar de lo anterior, desde hace un par de décadas, en especial en la última, se ha renovado el atractivo por esas temáticas. Con distintos objetos de estudio, la justicia es considerada cada vez más como un ámbito privilegiado para el estudio de distintas dimensiones de la sociedad como las instituciones, la cultura política, las prácticas sociales y muchas más. Los nuevos referentes y sus líneas de trabajo pertenecen a una renovación de las perspectivas e ideas sobre las instituciones y la justicia, cuestiones de las que hablaremos ampliamente en el segundo capítulo.

Lo más relevante es que se ha hecho desde nuevas preguntas y desde allí la construcción de nuevos objetos de estudio. El primer tema que queremos resaltar es el de las instituciones. Este, en realidad, es un tema tratado desde muy antaño por varios historiadores o juristas, aunque desde perspectivas biográficas, prosopográficas[5] o legalistas[6]. Estas visiones han sido rebasadas por una perspectiva más integral del funcionamiento de las instituciones en el mundo indiano. Puede verse, por ejemplo, con algunos estudios sobre las reales audiencias en América[7],

---

de historia institucional en la Edad Moderna. Madrid, Barcelona: Universidad de Burdeos, Marcial Pons, 2000, pp. 13-30.

3 MCLACHLAN, Colin M. *La justicia criminal del siglo XVIII en México. Un estudio sobre el tribunal de la Acordada*. México: Sepsetentas, 1976. PATIÑO MILLÁN, Beatriz. *Op. cit.*; LOZANO ARMENDÁRES, Teresa. *La criminalidad en la ciudad de México, 1800-1821*. México: UNAM, 2010.

4 CEBALLOS GÓMEZ, Diana Luz. *"Quyen tal haze que tal pague". Sociedad y prácticas mágicas en el Nuevo Reino de Granada*. Bogotá: Ministerio de Cultura, 2002. O para citar otro ejemplo reconocido: TAYLOR, William B. *Embriaguez, homicidio y rebelión en las poblaciones coloniales mexicanas*. México: FCE, 1987.

5 Esto en un sentido tradicional como la simple elaboración de biografías colectivas de quienes ocuparon cargos en una institución determinada.

6 Ver DIDEU, Jean Pierre. *Op. cit.* Entre la gran colección de obras sobre las instituciones se puede apreciar BAYLE, Constantino. *Los cabildos seculares de la Ameerica Española*. Madrid: Sapienta, 1952.

7 MARTIRÉ, Eduardo. *Las audiencias y la administración de justicia en las Indias*. Madrid: Universidad Autónoma de Madrid, 2005; GARRIGA, Carlos Antonio. "Concepción y aparatos de justicia...", *passim*.

con algunos ejemplares de estudios específicos para la justicia penal en Quito[8], el funcionamiento operativo de la Real Audiencia de México[9], la protectoría de indios[10] o el establecimiento de la autoridad virreinal[11].

Los estudios de la justicia en las audiencias combinan el análisis de los múltiples elementos de su impartición, haya sido penal, en el caso de Herzog, o civil en el caso de Gayol, y de la entidad que la ejercía. Se reúnen los marcos normativos para la institución y los distintos oficiales, así como el ejercicio concreto de cada cargo, análisis un poco más afinado en el caso de la audiencia mexicana[12]. También entran en juego las actuaciones de los oficiales que participaban en la institución, así como los litigantes. Tampoco se desconocen cómo participaban las concepciones sobre el poder y la justicia en el ejercicio cotidiano de la administración de justicia, esto en el marco de entender estos fenómenos como parte de un régimen jurisdiccional del derecho y de la política. El análisis de Herzog es mucho menos refinado en este sentido, pues a pesar de que hay un trabajo cuidadoso con las fuentes y la reglamentación, se extraña un análisis histórico-jurídico de mayor profundidad.

En la medida que el mundo del gobierno y la política de la época moderna se han podido entender en el marco de lo que se ha denominado *jurisdiccionalismo*[13] se han podido mostrar, con mayor profundidad y comprensión que en antaño, las

---

8 Herzog, Tamar. *La administración como un fenómeno social...* Madrid: Centro de Estudios Constitucionales, 1995.

9 Gayol, Víctor. *Laberintos de justicia. Procuradores, escribanos y oficiales de la Real Audiencia de México, 1750-1812,* 2 Vols. Zamora: El Colegio de Michoacán, 2007.

10 Cunill, Caroline. *Los defensores de indios de Yucatán y el acceso de los mayas a la justicia colonial, 1540-1600.* Mérida: UNAM, Centro Peninsular en Humanidades y Ciencia Sociales, 2012.

11 Sembolini, Lara. *La construcción de la autoridad virreinal en Nueva España.* México, D.F.: El Colegio de México, 2014.

12 Especialmente Gayol, Víctor. *Op. cit.*, Caps. 2 y 3. Este estudio es más cuidadoso que el de Herzog en cuanto a la explicación jurídica y cultural del funcionamiento de un tribunal.

13 Ver Garriga, Carlos. "Orden jurídico y poder político en el Antiguo Régimen". En: Istor. Revista de Historia Internacional, No. 16, Año IV, primavera 2004. [En línea]. Disponible en: http://www.istor.cide.edu/istor.html. También puede verse: Garriga Acosta, Carlos. "Justicia y política entre Nueva España y México. De gobierno de la justicia a gobierno representativo". En: Gayol, Víctor (Coord.). *Formas de gobierno en México. Poder político y actores sociales a través del tiempo.* Vol. I: Entre Nueva España y México. Zamora: Colmich, 2012. pp. 33-79. Agüero, Alejandro. "Las categorías básicas de la cultura jurisdiccional". En: Lorente Sariñena, Marta (Coord.). *De justicia de jueces a justicia de leyes: hacia la España de 1870.* Madrid: Consejo General del Poder Judicial, 2006, pp. 23-36.

coordenadas culturales de las instituciones y de la justicia. Una de las vías para tal entendimiento han sido los conflictos de competencias, tema cada vez más prolífico en distintas latitudes. Ese tipo de conflictos, también llamados de jurisdicción, se originaban entre autoridades o instituciones por adjudicarse el conocimiento de una causa, sea por los intereses involucrados, la invasión de lo que se creía un asunto propio y particular, o por las delgadas fronteras que muchas veces poco separaban los quehaceres de unos y otros oficiales o instituciones.

En esta temática destacan dos publicaciones grupales. Por una parte, un trabajo colectivo mexicano que comprende algunas áreas de la Nueva España, aborda distintos conflictos jurisdiccionales –entre variadas autoridades y en distintas temporalidades–. Resaltemos uno de los trabajos allí contenido. Rafael Diego-Fernández y María del Pilar Gutiérrez nos acercan no solo a la importancia político-administrativa que los documentos representaban en la articulación del gobierno, sino a otra cuestión interesante: el particular funcionamiento del gobierno en aquellos tiempos. Resultó que a la muerte del propietario de una hacienda azucarera en Tequila en el siglo XVIII, las mayores autoridades eclesiásticas y judiciales de la Nueva Galicia establecieron una discordia por las cargas (una capellanía y dotes de monjas) que don Bentura Fernández Monroy había puesto.

Entre las distintas argumentaciones de los litigantes, los autores introducen la temática de las variadas fuentes de derecho que se tenían en cuenta para resolver cada pleito, y de la que este caso es un claro reflejo. Así pues, el complicado asunto pasó por varios tribunales y llegó a la consulta de las máximas autoridades en la Metrópoli, lo cual generó una serie de disposiciones reales para resolver casos similares en el futuro. Algunos de esos mandatos eran obedecidos y aplicados por autoridades, como lo muestran los autores con la aplicación en Lagos de una cédula que establecía la preeminencia de jurisdicción en los casos como el arriba citado. Ello demostraría "cómo era que en la vida cotidiana de las Indias sí impactaban las decisiones tomadas en la corte, y cómo sí eran obedecidas"[14].

El segundo trabajo también es colectivo y comprende estudios del área rioplatense casi en su totalidad[15]. En los textos contenidos se analizan diferentes

14 DIEGO-FERNÁNDEZ SOTELO, Rafael y GUTIÉRREZ LORENZO, María Pilar. "El aparato de gobierno del Antiguo Régimen visto a partir de un conflicto de competencia sobre patronato indiano en la Audiencia de la Nueva Galicia a mediados del siglo XVIII". En: GAYOL, Víctor y DIEGO-FERNÁNDEZ SOTELO, Rafael. *Op. cit.*, p. 194.

15 POLIMENE, María Paula (Coord.). *Problemas jurisdiccionales en el Río de la Plata, Córdoba, Tucumán, Cuyo y Chile*. Rosario: Prohistoria, 2011.

conflictos, algunos entre élites por el poder a un nivel local. La mayor parte de los estudios comprende el análisis detallado de momentos álgidos entre distintas autoridades[16] y otros las dinámicas entorno a alguna materia especial, como el agua, o a la actividad litigante de esclavos[17]. No obstante la variedad temática, la mayor parte de los artículos tocan, de una manera u otra, el terreno de los conflictos jurisdiccionales, analizando detalladamente las motivaciones, desarrollos y resultados de los enfrentamientos. Con ellos se posibilitan pistas sobre las concepciones que se tenían del gobierno, las autoridades y la justicia, o resumidamente, las prácticas jurídicas y judiciales de la época.

Permítasenos una anotación muy particular con respecto al trabajo anterior. Su introducción no es para nada de tipo clásico en la que se presentan las perspectivas y contenido de los trabajos. En esta ocasión se optó por incluir una excelente síntesis de la justicia castellana de finales el siglo XV e inicios del XVI, elaborada por Elisa Caselli. Hemos querido resaltar esto no solo por su singularidad, sino que nos permite evaluar algunos aspectos de consideración. En primer lugar, podemos observar el principal referente jurídico, institucional y judicial al momento de la llegada al Nuevo Mundo. En segundo término, la síntesis permite hacernos a una idea de las principales características de la administración de justicia en Castilla, lo que sin falta nos lleva a compararla con la indiana. No es de sorprender la cantidad de similitudes o paralelos que podemos encontrar; pero también las innovaciones y adaptaciones correspondientes. Sería importante que algún estudioso realizara esta tarea comparativa con una investigación amplia y rigurosa.

Siguiendo con los conflictos de competencia, al analizarlos, es como si llegáramos hasta los "huesos" de la maquinaria judicial. Una de sus aristas más relevantes es la constelación de jurisdicciones que existía y que por tal naturaleza se presentaban los casos que se estudian en las referencias citadas y en el capítulo 6 de nuestro estudio. De tal manera, como parte del funcionamiento de la justicia de aquella época, cada autoridad o institución poseía jurisdicciones específicas que podían resultar siendo variadas y variables, a veces superpuestas, en ocasiones

---

16 Por ejemplo: POLIMENE, María Paula. "El alcalde de la Hermandad del pago de bajada entre 1784 y 1786. Autoridades locales y disputa jurisdiccional". En: *Ibid.*, pp. 77-92; RUSTÁN, María Elizabeth. "Jurisdicciones en cuestión. Cabildos y autoridades militares en la administración borbónica. Gobernación Intendencia de Córdoba a finales del siglo XVIII". En: *Ibid.*, pp.139-156.

17 GONZÁLEZ UNDURRAGA, Carolina. "'Para que mi justicia no perezca'. Esclavos y cultura judicial en Santiago de Chile, segunda mitad del siglo XVIII". En: *Ibid.*, pp. 57-56.

convergentes. De ahí que las opciones que los vasallos tenían a su disposición para que un juez les impartiera justicia comprendían un gran abanico de posibilidades.

Ahora bien, este tipo de problemas se enmarcan en una consideración particular sobre la relación entre el derecho y la sociedad. Todavía no se termina de desarraigar la idea de que el derecho es tan solo un conjunto de normas escritas instauradas por autoridades y que se alejan diametralmente de la realidad social, consideración muy propia de la concepción del positivismo jurídico que se tiene contemporáneamente[18]. Si tenemos en cuenta que incluso desde la sociología jurídica se postula que el derecho se genera socialmente, podemos adentrarnos más en las lógicas de cada época[19] con otra perspectiva sobre el mismo. Para el ámbito histórico que nos concierne, el derecho era una parte fundamental, al igual que la religión, de la cultura que se forjó en América desde finales del siglo XVI y que proviene de una tradición europea[20] aunque con la correspondiente proyección y variantes adquiridas en el proceso histórico de las Indias[21].

El derecho y la religión eran las dos principales coordenadas culturales de la época que nos interesa[22]. Estos dos elementos, sobre los cuales siguen pesando muchos prejuicios, eran parte fundamental del *habitus* de los actores de la sociedad indiana. Ya fuera que se los utilizara como meros argumentos o tan solo en un nivel discursivo, no debe olvidarse, precisamente por ello, su importancia y peso en todas las esferas de la vida. De tal forma, lo jurídico, y por extensión la justicia, permeaba muchas esferas vitales[23]. Considerar el derecho de esta forma, como un componente cultural fundamental y como cultura misma de aquella época, ha dado lugar a visibilizar mejor las lógicas particulares de la justicia[24].

---

18 GROSSI, Paolo. *El orden jurídico...*, y *Mitología jurídica...*

19 Por mencionar un estudio de un célebre sociólogo se puede citar: BOURDIEU, Pierre. "Elementos para una sociología del campo jurídico". En: BOURDIEU, Pierre y TEUBNER, Gunther. *La fuerza del derecho*. Bogotá: Siglo del Hombre, Uniandes, Instituto pensar, 2000, pp. 153-216.

20 BERMAN, Harold. *Op. cit.*; MERRYMAN, John Henry. *Op. cit.*

21 Para algunas consideraciones y puntualizaciones al respecto, ver MARTIRÉ, Eduardo. *Op. cit.* Primera parte.

22 AGÜERO, Alejandro. "Las categorías..."; véase igualmente: TRASLOSHEROS, Jorge E. *Iglesia, justicia y sociedad. La Audiencia del Arzobispado de México, 1528-1668.* México: Porrúa, 2004.

23 Para unos comentarios más generales y mejor desarrollados sobre este tópico, ver: HESPANHA, António Manuel. *Cultura jurídica...*, caps. 3, 4 y 5.

24 AGÜERO, Alejandro. *Castigar y perdonar cuando conviene a la república: la justicia penal de Córdoba del Tucumán, siglos XVII y XVIII*. Madrid: Centro de Estudios constitucionales, 2008; especialmente la introducción.

Esta concepción flexible de las relaciones entre derecho y sociedad ha logrado sensibilizar sobre el fenómeno de la extensión de la autoridad. Este tema de investigación, que es uno de los predilectos por la historiografía argentina, evalúa la construcción de la jurisdicción[25] en determinado espacio o en determinada institución[26]. Para citar el caso del trabajo de María Elena Barral y Raúl Fradkin, ellos trataron de ponderar los factores que llevaron al forzamiento de un despliegue de estrategias institucionales para un mayor control del mundo rural, es decir, para posibilitar un poder *despótico* (en el sentido de capacidad independiente de negociación) y un poder *infraestructural* "entendido como la capacidad estatal para penetrar en la sociedad y poder ejecutar logísticamente sus decisiones sobre todo un territorio"[27].

En otro trabajo, analizando la justicia civil (muy poco estudiada, por cierto), se evidencia la litigiosidad en torno a ella como un factor relevante en el acercamiento de las personas a las instituciones para la resolución de los conflictos en la campaña bonaerense. Se pude identificar que tal justicia tuvo escasa, aunque creciente acogida, en el medio rural durante buena parte del periodo que analizan (1800-1834), que en general tendió al alza de casos, y, en cambio, fue por excelencia urbana; la heterogénea distribución por zonas de los distintos casos, teniendo en cuenta las características productivas y de poblamiento de las mismas; el esbozo de una *frontera judicial* donde el acceso a la justicia avanzaba con el poblamiento y este posibilitaba la consolidación estatal; y la diferenciación regional entorno al acceso a la justicia más que por las causas de los litigios. Esto último "sugiere que las diferencias entre regiones y partidos provienen sobre todo del desigual grado de institucionalización de la relación sociedad con la justicia y de las prácticas sociales efectivas frente al sistema judicial y, en cambio, refleja menos las particularidades locales que estaban produciendo las transformaciones económicas"[28].

---

25 Para el caso de cómo se formó la jurisdicción de un tribunal eclesiástico mediante los concilios ver TRASLOSHEROS, Jorge E. *Iglesia, justicia y sociedad...*, Cap. 2.

26 BARRAL, María E. y FRADKIN, Raúl. "Los pueblos y la construcción de las estructuras de poder institucional en la campaña bonaerense (1785-1836)". En: FRADKIN, Raúl O. (Comp.). *El poder y la vara: estudios sobre la justicia y la construcción del Estado en el Buenos Aires rural: 1780-1830.* Buenos Aires: Prometeo Libros, 2007, pp. 25-58.

27 *Ibid.*, p. 26.

28 BARRAL, María Elena, FRADKIN, Raúl, LUNA, Marcelo, PEICOFF, Silvina y ROBLES, Nidia. "La construcción del poder estatal en una sociedad rural en expansión: el acceso a la justicia civil en Buenos Aires (1800-1834)". En: *Ibid.*, p. 71.

Buena parte de estos análisis argentinos, están dados por la idea de la justicia como *observatorio social*, es decir, como un ámbito propicio para caracterizar la sociedad. En tal medida, se han realizado estudios sobre las prácticas litigantes de distintos grupos sociales como campesinos, arrendatarios[29] y esclavos[30]. Lo que se ha hecho es analizar sistemáticamente una serie de querellas judiciales que involucraban a cierto tipo de personas. De su análisis detallado se logra percibir el manejo que los actores hacían de conceptos como *ley* y *justicia*, lo que permite adentrarse, según Fradkin, en la cultura jurídica como parte de una cultura política popular[31].

Para cerrar este acápite queremos destacar los periodos escogidos. Sin lugar a dudas, hay dos temporalidades que son preferidas. La primera es la que comprende las reformas borbónicas, debido a que es una época donde se pueden evidenciar claramente el antes, durante y después de múltiples elementos del gobierno. Durante el reformismo borbónico se fueron suscitando conflictos de competencias debido a los cambios instaurados por el régimen de intendencias. Lo esencial fue que las jurisdicciones se dividieron y se multiplicaron, lo que hizo más complejo el panorama. De allí que se hubieran suscitado tantos enfrentamientos. La predilección de este periodo parece estar condicionada por el carácter evidentemente cambiante, expresado en los conflictos que suscitaron las innovaciones reformistas.

La segunda época favorita es la transición del régimen hispánico al republicano. Ha sido la coyuntura que por excelencia se escoge debido a que el proceso de Independencia y el naciente régimen es un laboratorio para evaluar los cambios y persistencias de las formas de gobierno y de autoridad que venían de tres siglos atrás. Esta época ha llamado especialmente la atención en Argentina, donde varios trabajos han buscado evaluar las formas de criminalidad y de control entre finales

---

29 Fradkin, Raúl. "La experiencia de la justicia: Estado, propietarios y arrendatarios en la campaña bonaerense (1800-1830)". En: Fradkin, Raúl O. (Comp.). *"La ley es tela de araña" Ley, justicia y sociedad rural en Buenos Aires, 1780-1830*. Buenos Aires: Prometeo Libros, 2009, pp. 83-120.

30 González Undurraga, Carolina. *Op. cit.*; de la misma autora. *Esclavos y esclavas litigantes: justicia, esclavitud y prácticas judiciales en Santiago de Chile (1770-1823)*. Tesis de grado (doctora en Historia). México: El Colegio de México, 2013. Y Perri, Gladys. "Los esclavos frente a la justicia. Resistencia y adaptación en Buenos Aires, 1780-1830". En: Fradkin, Raúl O. (Comp.). *"La ley es tela de araña"...*, pp. 51-81.

31 Fradkin, Raúl. "Cultura jurídica y cultura política: la población rural de Buenos Aires en una época de transición (1780-1830)". En: *Ibid.*, pp. 159-196.

del silgo XVIII e inicios del XIX[32]. En Chile también suscita mucho interés con algunas investigaciones que abarcan esta temporalidad[33].

1.2. Las perspectivas: la justicia en distintas dimensiones

Los análisis que venimos tratando se enmarcan o están relacionadas con dos corrientes. La *historiografía crítica del derecho* es, sin duda alguna, la que más ha influenciado el tema, al punto que continuamente varios estudiosos declaran expresamente su deuda intelectual con autores como Paolo Grossi, Antonio Manuel Hespanha, Carlos Garriga, Francisco Tomás y Valiente y Bartolomé Clavero. De esta perspectiva daremos algunos apuntes más adelante.

La vertiente argentina adopta un enfoque más relacionado con la historia social, al punto que se habla de su perspectiva como una *historia social de la justicia*[34]. Sin dejar de tener en cuenta la corriente susodicha, los análisis referidos al Río de la Plata combinan de manera magistral las dinámicas jurídicas, judiciales e institucionales en marcos regionales o locales[35], permitiendo un acercamiento a las formas concretas en que distintos lugares se vivieron coyunturas, periodos y fenómenos. De aquí que se encuentren variados análisis para un conjunto grande de regiones y localidades de Argentina[36]. En lo que respecta a los chilenos, ellos siguen un enfoque similar al argentino, aunque también adentrándose en

---

32 Ver las compilaciones citadas de Raúl Fradkin y también POLASTRELLI, Irina. "Faltando a los deberes de buen vasallo. El juicio a los acusados de intentar independizar el Río de la Plata, 1809-1810" y BARRIERA, Darío G. "El alcalde, el cura, el capitán y "la Tucumanesa". Culturas y prácticas de la autoridad en el Rosario, 1810-1811". Ambos en: POLIMENE, María Paula (Coord.). *Op. cit.*

33 Nos referimos a Carolina González Undurraga y las referencias citadas; y ALBORNOZ VÁZQUEZ, María Eugenia. "Seguir un delito a lo largo del tiempo: interrogaciones al cuerpo documental de pleitos judiciales por injuria en Chile, siglos XVIII y XIX". En: *Nuevo Mundo Mundos Nuevos* [En línea], puesto en línea el 15 de diciembre de 2007, consultado el 20 de abril de 2014. Disponible en: http://nuevomundo.revues.org/13033 y de la misma autora. "La injuria de palabra en Santiago de Chile, 1672-1822". En: *Nuevo Mundo Mundos Nuevos* [En línea] consultado el 19 de abril de 2014. Disponible en: http://nuevomundo.revues.org/240

34 BARRIERA, Darío G. "Justicias, jueces y culturas jurídicas en el siglo XIX rioplatense". En: *Nuevo Mundo Mundos Nuevos* [En línea]. *Debates*, marzo 2010. Consultado el 12 de abril de 2014. Disponible en: http://nuevomundo.revues.org/59252

35 BARRIERA, Darío. "Justicias rurales: el oficio de alcalde de la Hermandad entre el derecho, la historia y la historiografía (Santa Fe, gobernación del Río de la Plata, siglos XVII a XIX)". En: *Andes*, Vol. 24, No. 1, 2013. Descargado el 25 de marzo de 2014. Disponible en: http://www.scielo.org.ar/pdf/andes/v24n1/v24n1a01.pdf

36 MENDOZA, Córdoba, Buenos Aires, Santa Fe y San Miguel de Tucumán.

reflexiones sobre las fuentes judiciales[37]. Debemos destacar algo: en cada uno de los tres países que hemos hecho mención, a saber, México, Chile y Argentina, no debe ser gratuito que sean los principales estudiosos sobre la justicia en América Latina si tenemos en cuenta la fuerte tradición de historia del derecho que tiene cada uno de ellos. Esto se demuestra no solo con revistas científicas de antigua y denotada referencia[38], sino también con algunos autores clásicos o actuales que siempre serán de referencia indispensable y figuran como los precursores o representantes relevantes de estos estudios[39].

Sea de una, otra, o de las dos grandes influencias, todos los trabajos apuntan a un rasgo primordial de la sociedad que estudian: la justicia como componente fundamental. En efecto, cada uno de los análisis se sustenta en la idea del papel que desempeñaba la justicia –en sus variadas dimensiones– en la época del dominio hispánico en América. Ya hemos hablado, por ejemplo, de los conflictos de competencias como una radiografía de la justicia y del aparato de gobierno. De otro lado, también mencionamos la importancia metodológica[40] del tema de la justicia, lo cual también puede mirarse con expedientes judiciales para la comprensión de la dinámica social[41]. Si tuviéramos que sintetizar este párrafo,

---

37 La más clara evidencia fue un evento del 2011, cuyos trabajos se publicaron como: *Primer Taller para el Estudio de la Justicia en Chile. Las fuentes: aproximaciones metodológicas*. En: Nuevo Mundo, Mundos Nuevos. Coloquios 2012. Disponible en: http://nuevomundo.revues.org/62293#primer-taller-para-el-estudio-de-la-justicia-en-chile-las-fuentes-aproximaciones-metodologicas-presentacion

38 *Revista Mexicana de Historia del Derecho* (Universidad Nacional Autónoma de México), antes *Anuario Mexicano de Historia del Derecho*; *Revista Chilena de Historia del Derecho* (Universidad de Chile), *Revista de Estudios Histórico-Jurídicos* (Pontificia Universidad Católica de Valparaíso); y *Revista de Historia del Derecho* (Instituto de Investigaciones de Historia del Derecho, Buenos Aires).

39 Silvio Zavala y José Miranda, por mencionar dos para México; Ricardo Zorraquín Becú, Ricardo Levene, José Mariluz Urquijo, Víctor Tau Anzoátegui y Eduardo Martiré, en Argentina; y Javier Barrientos Grandón, Antonio Dougnac Rodríguez y Bernardino Bravo Lira, para Chile.

40 Ya lo ha resaltado Darío Barriera: "Viendo a nuestros sujetos hacer justicia –administrándola, suplicando por ella, reclamándola o imaginándola– en escenarios y épocas diversas, se consiguieron pequeños pero muy precisos retratos de la profunda unidad que liga el quehacer judicial –lego, letrado, civil, militar o eclesiástico– con la historia de la organización del territorio." Barriera, Darío G. "Presentación". En: Barriera, Darío (Comp.). *Justicias y fronteras. Estudios sobre historia de la justicia en el Río de la Plata (siglos xvi-xix)*. Murcia: Universidad de Murcia, Servicio de Publicaciones, Red Columnaria, 2009, p. 9.

41 Barriera, Darío (2014), "La historia de la justicia y las *otras historias*". En: Bonaudo, Marta y Richard-Jorba, Rodolfo (Coords.), *Historia regional: enfoques y articulaciones para complejizar*

lo haríamos de la siguiente forma: la justicia estaba presente inexorablemente en muchas esferas de la vida social de aquella época.

Uno de los ejes analíticos que desarrolla estos estudios es la relación entre instituciones, autoridades y las dinámicas regionales o locales. Esto se hace patente en los estudios sobre el Río de la Plata, en los cuales se ponderan, con justo equilibrio, la estructura judicial de un territorio, las autoridades presentes y su relación con su contexto cercano[42]. No obstante, no puede desconocerse que todavía se requieren estudios más profundos sobre las instituciones rioplatenses[43].

Otra de las principales vías para el examen de la justicia ha sido, precisamente, una metodología con enfoque casuístico, lo que es muy evidente en las distintas compilaciones que hemos ido citando. Esto en buena parte se relaciona con la lógica de gobierno de la época, en donde el casuismo[44] era una de sus características constitutivas y más evidentes. En el orden jurídico y político la ley y la resolución de los pleitos judiciales se inscribían en el proceder de caso por caso[45], en la evaluación de cada situación particular en vía de garantizar a cada quien lo que le era justo, según su calidad en el marco de una justicia conmutativa[46]. De esta manera, existía una importante variación de las actuaciones judiciales sin apartarse de ciertos marcos institucionales y de los criterios jurídico-culturales. Siendo fieles a esta realidad histórica, varios de los análisis se concentran en una querella judicial específica. Esto tampoco es una innovación, aunque recientemente se ha logrado darle una mayor comprensión a los procesos por medio de nuevas preguntas e ideas.

El tipo de fenómenos que se analizan ha exigido una visión integral en dos sentidos. El primero es el del aparato analítico que ha servido de caja de herramientas

---

una historia nacional, La Plata, Universidad Nacional de La Plata, Facultad de Humanidades y Ciencias de la Educación, 2014, pp. 19-39.

42 AGÜERO, Alejandro. *Castigar y* perdonar...; FRADKIN, Raúl O. (Comp.). *El poder y la vara*...; y BARRIERA, Darío. *Justicia y fronteras*...

43 Hay algunos que ofrecen una visión panorámica, como los trabajos de Ricardo Zorraquín Becú, Víctor Tau Anzoátegui y Eduardo Martiré.

44 TAU ANZOÁTEGUI, Víctor. *Casuismo y sistema: indagación histórica sobre el espíritu del derecho indiano*. Buenos Aires: Instituto de Investigaciones de Historia del Derecho, 1992.

45 Para unas reflexiones al respecto ver DIEGO-FERNÁNDEZ SOTELO, Rafael. "Estudio introductorio". En: DIEGO-FERNÁNDEZ SOTELO, Rafael y GAYOL, Víctor. *Op. cit.*, p. 40 y ss.

46 Para algunas reflexiones, para esta y la justicia distributiva, ver: LEVI, Giovanni. "Reciprocidad mediterránea". En: *Tiempos Modernos*, Vol. 3, No. 7, 2002.

para la interpretación. En efecto, la mayoría de estudios coinciden en utilizar herramientas teóricas sea de la sociología, la antropología o la teoría política. Como se ha dicho, aquí también hacen presencia las ideas sobre el derecho y el gobierno del antiguo régimen que desde una perspectiva jurídica han postulado Tomás y Valiente, Paolo Grossi, Antonio Manuel Hespanha, Víctor Tau Anzoátegui, Carlos Garriga y Bartolomé Clavero, por mencionar los más representativos y citados.

El segundo es el de la realidad histórica misma que ha llevado a una integralidad de la visión sobre los fenómenos. Sin tener las pretensiones de una "historia total", podemos decir que los estudios que analizamos son especies de pequeñas historias totales, ya que se tienen en cuenta las distintas caras de los fenómenos sociales como partes de un universo social. Resumamos las características generales: no se pierde de vista el contexto cercano del caso concreto, de la institución o del fenómeno que se analiza; también se realiza una evaluación de los marcos normativos, a nivel imperial, provincial y local, como parte fundamental para entender las acciones de los actores o de las instituciones; de ahí que también se tengan en cuenta el funcionamiento, sea algo general o concreto, de cierto tribunal; finalmente, la descripción densa de los pleitos judiciales que revelan las actuaciones de los actores, por supuesto, con la merecida e imprescindible crítica de fuentes[47].

Como puede deducirse de los trabajos, las querellas han sido intensivamente utilizadas, unitaria o serialmente. Se ha logrado cierta comprensión de estas, pero en muchas ocasiones han pasado por alto algunos aspectos de su materialidad. El que más resalta es el de la dimensión procesal[48] de las querellas, tanto en lo civil como en lo criminal[49]. En efecto, poco se ha atendido la normatividad procesal para contrastarla con la práctica judicial, así como a un entendimiento de las figuras utilizadas y la finalidad última de los procesos. A pesar de que muchas se tienen en

---

47 Sobre la crítica de fuentes han apuntado contundentemente Paolo Grossi y especialmente HESPNAHA, António Manuel. *Cultura jurídica...*, p. 43 y ss.

48 Su importancia puede intuirse a partir un trabajo como: MARTÍNEZ MARTÍNEZ, Faustino. "El proceso canónico y la verdad". En: GONZÁLEZ-VARAS IBÁÑEZ, Alejandro (Coord.). *El* Ius Commune *y la formación de las instituciones de derecho público*. Valencia: Tirant Lo Blanch, 2012, pp. 209-239. PAZ ALONSO, María. *El proceso penal en Castilla (siglos XIII-XVIII)*. Salamanca: Universidad de Salamanca, 1982.

49 Algunos ejemplos en que sí se ha realizado cierto acercamiento son: HERZOG, Tamar. *La administración...*; AGÜERO, Alejandro. *Castigar y perdonar...*; y del mismo autor. "El testimonio procesal y la administración de justicia penal en la periferia de la monarquía católica, siglos XVII y XVIII". En: *Acta Histriae*, No. 19, 1-2, 2011, pp. 43-60.

cuenta para los marcos institucionales, poco se reflexiona sobre las implicaciones que puede tener sobre la documentación judicial que se trate de un tribunal u otro, como también de un territorio u otro. No sería lo mismo un caso llevado ante un corregidor, que uno llevado ante una audiencia. Tampoco era igual un pleito llevado en el tribunal de una ciudad, que en un territorio de frontera[50]. Esto sin desconocer que había matrices jurídicas consagradas y puestas en práctica desde siglos atrás, pero que eran flexibilizadas en contextos particulares.

1.3. Los aportes: nuevos aspectos de la justicia

Hoy por hoy, el alud de trabajos que hemos ido referenciando ha realizado significativos avances. Podemos empezar por la contribución más evidente: un mayor entendimiento de la sociedad, el derecho y la política indianos, así como un mejor y más cercano conocimiento en la estructuración y las dinámicas de los territorios de la monarquía católica en América.

A partir de las nuevas perspectivas ha surgido la reconsideración de algunas ideas. Desde hace años se había advertido que la estructura de gobierno de la monarquía no debía ser entendida simplemente como ineficiente y corrupta, pero es en el presente donde estamos evidenciando las lógicas particulares que comprueban su funcionamiento, así como el de la importancia, vigencia, variación y aplicación de la ley en la América hispánica. Entendámonos: no negamos que muchas veces la normatividad no fuera aplicada, sino que hay que ver las condiciones en que esto ocurre y la forma en que se la concibe[51] para comprender que muchas veces la legislación sí entró en vigencia, pero que también existían múltiples órdenes normativos como la moral, la doctrina, la jurisprudencia[52], la

---

[50] Sobre este último aspecto ha trabajado Charles Cutter, entre otras publicaciones, en: "La Magistratura Local en el norte de la Nueva España: El caso de Nuevo México." En: *Anuario Mexicano de Historia del Derecho*, No. 4, 1992, pp. 29-39; del mismo autor. *Legal culture of northern New Spain, 170*-1810. Alburquerque: University of New Mexico Press, 1995. Barriera, Darío (Comp.). *Justicia y fronteras..., passim*.

[51] Tau Anzoátegui, Víctor. "La ley "se obedece pero no se cumple". En torno a la suplicación de las leyes en el derecho indiano". En: *La ley en la América hispana: del descubrimiento a la emancipación*. Buenos Aires, Academia Nacional de la Historia, 1992, pp. 67-143.

[52] Para un listado y algunas consideraciones, ver: Luque Talaván, Miguel. *Un universo de opiniones. La literatura jurídica indiana*. Colección Biblioteca de Historia de América: 26. Madrid: Consejo Superior de Investigaciones Científicas, Instituto de Historia, 2003.

costumbre[53] y la legislación tenía varios niveles con lo aportado por gobernadores, corregidores y cabildos. La cuestión es mucho más compleja y diversa que hablar solo de *aplicación de la ley*.

Una segunda concepción que ya debe desarraigarse completamente es la idea simplista de que las instituciones eran manipuladas solo en beneficio de las élites o de individuos que fueran autoridades importantes y el resto de la población era solamente controlada. No puede desconocerse que sí había una utilización de los marcos institucionales y de los oficios para cierto beneficio particular o grupal, y en ocasiones de forma marcada, muy evidente y hasta exagerada. Los ejemplos abundan. Pero también debe comprenderse el carácter patrimonial de los oficios públicos, por medio del cual quien tuviera un cargo podía sacar cierto "provecho" de este. De tal forma, ciertos aprovechamientos eran tolerados, permitidos y contemplados por el derecho y los límites sociales de lo aceptable.

Nuevos aspectos sobre lo que algunos definen como cultura política a través de las prácticas litigantes han sido develados. En los trabajos que se han concentrado en la actividad litigante de campesinos y esclavos se han demostrado varias cosas. Por una parte, y la más clara, es la participación activa en la justicia de grupos denominados "subalternos", lo cual nos indica que todos tenían, y no se les negaba, acceso a la misma. Por otra parte, la habilidad, muchas veces eficiente, de argumentar judicialmente las peticiones y reclamos ante sus contrarios, sea quien fuere. Esclavos y campesinos conocían de cierta forma algunos marcos normativos y elementos discursivos que les permitieron ganar querellas judiciales, aunque esto no solo por el nivel retórico implementado, sino también basados en los justos derechos que les correspondían. Estas afirmaciones no excluyen el hecho de que los marcos jurídicos e institucionales tenían una gran influencia en la construcción de los discursos judiciales.

Este punto merece una ampliación a partir de una obra clave. Uno de los trabajos más innovadores de la historiografía argentina ha sido el de Alejandro Agüero[54], en el que analiza la justicia penal en los siglos XVII y XVIII en Córdoba

---

53 Para un estudio profundo del significado de la costumbre en la América española y su observación en un caso concreto, ver: TAU ANZOÁTEGUI, Víctor. *El poder de la costumbre: estudios sobre el derecho consuetudinario en América hispana hasta la Emancipación*. En: *Tres grandes cuestiones de la historia de Iberoamérica: ensayos y monografías*. Madrid: Fundación Ignacio Larramendi, 2011. Recurso electrónico disponible en: http://www.larramendi.es/i18n/consulta/registro.cmd?id=1115

54 AGÜERO, Alejandro. *Castigar y perdonar... Op. cit.*

del Tucumán. Traemos a colación esta obra porque Agüero es tal vez quien mejor ha insertado los procesos judiciales en la matriz cultural de aquella época, esto es, en sus fundamentos y manifestaciones jurídicas y religiosas. Es destacable el detalle y fineza con que ha podido analizar y evidencia criterios jurídicos y religiosos generales –muchos expuestos en la literatura jurídica– usados e interpretados en un contexto periférico del imperio español.

1.4. Un largo y ancho camino

A pesar del significativo puñado de trabajos, queda un largo camino por recorrer. Si hemos empezado a conocer mucho mejor las instituciones y la justicia durante el dominio hispánico, queda por seguir profundizando en esa vía. También trazar algunos derroteros fundamentales que merecen estudios particulares de aspectos importantes, aunque han sido desatendidos, poco profundizados o ni siquiera planteados. Esto podría constituirse en una invitación a una historia judicial o de la justicia, así como en una agenda de problemas de investigación.

La primera tarea puede consistir en una complementariedad de perspectivas entre las distintas vertientes, o tomar ejemplos entre ellas para enriquecer los ámbitos historiográficos de cada una de ellas. Por ejemplo, hemos señalado que la historiografía argentina se concentraba en análisis sistemáticos de documentación judicial en contextos locales o regionales. Por la parte mexicana se enfocan más en casos judiciales concretos o a los marcos de ciertos tribunales, tanto de justicia civil como eclesiástica. Uno y otro enfoque se pueden complementar o servir de ejemplo o modelo a imitar.

Ahora bien, los distintos tipos de justicia es un tema que poco se plantea. Uno de los que muy poco hemos dado cuenta en este espacio es el de la justicia eclesiástica, que ha sido algo trabajada para el caso mexicano[55], y un poco menos en el peruano[56]. No obstante, tanto ahí como en otros espacios queda un sinfín de casos y elementos por analizar. La estructura, presencia y extensión de tribunales

---

55 Traslosheros, Jorge E. *Historia judicial eclesiástica de la Nueva España. Materia, método y razones.* México: UNAM, Instituto de Investigaciones Históricas, Porrúa, 2014; y del mismo autor: *Iglesia, justicia y sociedad... Op. cit.*

56 Traslosheros, Jorge E. y Zaballa Beascoechea, Ana de. (Coords.) *Los indios ante los foros de justicia religiosa en la Hispanoamérica virreinal.* Serie Historia General 25. México: UNAM, Instituto de Investigaciones Históricas, 2010. Zaballa, Beascoechea, Ana de (Ed.). *Los indios, el derecho canónico y la justicia eclesiástica en la América virreinal.* Madrid: Iberoamericana, Frankfurt am Main: Vervuert, 2011.

eclesiásticos puede ser el comienzo. También las competencias que ejercieron junto con la construcción y continua modificación de su jurisdicción. Anexado a esto, vendría la práctica cotidiana de la justicia con el análisis de los procesos judiciales, su tipología, su lógica, fundamento y desarrollos. En última instancia, las declaraciones de los litigantes y las manifestaciones culturales y jurídicas presentes allí.

Entre todos destaca un tipo de justicia bastante desconocida: la civil. Si bien los estudios citados de Fradkin y de Gayol se basan en pleitos civiles[57], esta justicia sigue siendo prácticamente desconocida. La importancia de la justicia civil puede verse en que comprende una buena parte de la documentación judicial. A pesar de ser poco llamativa, también es una fuente para la historia social[58], cultural y de las instituciones, por no decir que también para la económica. Si mencionamos algo básico, la justicia civil puede analizarse desde sus componentes formales como los tipos de pleitos, frecuencia, porcentajes y distribución territorial. Pero también como vimos con los trabajos sobre la justicia impartida a esclavos, arrendatarios y campesinos, puede decirnos mucho sobre estos sectores de la población y sus ideas sobre la justicia y actuaciones en torno a ella. También las instituciones, instancias y las articulaciones de las mismas para la resolución de querellas privadas podría ser otra veta analítica. Y por mencionar una más, el marco jurídico-procesal y su relación con la práctica judicial puede ser un excelente tema para la historia del derecho. Pensemos también en un comparativo entre la justicia civil y la criminal: ¿qué tanto diferían en oficiales, procesos y argumentaciones (de fondo y forma) de los actores?

Esta cuestión de los procesos nos lleva a pensar en la variedad de tribunales. Como es sabido, hubo una gama de foros de justicia a nivel local y provincial, pero también por cuerpos o distintas jurisdicciones. Algunas de las relaciones son evidentes cuando se ven los procesos que pasan desde alcaldes partidarios y ordinarios con apelación, a una instancia jurisdiccional mayor, sea un gobernador o una audiencia. Pero tales tránsitos que se llevan a cabo no han sido objeto

---

57 También una parte de Traslosheros, Jorge E. *Iglesia, justicia y sociedad*... Para el caso castellano hay un extenso estudio: Gandasegui Aparicio, María José. *Los pleitos civiles en Castilla, 1700-1835: estudio del funcionamiento de la administración de justicia castellana en el marco de los pleitos privados.* 4 tomos. Tesis de grado (doctora en Historia). Madrid: Universidad Complutense de Madrid, 1998.

58 Dedieu, Jean Pierre. "El pleito civil como fuente para la historia social". En: *Bulletin Hispanique, "Hommage à François Lopez"*, No. 1, juin 2002, pp. 141-160.

de estudios, ¿cómo se relacionaban distintos tribunales (audiencia, provinciales y capitulares) en una misma localidad? Solo podemos citar algunos ejemplos[59].

Sobre la temporalidad comentamos los dos periodos predilectos. Poco se sabe sobre el siglo XVI que representaría los inicios de la administración de justicia en Indias. El siglo XVII[60] sigue siendo un siglo poco explorado en general y el tema de la justicia no es la excepción. La primera mitad del siglo XVIII no se queda atrás en cuanto a su abandono. Aquí puede haber una excelente oportunidad para ver otra coyuntura: el cambio de casa reinante de los Habsburgo a la Casa de Borbón. En efecto, a pesar de haber sido un periodo con innovaciones –como las de nueva planta– el tránsito de una familia gobernante a otra no se ha explorado para evaluar qué tanto persistió o qué tanto se innovó y las condiciones de una u otra circunstancia.

Finalmente, queda por mencionar la necesidad de estudiar otros espacios. La bibliografía citada es sintomática de que otros territorios están siendo poco conocidos. En efecto, sabemos muy poco de los muchos tribunales de alzada que hubo, tales como las reales audiencias de Santa Fe[61], Guatemala, Buenos Aires, Cuzco, entre otras. Los estudios de la administración de justicia a nivel provincial y local igualmente tienen pocos ejemplos en los espacios monárquicos aparte de Nueva España, el Río de la Plata y Chile. Esto también sin contar que la exploración de la criminalidad, de los distintos tipos de justicia y de la cultura judicial de grupos sociales, sigue sin ser explorada.

Las virtudes de iniciar estudios para más latitudes no son solo las de empezar a conocer las realidades del gobierno y de la justicia en territorios no tan centrales de la monarquía, y la de conocer esas realidades en otros espacios que sirvan de

---

59 HERZOG, Tamar. *Op. cit*; DEL ARENAL FENOCHIO, Jaime. "La justicia civil ordinaria en la ciudad de México durante el primer tercio del siglo XVIII". En: *Memoria del X Congreso del Instituto Internacional de Historia del Derecho Indiano*. México: UNAM, 1995, pp. 39-64; y AGÜERO, Alejandro. *Castigar y perdonar...*

60 Podemos nombrar un par de trabajos: HIDALGO NUCHERA, Patricio. *Antes de la Acordada: la represión de la criminalidad rural en el México colonial (1550-1750)*. Sevilla: Universidad de Sevilla, 2013; y GARCÍA MARÍN, José María. *La justicia del rey en Nueva España*. Córdoba: Universidad de Córdoba, 2011.

61 Se puede hacer alusión: MAYORGA GARCÍA, Fernando. *Real Audiencia de Santafé: historia, visitas, quejas y castigos del primer tribunal con sede en la ciudad*. Bogotá: Imprenta Distrital, 2013. Aunque este libro figura como primera edición, parece ser la segunda de: MAYORGA GARCÍA, Fernando. *La Audiencia de Santafé en los siglos XVI y XVII*. Bogotá: Instituto Colombiano de Cultura Hispánica, 1991.

comparativo con los ya conocidos; asimismo, el de contribuir a un conocimiento del complejo y dinámico aparato de gobierno de la época. Con más estudios podremos ir sustentando o rebatiendo algunas propuestas globales sobre la administración de justicia en la monarquía de España.

Capítulo 2
Justicia y derecho en la monarquía católica

2.1. Orden jurídico, orden político y administración de justicia

Desde hace algunas décadas, la visión sobre la historia de las instituciones de los siglos XVI-XVIII ha ido cambiando. Si bien antes se veían como organismos rígidos, o como simples bastiones de las élites locales o regionales, ahora la cuestión es mucho más compleja. Desde la *historia crítica del derecho*[1] –para Carlos Garriga una *historia cultural del derecho*– se ha mostrado la imbricada relación entre los fenómenos jurídicos, institucionales y culturales, ya que en años anteriores la historiografía comúnmente los separaba. Hoy más que nunca, ya no se conciben ese tipo de afirmaciones, sino una fusión entre el régimen jurídico y la práctica institucional, pues no podemos hablar del derecho simplemente como una reglamentación que permanecía en el papel.

En efecto, la visión se ha transformado. La realidad histórica de las estructuras institucionales y jurídicas, especialmente los tribunales, ahora es vista como un entramado complejo entre el derecho y la práctica, mas no como la "ley" separada del quehacer cotidiano. Todo esto se ha posibilitado gracias a una reconsideración de la historia del derecho en su metodología y propia historicidad, para las sociedades llamadas de antiguo régimen[2]. Esto nos ha señalado una

---

1 La expresión es de António Manuel HESPANHA. *Cultura jurídica europea: síntesis de un milenio.* Madrid: Tecnos, 2002, p. 21.

2 Por antiguo régimen puede entenderse como "un largo periodo histórico que hunde sus raíces en la Edad Media y la feudalidad y se prolonga en muchos campos y en michos ambientes hasta la Ilustración". GUERRA, François-Xavier y LEMPÉRIÈRE, Annick. "Introducción". En: GUERRA, François-Xavier y LEMPÉRIÈRE, Annick *et al. Los espacios públicos en Iberoamérica. Ambigüedades y problemas. Siglos XVIII-XIX*. México: Cemca y FCE, 1998, p. 12.

manera distinta de entender el poder antes de la creación de los estados nacionales. El derecho, considerado no solo producto, sino también proceso social y reflejo de una cultura, como una expresión cultural viva, con diversas caras, usos y manifestaciones[3].

La perspectiva o corriente que ha sido promotora de estas consideraciones, la *historia* o *historiografía crítica del derecho*, ya tiene algunos años. En el siglo pasado varios juristas e historiadores empezaron a reflexionar sobre la política y las formas jurídicas para la época medieval y moderna. La primera propuesta consistente la realizó Otto Brunner por la década de 1960[4], quien destacó la diferencia en las representaciones que sobre el poder y la sociedad se tenían en el antiguo régimen[5]. La idea fue secundada por un número de la revista *Ius Commune*, en 1977, la cual fue coordinada e introducida por Johannes-Michael Scholz. Este autor propugnaba por la recuperación de los sentidos "auténticos" (locales)[6] de las instituciones del pasado[7], para lo cual se requería separarse de algunas deformaciones metodológicas.

Parecía estar conformándose una tendencia historiográfica. En el ámbito italiano se dio, al mismo tiempo, una reflexión similar, aunque para el derecho privado, de la mano de Paolo Grossi. A partir de sus trabajos se forjó una nueva

---

3 António Manuel Hespanha. *Op. cit.*, Cap. 1; y VALLEJO, Jesús. "Derecho como cultura. Equidad y orden desde la óptica del *Ius Commune*". En: DE DIOS, Salustiano, INFANTE, Javier, ROBLEDO, Ricardo y TORIJANO, Eugenia (Coords.). *Historia de la propiedad. Patrimonio cultural.* III Encuentro Interdisciplinar, Salamanca, 28-31 de mayo de 2002. Madrid: Servicio de Estudios del Colegio de Registradores, 2003, pp. 54-70, *passim*.

4 BRUNNER, Otto. *Per una nuova storia costituzionale e sociale*, Milano, Vita e Pensiero, 2000, pp. 1-20.

5 HESPANHA, António Manuel. *Op. cit.* p. 35.

6 Para una reflexión interesante sobre la dimensión local del derecho, y de la antropología, aunque más para el presente, ver: "Conocimiento local: hecho y ley en la perspectiva comparativa". En: GEERTZ, Clifford. *Conocimiento local: ensayo sobre interpretación de las culturas*. Barcelona: Paidos, 1994, pp. 195-264.

7 "El pasado jurídico, por tanto, debía ser leído de tal modo que se respetara su alteridad y se destacara el carácter "local" del sentido de los problemas, de la idoneidad de las soluciones y de la racionalidad de los instrumentos técnico-dogmáticos utilizados. Es decir, se trataba de enfatizar que todos estos elementos dependían de condiciones históricas concretas que generaban un sentido determinado, tanto si estas condiciones se ligaban a los contextos sociales de la práctica discursiva como si se relacionaban con los universos culturales particulares de los actores históricos". HESPANHA, António Manuel. *Op. cit.* p. 36.

forma de tratar la dogmática jurídica medieval y moderna[8]. Se proponía una nueva metodología basada en la lectura de los textos de la época y en la forma en que los hombres medievales y modernos los leían[9]. En lo sucesivo aparecieron más representantes de esta tendencia, especialmente en Portugal y España: Francisco Tomás y Valiente, António Manuel Hespanha y Bartolomé Clavero, por nombrar a los más reconocidos. En efecto, continuaron y enriquecieron la crítica a lo que han denominado *paradigma estatalista*, es decir, la manera propia de la época contemporánea de concebir el derecho y el poder. El problema radicaba en el trasplante a realidades anteriores, de estas categorías e ideas del presente.

¿Por qué era necesaria tal crítica? Por una cuestión de anacronismos, pero que acarreaba un severo alejamiento en la compresión del derecho y la política[10] de tiempos pasados. En efecto, el trasplante de la mentalidad del positivismo jurídico contemporáneo deformaba el entendimiento de lo que significaba la ley, el derecho, la justicia; de las relaciones de poder que se tejían por los siglos medievales y modernos; de la labor de jueces y los foros de justicia en que ejercían sus facultades. En fin, se veía –incluso se juzgaba– aquella realidad pasada con criterios actuales, asignándoles una lógica, fundamento y categorías que no le eran propias. Es más, su proceso histórico se lo consideraba en clave teleológica, como una etapa en el desarrollo histórico del Estado-nación, como un grado anterior de este[11].

La crítica y las posteriores investigaciones revelaron que la matriz fundamental de aquel régimen jurídico (el medieval y su continuador, el moderno) era el de ser jurisdiccional[12]. Desde la investigación de la doctrina misma y de la cultura medieval y moderna, se logró percibir la forma en que funcionaba lo jurídico por aquellos años. En primer lugar, se concebía la existencia de un *orden* jurídico. El derecho no se lo pensaba propiamente como una herramienta para reprimir la sociedad, sino que el orden jurídico (*ordo iuris*) y político eran manifestación de la organización de la que Dios había dotado a la naturaleza, un orden revelado y

8 *Ibid.*, p. 37.

9 Un ejemplo insigne de esta metodología es el trabajo de COSTA, Pietro. *Iurisdictio. Semantica del potere político nella pubblicistica medievale (1100-1433).* Milano: Giuffré edittore, Universitá di Fireenze, 1969.

10 Para la referencia a textos claves, así como para algunas consideraciones historiográficas en relación con la historia política: SCHAUB, Jean-Frédéric. "El pasado republicano del espacio público". En: GUERRA, François-Xavier y LEMPÉRIÈRE, Annick *et al. Op. cit.*, pp. 27-53.

11 GARRIGA, Carlos. "Orden jurídico y poder político...".

12 *Ibid.*; y HESPANHA, António Manuel. *Op. cit.*

que podía ser "interpretado" a través de textos de autoridad. Si ese estado de cosas era alterado, correspondía tratar de ajustarlo. Era la tarea de la justicia, la mejor vía para el mantenimiento de tal ordenamiento.

La justicia era entendida como el establecimiento o realización de la equidad. Esta última tenía un sentido dual. Por una parte, se consideraba la equidad (*aequitas*) como una realidad viva previa al derecho, inconcreta y abstracta. Era lo que denominaban como "ruda equidad" (*ruis aequitas*), "conformada por principios indisponibles que han de constituir la materia de la que están hechas las leyes"[13]; una especie de virtud rectora universal. La segunda forma de equidad era la que concretaba en preceptos jurídicos específicos aquella equidad previa, es decir, la actividad de hacer una norma por parte de quien tenía alguna potestad jurisdiccional (*iurisdictio*). Era una interpretación (*interpretatio*) de esa equidad suprema y su traducción a una más concreta. La hechura de esa norma no era concebida como creación del derecho, pues este no se creaba, sino que se *decía* o *se declaraba* (es lo que significa el término *iurisdictio*). Tal declaración era una actividad jurisdiccional, era la labor del juez: no había "separación radical ni diferencia sustancial entre la función de decir el derecho sentenciado y la de establecer la equidad legislando"[14].

Del establecimiento de la equidad se derivaba y constituía la misma impartición de justicia. Esta era diferenciada debido a que cada quien tenía un derecho particular, pues todos no eran iguales. De eso también se trataba la equidad, de hacer valer el derecho propio de cada quien. El *quien* podía ser una persona individual o colectiva (corporación), y cada uno gozaba de una personalidad jurídica diferente y específica, aunque siempre vinculada con el grupo al que pertenecía. En el orden medieval y en el moderno no importaba el individuo en sí, sino su "estado" (*status*), que lo transformaba en persona, es decir, lo ubicaba en el orden, y que se correspondía con una tarea o deber (rol) social[15]. Estos estados eran muy numerosos y cada uno asignaba derechos y privilegios distintos.

Desde los tiempos medievales, distintos grupos de personas se identificaban o asociaban según compartieran un *status*, con lo cual formaban cuerpos[16]. Estas

---

13 VALLEJO, Jesús. "Derecho como cultura...", p. 64.

14 *Ibid.*, p. 65.

15 HESPANHA, António Manuel. *Op. cit.*, p. 66.

16 Para mayores consideraciones al respecto y para la sociedad indiana, ver: ROJAS, Beatriz (Coord.). *Cuerpo político y pluralidad de derechos: los privilegios de las corporaciones novohispanas*. México:

corporaciones establecían sus propias reglas de convivencia, sus propios estatutos jurídicos y su propia justicia. En otras palabras, tenían su propio derecho y su propia jurisdicción. El tenerlo no los aislaba de la sociedad, ni los aislaba jurídicamente; precisamente, este tipo de condiciones eran contempladas en el orden jurídico, era su misma esencia formarse desde, y acoger, tal pluralidad. Cada uno de los cuerpos tenía derecho a un autogobierno[17]. Entonces, era un orden pluralista en el que cabían todas las manifestaciones jurídicas, aunque orientadas por ciertos criterios y principios (jurídicos, religiosos, morales). Se constituía, así, una constelación jurídica, una constelación de jurisdicciones.

La Iglesia y la Corona (o los distintos reyes y sus reinos) también eran considerados cuerpos. La Iglesia era una especie de corporación de corporaciones y tenía su propia jurisdicción. Había estado sometida en varios aspectos a los poderes señoriales y regios hasta que ocurrió por el siglo XII lo que algunos han denominado la "revolución papal"[18]. Fue en ese momento cuando la Iglesia se separó jurídicamente y adquirió independencia institucional y jurisdiccional con respecto a la Corona[19]. Con esa independencia surgió una formalización y compilación del derecho canónico. Al final de cuentas, terminó por establecerse en el plano teórico, y en buena medida práctico, dos potestades: la temporal y la espiritual.

Por otro lado, el poder de los reyes estaba presente, como era natural. En los siglos medievales no eran poderes fuertes, ni mucho menos extendidos. Esto en muy buena medida porque el reino de cada rey era una corporación más en el panorama corporativo. Además, existía una serie de señoríos y ciudades con su propia jurisdicción. A pesar de esto, la figura del rey poco a poco fue adquiriendo mayores facultades tanto jurídicas como *de facto*, fuese por la fuerza o por elaboraciones jurídicas. Adquirió el papel de armonizador de las corporaciones (de ahí que se le considerara cabeza del cuerpo), sería el árbitro en los conflictos; el rey se volvió el mayor justiciero en el mundo. En el cuerpo político (la monarquía), el rey era la cabeza y le correspondía simbolizar la unidad del cuerpo político, así

Centro de Investigación y Docencia Económicas, Instituto de Investigaciones Dr. José María Luis Mora, 2007; especialmente la introducción (pp. 13-28), el primer capítulo (29-43), el segundo (pp. 45-83) y el colofón (pp. 275-295).

17 Para profundizar sobre algunas ideas sobre la idea de *corpus* y su función política, ver: AGÜERO, Alejandro. *Castigar y perdonar...*, p. 33 y ss.

18 BERMAN, Harold. *Op. cit.*, Primera parte, Cap. II.

19 PRODI, Paolo. *Op. cit.*, p. 38 y ss.

como establecer la armonía[20] entre sus partes, garantizándoles sus derechos mediante la impartición de justicia. Por ello era rey, porque impartía la justicia por ser el delegado de Dios para esa tarea.

Así, el rey, especialmente entre los siglos XV y XVIII, era justiciero. El monarca no era un legislador potentísimo, pues esta facultad normativa estaba repartida en los cuerpos de la sociedad. Pero sí era el juez el encargado de conservar el orden. El concepto de suma potestad del rey se desarrolló en clave jurisdiccional, equiparándose en algún momento jurisdicción (*iurisdictio*) y potestad (*potestas*)[21]. La elaboración hecha por parte de juristas y teólogos de una monarquía a otra no fue uniforme, incluso al interior de una sola. En Francia, desde el siglo XVI se había dado una variante de la figura del rey. Jean Bodin había teorizado sobre que la tarea del rey era fundamentalmente la de ser un legislador que podía derogar las leyes, obligar a sus súbditos y no obligarse a sí mismo[22].

No obstante, tal consideración no caló en los reinos ibéricos. Manteniendo un mayor apego a los principios característicos del orden político medieval, en la monarquía hispana no se alteró la función jurisdiccional del rey. Esto mantendría la identidad justiciera que tuvo la monarquía hispana[23], lo que explica la proyección y el carácter del gobierno en las Indias con una fuerte impronta judicial[24]. Aparte de lo anterior, el rey adquirió mayor autoridad por medio de la guerra y de los pactos con los estamentos[25], como lo muestra el caso de la elaboración y aceptación de las *Siete Partidas* y el *Ordenamiento de Alcalá*[26]. No obstante, lo que más nos interesa destacar es una elaboración jurídica que se consagró y sirvió de fundamento al poder real y posteriormente a este mismo en las Indias: el rey no reconoce superior en su reino[27].

---

20 HESPANHA, António Manuel. *Op. cit.*, p. 68.

21 HESLES BERNAL, José Carlos. *El vuelo de Astrea: configuración jurídico-política de la monarquía católica*. México: Porrúa, UNAM, Facultad de Derecho, 2005, p. XXV.

22 FERNÁNDEZ ALBADALEJO, Pablo. *Fragmentos de monarquía: trabajos de historia política*. Madrid: Alianza, 1993, p. 74.

23 *Ibid.*

24 Para un panorama fundamental y general, aunque explicativo, ver: BARRIENTOS GRANDÓN, Javier. *El gobierno de las Indias*. Madrid: Marcial Pons, 2004.

25 Ver HESLES BERNAL, José Carlos. *Op. cit.*, p. 29 y ss.

26 Para estas cuestiones y detalles de ese proceso histórico, ver: *Ibid.*

27 BARRIENTOS GRANDÓN, Javier. *Op. cit.*, pp. 45-47.

Todas aquellas elaboraciones jurídicas –junto a las teológicas– eran el reflejo de los dos grandes pilares de la cultura de Occidente: el derecho y la religión cristiana. De esta misma matriz teológico-jurídica tomó forma el derecho común (*Ius Commune*), aquella doctrina jurídica europea de los siglos medievales y modernos[28]. Era simbiosis entre el derecho romano justinianeo reinterpretado y el derecho medieval[29]. Una síntesis de principios y criterios axiológicos que sirvieron como parámetro de unidad de la pluralidad jurídica[30]. Este derecho común tendría larga vigencia, hasta el siglo XVIII[31]. Fue así, una de las partes más grandes y con más vigor de la tradición jurídica de Occidente[32]. La monarquía hispánica estuvo inserta en esta tradición y en ella estuvieron vigentes las concepciones que hemos descrito hasta el momento. Es más, su misma constitución nació del, se concretó en, y alimentó el *Ius Commune*.

Parte de esta monarquía católica, como se la denominaba en la época, serán los terrenos que conquistó en el Nuevo Mundo. La corona castellana fue la hechora de la incorporación de los nuevos dominios que fueron titulados como los "reinos de las Indias". Allí se proyectó y adaptó la configuración política que venimos describiendo, es decir, un orden jurídico plural, un orden político jurisdiccional. El proceso no fue inmediato ni uniforme[33], sino una continua construcción y ajustes que se requirieron hasta los mismos años de la caída de la monarquía en América. En lo que también llamaron "las Indias", como parte de la tradición jurídica occidental, vino también a configurarse una sociedad corporativa[34].

---

28 HESPANHA, António Manuel. *Op. cit.*, p. 73.

29 MARTÍNEZ MARTÍNEZ, Faustino. "Acerca de la recepción del *Ius Commune* en el derecho de Indias: notas sobre las opiniones de los juristas indianos". En: *Anuario mexicano de Historia del Derecho*, No. 15, 2003, p. 449.

30 Para sus principales características y desarrollos ver: HESPANHA, António Manuel. *Op. cit.*, Cap. 5.

31 VALLEJO, Jesús. "Acerca del fruto del árbol de los jueces. Escenarios de la justicia en la cultura del Ius Commune". En: *Anuario de la Facultad de Derecho de la Universidad Autónoma de Madrid*. 2, 1998, p. 19; HESPANHA, António Manuel. *Op. cit.*, Cap. 5.

32 Para mayores consideraciones sobre el *Ius Commune*, ver: CLAVERO, Bartolomé. *Historia del derecho: Derecho común*. Salamanca: Universidad de Salamanca, 1994 [1979].

33 Para mayores detalles de este proceso, ver: MARTIRÉ, Eduardo. *Op. cit.*, Primera parte, pp. 9-40.

34 Considerarla como una sociedad organizada en cuerpos no es sinónimo del desconocimiento de las realidades móviles, conflictivas y hasta paradójicas de la sociedad en Indias. Por lo tanto, no se concibe a esta sociedad como rígida y la consideración de corporativa refleja la manera como idealmente, y muchas veces concretamente, se organizaba la sociedad.

Mucho de la configuración jurídica y política vino a permanecer allí, aunque sería descabellado hablar de una continuidad medieval y, por lo tanto, podríamos considerarla como una herencia[35].

Como parte de aquella herencia y del propio proceso histórico (jurídico y político) también se configuró una monarquía corporativa[36]. Esto tanto en un sentido político y territorial, como social. La *constitución* de la monarquía[37] se integraba con una diversidad de territorios, con distintas latitudes y diversa designación, rango o calidad política (reinos, ducados, señoríos, principados). Todas estas figuraciones políticas cabían en una monarquía que contemplaba e integraba lo plural, pues así fue su conformación histórica. En ese esquema estuvieron los reinos de las Indias como reinos anexos a la corona castellana[38].

El rey, desde los tiempos de la conquista, estableció e hizo predominar su jurisdicción en el Nuevo Mundo. El proceso fue lento aunque permanente, con ensayos y errores. En primer lugar, para gobernar las Indias el rey no tuvo el mismo tipo de obstáculos que había tenido en la Península. Mientras que en Castilla tuvo que hacer frente a cortes y a la nobleza[39] para consolidar su poderío, en los nuevos territorios de ultramar la distancia, dificultades geográficas así como una resistencia de los grupos que las habitaban, fueron los inconvenientes a sortear. En medio de todo, paulatinamente consolidó su jurisdicción con la creación de reales audiencias para que administraran justicia y con una serie de instituciones que también ejercían poder en su nombre. Si bien las jurisdicciones temporales emanaban todas de él, hubo algunas con relativa autonomía o posición intermedia, aunque siempre avaladas por el monarca[40].

Las reales audiencias se encargaron de ser tribunales de alzada, o sea, de apelación. Era su principal función desde su origen medieval por el siglo XIV[41].

---

35 TRASLOSHEROS, Jorge. "Orden judicial y herencia medieval en Nueva España". En: *Historia Mexicana*, Vol. LV, No. 4, abril-junio 2006, pp. 1105-1138.

36 LEMPÉRIÈRE, Annick. *Entre Dios y el rey: la república. La ciudad de México de los siglos XVI al XIX*. México, D.F: FCE, 2013, p. 11.

37 FERNÁNDEZ ALBALADEJO, Pablo. *Op. cit.*

38 GARRIGA, Carlos Antonio. "Concepción y aparatos de justicia...", *passim*.

39 FERNÁNDEZ ALBALADEJO, Pablo. *Op. cit.*, Cap. 1.

40 BARRIENTOS GRANDÓN, Javier. *Op. cit.*, pp. 47-50 y 211-214.

41 CLAVERO SALVADOR, Bartolomé. "La monarquía, el derecho y la justicia". En: MARTÍNEZ RUIZ, Enrique y DE PAZZIS PI CORRALES, Magdalena (Coords.). *Las jurisdicciones*. Madrid: Actas, 1996, pp. 15-18.

Así como sus homólogas peninsulares, a las audiencias indianas se les consideraba como una extensión o desdoblamiento de la persona regia. En el siglo XVI fue característico que las audiencias se erigieran para tener una mayor presencia de la autoridad real y restar el poderío que en un momento ganaron adelantados, conquistadores y encomenderos. La pretensión de crear comunidades en "paz y justicia" también jugó un papel relevante en el establecimiento de tribunales en el Nuevo Mundo. Este ideal de comunidades viviendo en justicia, el propio proceso de conquista y poblamiento, así como las pretensiones regias de establecer un control político, darían lugar a todo un aparato de gobierno que concebía su función esencial y primordial la impartición de justicia.

Para dimensionar la importancia de la justicia y los tribunales, así como en lenguaje en que se expresaba, en el siguiente apartado vamos a analizar dos conceptos básicos en el funcionamiento de la justicia y el gobierno de la monarquía católica: *jurisdicción* y *oficio*.

2.2. *Jurisdicción* y *oficio*

Acabamos de definir un conjunto de características del orden jurídico precedente al Estado-nación liberal. Dentro de este esbozamos la concepción que se tenía de la potestad normativa y jurisdiccional como *iurisdictio*. Para la mejor comprensión de las páginas que vienen sobre el orden jurisdiccional del Virreinato de Santa Fe y el cuarto capítulo sobre los oficios y jurisdicciones, es necesario profundizar en los conceptos de *oficio* u *oficiales* y el de *jurisdicción*. De acuerdo con la terminología de la época, es anacrónico hablar de *funcionario*, ya que esta designación aparece a mediados del siglo XIX[42] y da lugar a concepciones erróneas[43] sobre el desempeño de los oficios públicos en la monarquía católica. Detrás de ello también se halla el problema de la poca profundidad conceptual con la que algunos historiadores se han referido a aquella realidad[44], alejándonos de los sentidos y significaciones

---

[42] Según las ediciones del diccionario de la RAE, la palabra *funcionario* aparece hasta la edición de 1869.

[43] Entre uno de los errores historiográficos sobre estas cuestiones, Hespanha ha señalado que "La precomprensión contemporánea del Estado atribuye a la administración un mero papel ejecutor de decisiones que se toman en otra parte. Se desconoce entonces su lógica interna de funcionamiento, y lo mismo sucede con su papel de instancia autónoma de distribución del poder". HESPANHA, António Manuel. *Vísperas de Leviatán: instituciones y poder político (Portugal, siglo XVII)*. Madrid: Taurus, 1989, p. 123.

[44] Para una síntesis del debate, ver: GARRIGA, Carlos. "Orden jurídico y poder político...".

concretos de la época. En cambio, puede y debe hablarse de *oficial*, que era la manera de designar a todo aquel que desempeñaba una función a nombre del rey, lo cual no se reduce a una nominación, sino a una concepción particular de los encargados del gobierno.

Esta denominación estaba consagrada desde *Las Siete Partidas*. Allí se dejaba muy claro que *oficio* "tanto quiere dezir, como seruicio señalado, en que ome es puesto, para seruir al Rey, o al comun de alguna Cibdad, o Villa. E de Oficiales son dos maneras. Los vnos, que siruen en Casa del Rey: e los otros, de fuera"[45]. En el siglo XVIII uno de los significados atribuido a la voz "oficial" era: "En la República son los que tienen cargo del gobierno de ella; como alcaldes, regidores &c."[46]. Lo que no se aleja del primer significado si tenemos en cuenta que se consideraba que, al final de cuentas, todo oficio era proveído por el rey directamente de él o a través de sus instituciones. Años más tarde, en el famoso *Diccionario razonado de legislación y jurisprudencia* de Escriche, *oficio* y *oficial* seguían dando a entender el desempeño de un cargo, aunque ya no con el significado específico de las citas anteriores[47].

Así pues, todo aquel que desempeñara una función en el gobierno, era un *oficial*, es decir, quien hacía los oficios del rey. Esto se extendía a las distintas instituciones del gobierno indiano y no solo a los tribunales. Esta aclaración que hemos introducido no es tan solo una simple puntualización terminológica, sino que lleva un significado más profundo. En cuanto a los oficios públicos, estos, a diferencia de los funcionarios contemporáneos, llevaban aparejadas obligaciones con el monarca[48], ya que los cargos se consideraban gracias o privilegios que daba

---

[45] LAS SIETE PARTIDAS DEL SABIO REY DON ALFONSO EL IX, CON LAS VARIANTE DE MÁS INTERÉS, Y CON LA GLOSA DEL LIC. GREGORIO LÓPEZ, DEL CONSEJO REAL DE INDIAS DE S.M. (7 tomos). Barcelona: Imprenta de Antonio Bergnes y Ca., Calle de Escudellers No. 2, 1843. Disponible en: http://bib.us.es/guiaspormaterias/ayuda_invest/derecho/pixelegis.htm. [Descargado el 28 de febrero de 2011] P. II. Tít. IX. L. 1. P. 790. (En adelante, *Las Siete Partidas*).

[46] REAL ACADEMIA ESPAÑOLA. *Diccionario de la lengua castellana compuesto por la Real Academia Española, reducido a un tomo para su más fácil uso. Tercera edición, en la qual se han colocado en los lugares correspondientes todas las voces de los suplementos, que se pusieron al fin de las ediciones de los años de 1780 y 1783, y se han intercalado en las letras D.E. y F. nuevos artículos, de los quales se dará un suplemento separado*. Madrid: Viuda de Joaquín Ibarra, 1791.

[47] ESCRICHE, Joaquín. *Diccionario razonado de legislación y jurisprudencia* (4 Tomos). Madrid: Imprenta de Eduardo Cuesta, 1874 [1831], Tomo IV, p. 338.

[48] BARRIENTOS GRANDÓN, Javier. *Op. cit.*, p. 53.

el rey[49]. Oficio era *officium*, que quería decir lo que un hombre debe en general a otro, en este caso al monarca. Pero así como lo designaba para el cumplimiento de una función, también podía sacar "provecho" del cargo. Víctor Gayol lo explica así: "los oficios públicos se entendía entonces como una función ligada a un provecho, y lo que hacía el monarca no era sólo designar a un oficial para que realizara una función, sino también otorgarle una fuente de la que podía extraer beneficio: servicio para el rey y cesión temporal de un fragmento de la propiedad del monarca"[50].

Tanto en Indias como en Castilla algunos oficios tuvieron el carácter de *vendibles y renunciables*, es decir, los que podían ser "comprados"[51]. El proceso que desembocó en una normalidad de esta situación se inició con la patrimonialización bajomedieval de los oficios públicos en Castilla entre los siglos XIV y XV, fenómeno que ha explicado Tomás y Valiente con excelente claridad[52]. Tales circunstancias se trasladaron a los reinos de las Indias, aunque desde 1558 se puede hablar de una reglamentación propiamente indiana respecto a la venta de oficios.

Para mencionar solo lo que nos atañe directamente, en Indias llegaron a ser vendidos oficios en todos los ramos del gobierno, donde destaca la cantidad de oficios municipales, en especial los alguaciles mayores y los alféreces reales[53]. Como veremos más adelante, en la villa de San Gil se compraron los cargos de alguacil mayor, alcalde provincial, alférez real, los de escribanos y las regidurías sencillas. Por otra parte, los oficios no vendibles eran aquellos que dependían directamente de un nombramiento del monarca, haya sido de él o de alguno de sus representantes, pero también los oficios de elección[54] –como varios de los cabildos.

---

49 GAYOL, Víctor. *Laberintos de justicia...*, p. 203 y ss.

50 *Ibid.*, p. 205.

51 Jurídicamente no se consideraba que la persona adquiriera el oficio comprándolo, sino que le era conferido por quien tenía potestad para ello. BRAVO LIRA, Bernardino. "Oficio y oficina, dos etapas en la historia del Estado indiano". En: BRAVO LIRA, Bernardino. *Derecho común y derecho propio en el Nuevo Mundo*. Santiago de Chile: Jurídica de Chile, 1989, p. 222.

52 TOMÁS Y VALIENTE, Francisco. *La venta de oficios en Indias (1492-1606)*. Madrid: Instituto de Estudios Administrativos, 1972, p. 35 y ss.

53 BERTHE, Jean-Pierre y CALVO, Thomas (Editores). *Administración e imperio: el peso de la monarquía hispana en sus Indias (1631-1648)*. Zamora: El Colegio de Michoacán, Fideicomiso Teixidor, 2011, p. 99.

54 *Ibid.*, p. 88.

Si bien del monarca se "desprendía" de fragmentos de su potestad cediéndola a los oficiales que compraban cargos, "se cuida de vender los que precisamente no contienen jurisdicción"[55], esto porque haberlo hecho podría haber representado riesgos para el buen gobierno.

Una vez aclarado lo anterior es necesario explicar el término *jurisdicción*. Consideremos que el régimen jurídico que se estableció en América era heredero y en parte continuador del medieval. Este orden jurídico y político se sustentaba en una cultura *jurisdiccional*[56]. Esta era la esencia de una sociedad donde las distintas personas se reunían en cuerpos, los cuales a su vez creaban sus propios derechos y establecían obligaciones unos con otros. En esa lógica y ante la legitimidad de cada uno de esos derechos y la obligación de la Corona de garantizarlos, proliferó una constelación de jurisdicciones, tantas como corporaciones hubiera. En una escala institucional y local, esta jurisdicción era tanto territorial como institucional por parte del "cabildo, justicia y regimiento", que era la corporación compuesta por los vecinos de una ciudad o villa. La jurisdicción del cabildo se refería tanto a su potestad sobre los vecinos, moradores y habitantes, como al territorio que le había sido delimitado.

Lo que se acaba de mencionar, los dos sentidos de jurisdicción, es necesario profundizarlo. En una primera acepción, cuando se hablaba de *jurisdicción*, se hace referencia al territorio que formaba el distrito circundante de una ciudad o villa, el cual se extendía hasta los límites con otros asentamientos más cercanos, gobernados por sus cabildos propios. En otros términos, es una noción territorial, cuya definición era un acto político[57]. No solo los cabildos tenían jurisdicción territorial, sino también las reales audiencias, gobernaciones, corregimientos, alcaldías mayores; a finales del siglo XVIII, además, las intendencias y subdelegaciones.

Ahora bien, esto correspondía a los límites político-territoriales de asentamientos urbanos o instituciones. Sin embargo, como parte del derecho común y desde el siglo XIII se fue teorizando sobre la noción de *iurisdictio*[58], la cual, en

---

55 *Ibid.*, p. 96; Bravo Lira, Benardino. *Op. cit.*, p. 223.

56 Ver Garriga, Carlos. "Orden jurídico y orden político...".

57 Haring, C. H. *El imperio español en América*. México: Alianza editorial mexicana, 1990, pp. 213-214.

58 Vallejo, Jesús. *Ruda equidad, ley consumada: concepción de la potestad normativa (1250-1350)*. Madrid: Centro de Estudios Políticos y Constitucionales, 1992.

su segunda acepción (jurisdicción), designaba la facultad que tenía determinado *oficial* para *decir, declarar el derecho*, y era considerada la mayor prerrogativa del ejercicio del poder político[59]. Esta consideración de "decir o declarar el derecho" acarreaba todo un complejo trasfondo jurídico. Carlos Garriga lo explica haciendo referencia a uno de los libros clásicos sobre la materia[60]. Siguiendo a P. Costa, entiende que la clave de la cultura de esos tiempos es concebir el poder político como *iurisdictio*: "Quienes tienen poder político, y porque lo tienen, poseen la facultad de declarar lo que sea el derecho, bien estatuyendo normas o bien administrando justicia, en el grado y sobre el ámbito que en atención a su *iurisdictio* les corresponda"[61].

Expliquémonos. Esta noción nos remite al sentido particular del poder político en el orden jurídico tradicional de la monarquía católica, es decir, al gobierno de los cuerpos y la función de administrar justicia[62]. La jurisdicción (*iurisdictio*) era la manera en que la jurisprudencia definió la principal función del poder público, como dictar el derecho y establecer la equidad con el fin de conservar el orden. Tener jurisdicción era, al mismo tiempo, una potestad normativa y judicial. El primer aspecto correspondía al establecimiento de normas y el segundo al de administrar justicia. A pesar de que las podemos distinguir, en la época del derecho común las dos facultades eran parte de la misma función y mientras se cumplía una de las tareas, se ejecutaba la otra. Decir, declarar, establecer el derecho era también administrar justicia, y viceversa. Por ello, el oficial que tenía jurisdicción era esencialmente un juez[63]. Y como ya dijimos atrás, la labor del juez era la de establecer la equidad, dando a cada quien lo que le correspondía según su derecho particular.

El ejercicio de la jurisdicción tenía límites, no era arbitraria. El punto más relevante en la concepción sobre el juez es que el juzgar debía ser conforme a su

---

59 Diego-Fernández Sotelo, Rafael. "Estudio introductorio". En: Gayol, Víctor y Diego-Fernández Sotelo, Rafael (Coords.). *El gobierno de la justicia. Conflictos jurisdiccionales en Nueva España (siglos xvi-xix)*. Zamora: El Colegio de Michoacán, Archivo Histórico del Municipio de Colima, 2012, p. 29.

60 Se refiere a Costa, Pietro. *Op. cit.*

61 Garriga, Carlos. "Orden jurídico y orden político...", p. 11 [paginación según la versión electrónica].

62 Gayol, Víctor. *Op. cit.*, p. 97. Nota 58.

63 Vallejo, Jesús. "Derecho como cultura...", p. 64.

conciencia. Esta visión se fundamentaba en varios postulados. El juez, antes que todo, debía sentir temor de Dios, pues era la vía de comunicación más directa de derecho-religión[64]. El juez era un ministro de Dios para hacer justicia. La conciencia del juez debía hacerle evitar las pasiones a la hora de juzgar. La concepción de la jurisdicción, el núcleo de sus características fundamentales y su ejercicio, así como los principios de la labor del juez –todo comprendido en el derecho común– permanecieron, claro, no sin variantes, hasta el siglo XVIII[65] y la monarquía católica participaba en su práctica[66].

Un último componente que nos interesa destacar es el de los tipos de ejercicio de la jurisdicción[67]. Al respecto, se consideraba que esta podía ser de dos formas[68]: ordinaria o delegada. La jurisdicción ordinaria era la que correspondía al titular propiamente dicho de la jurisdicción, es decir, a quien tenía un título de juez, el que fuera. Por lo tanto, era el ejercicio de sus facultades. La jurisdicción delegada, por su parte, obedecía al ejercicio temporal de una jurisdicción por delegación de quien tuviera la ordinaria. En otras palabras, el juez ordinario hacía cesión de una parte de su jurisdicción en alguien más para la resolución de un conflicto particular. El ejemplo más evidente de esta situación eran los jueces de comisión. En el siglo XVII, Hevia Bolaños sintetizaba esta concepción (pues para él la *jurisdicción* era la potestad que se tiene para la decisión de causas), al dividir la jurisdicción en ordinaria y delegada: la primera hacía referencia a los jueces permanentes, la segunda a los temporales (o de comisión)[69].

Hevia Bolaños, sin duda, nos ofrece una noción simplificada del problema, ya que la distinción entre los dos ejercicios de la jurisdicción comprendía varios

---

64 Garriga, Carlos. "Justicia animada: dispositivos de la justicia en la monarquía católica". En: Lorente Sariñena, Marta (Coord.). *De justicia de jueces a justicia de leyes: hacia la España de 1870*. Madrid: Consejo General del Poder Judicial, 2007, p. 84, y las siguientes páginas para las consideraciones sobre el ideal del juez.

65 *Ibid*., p. 60 y Vallejo, Jesús. "Acerca del fruto del árbol...", p. 19.

66 Martiré, Eduardo. *Op. cit*., p. 9 y ss.; Garriga, Carlos. "Concepción y aparatos de justicia...".

67 La labor de la dogmática jurídica es bastante amplia al respecto del concepto *iurisdictio*. Para detalles, textos y ahondar en las ideas sobre estas cuestiones en la época medieval, ver: Vallejo, Jesús. *Ruda equidad, ley consumada... passim* y Costa, Pietro. *Op. cit*.

68 En la reflexión sobre la *iurisdictio*, esta cuestión fue fundamental desde el siglo XIII. Vallejo, Jesús. *Ruda equidad*..., p. 52 y ss.

69 Hevia Bolaños, Juan de. *Curia Filípica*. Madrid: Viuda de Juan García Infanzon, 1717 [1603]. Tomo I, Primera parte, párrafo 4, folio 14r.

factores[70]. En primer lugar, la posesión o no de un título de propiedad era el criterio más distintivo, pues un juez delegado nunca era titular del oficio. En segundo lugar, la jurisdicción ordinaria era, en principio, permanente, mientras que la delegada era temporal y revocable. En tercer lugar, la jurisdicción ordinaria venía dada en razón del territorio sobre el cual necesariamente esta había de ejercerse. La jurisdicción delegada solo facultaba para resolver determinado asunto encargado. El cuarto criterio era el número de causas a conocer: la jurisdicción ordinaria era para la universalidad de causas en un territorio, la delegada para causas singulares. Como quinto aspecto, se consideraba que la ordinaria podía delegar y la delegada, en principio, no admitía delegación. Sexto, jerárquicamente, la distinción entre *ordinaria* y *delegada* dependía de si se trataba de una delegación encomendada por el príncipe o por un ordinario (el delegado del rey prevalecía sobre el ordinario). Finalmente, cabe mencionar como criterio distintivo la fuente de procedencia; a este respecto, la jurisdicción ordinaria solo podía ser otorgada por el príncipe, el pueblo o la ley, mientras que la delegada podía facultarse por cualquiera de los anteriores así como por cualquiera que tuviera la jurisdicción ordinaria (por el delegado del príncipe o uno que tuviera delegación universal).

Estas precisiones jurídicas, que parecerían haber sido solo de carácter teórico, eran funcionales y utilizadas por los jueces. Hemos querido dar algunas palabras sobre ellas, debido a que servirán de horizonte comprensivo para posteriores análisis cuando tratemos sobre los oficios y las jurisdicciones en la villa de San Gil (capítulo 4) y sobre los conflictos de competencias (capítulo 6). Ahora bien, para comprender mejor el lugar jurisdiccional de nuestro caso de estudio, haremos el esbozo de un panorama jurisdiccional del Nuevo Reino de Granada. Tal cosa nos permitirá no solo contextualizar el lugar de la villa de San Gil en el conjunto del gobierno virreinal, sino entender mejor su funcionamiento.

2.3. Panorama jurisdiccional del Virreinato del Nuevo Reino de Granada

El que hoy en día es el territorio de la República de Colombia, fue, más o menos, el que conformaba la Real Audiencia de Santa Fe. Durante casi tres siglos,

---

70 Para las siguientes líneas nos basamos en lo postulado por: García Marín, José María. *El oficio público en Castilla durante la Baja Edad Media*. Madrid: Instituto Nacional de Administración Pública, 1987, pp. 38-43.

la monarquía católica gobernó e impartió justicia por medio de esa audiencia, y en el siglo XVIII fue complementada y reforzada con un virreinato. Este llegó a cobijar las provincias de Venezuela, que luego pasarían a conformar una capitanía general, la Audiencia de Quito y la de Santa Fe. Poco se ha estudiado sobre esta entidad política, donde solo cabe destacar el trabajo de Maqueda Abreu[71] y un par de artículos. Por ello, deseamos arriesgar una serie de consideraciones sobre su orden jurisdiccional.

El aparato de gobierno de la monarquía era harto extenso y complejo. El rey, como su cabeza, gobernaba sobre las Indias mediante unos organismos metropolitanos, provinciales y locales. La institución central más importante era el Consejo de Indias, que se encargaba de todos los asuntos americanos[72]. Los territorios de ultramar estaban organizados mediante virreinatos y distritos audienciales, en un complicado panorama donde estas últimas podían estar dentro de aquellos, o como parte de una capitanía general. Al interior de las jurisdicciones de las audiencias había gobernadores, corregidores y alcaldes mayores que se encargaban, con facultades más o menos equivalentes, de labores gubernativas y de justicia[73]. En el orden local, la dualidad de república de españoles y la de indios se concretaba en cabildos seculares o de indios, respectivamente. Pero la organización de las Indias no era nada uniforme, pues se adaptaba a las necesidades de cada región. "La distribución geográfica de gobernaciones, alcaldías mayores y corregimientos en el Nuevo Mundo demuestra –según el profesor Haring– que no se seguía ningún plan sistemático y que no se intentaba uniformidad alguna en la nomenclatura de estas unidades locales"[74].

La Real Audiencia y Chancillería de Santa Fe fue autorizada en 1547[75]. Se instaló en la ciudad de Santa Fe en 1550 para cubrir un territorio que había estado bajo la Audiencia de Santo Domingo, pero que por la lejanía y las difi-

---

[71] MAQUEDA ABREU, Consuelo. *Op. cit.*

[72] SCHAFER, Ernest. *El Consejo Real y Supremo de las Indias: su historia, organización y labor administrativa hasta la terminación de la Casa de Austria.* (2 vols). Madrid: Junta de Castilla y León, Consejería de Educación y Cultura, 2003 [1935-47].

[73] Para mayores detalles: HARING, C. H. *Op. cit.*, 1990 [1947]. Cap. VII, pp. 183-208.

[74] OTS CAPDEQUÍ, José María. *Manual de historia del derecho español en las indias y del derecho propiamente indiano.* Buenos Aires: Editorial Losada, 1945 [1943], p. 365.

[75] MAYORGA, Fernando. *Real Audiencia de Santafé...*, p. 453, nota 8.

cultades geográficas quedaba más que difícil de alcanzar. El distrito de esa audiencia cubrió las gobernaciones de Cartagena, Santa Marta, Popayán y lo que se denominó el Nuevo Reino de Granada[76]. Con esta última denominación, que pasaría a ser genérica para el territorio de la audiencia y posteriormente para el nombre del virreinato, se designaba un espacio que estaba conformado por las jurisdicciones de las ciudades de Mérida, San Cristóbal, Pamplona, Vélez, Tunja, Santafé, Tocaima, Ibagué, Mariquita, San Juan de los Llanos, Vitoria y Remedios[77]. Es decir, toda la parte centro-sur y nororiental, hasta el golfo de Maracaibo (ver mapa 1).

Durante más de siglo y medio fue la Audiencia de Santa Fe la que se encargó del gobierno[78] y justicia en el Nuevo Reino de Granada en calidad de audiencia pretorial. Esto quería decir que el presidente de la misma era el gobernador, capitán y comandante general del Nuevo Reino y, por lo tanto, debía encargarse de las labores gubernativas y además de las cuestiones militares. Solo los gobernadores de las provincias de Cartagena y Santa Marta también eran comandantes generales. Esta estructura general se conservó a grandes rasgos hasta 1717, cuando se realizó un primer intento de establecimiento del virreinato. Ese primer ensayo se implementó como parte de la política general de reforzar la autoridad de la Corona, de lograr un mejoramiento del comercio y debido a la crisis política que se presentó en 1715 en el gobierno del Nuevo Reino[79]. Por el año de 1723 fracasó el virreinato a causa de la mala gestión del virrey Villalonga y al malogro de múltiples proyectos económicos.

---

76 *Ibid.*, p. 121.

77 "Descripción del Nuevo Reyno", 1574. En: Tovar Pinzón, Hermes (Comp.). *Relaciones y visitas a los Andes*. Tomo III (4 vols). Bogotá: Colcultura - Instituto Colombiano de Cultura Hispánica, 1995, pp. 286-297.

78 Ones, Synnove. *The politics of government in the Audiencia of New Granada, 1681-1719*. Trabajo de grado (doctor en Historia). Warwick: University of Warwick, 2000.

79 McFarlane, Anthony. *Colombia antes de la Independencia: economía, sociedad y política bajo el Imperio Borbón*. Bogotá: Banco de la República, 1997 [1993], p. 284 y ss.

Mapa 1. Ciudades y Villas del Virreinato del Nuevo Reino de Granada, a fines del siglo XVIII

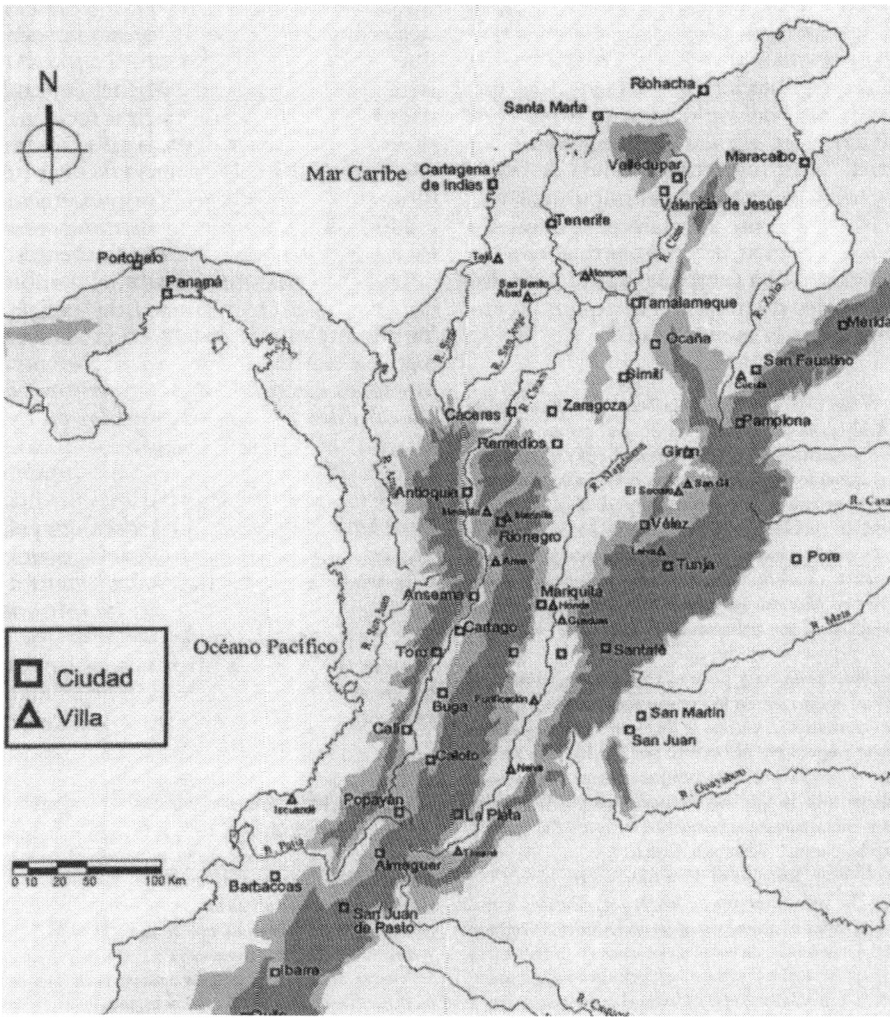

Fuente: MONTOYA GUZMÁN, Juan David y PÉREZ, Ana María. "La invención de la población: salud y riqueza en el Nuevo Reino de Granada, 1760-1810". En: *Secuencia*, No. 78, septiembre-diciembre 2010, p. 31.

Hacia 1739 se volvió a establecer el Virreinato del Nuevo Reino de Granada, también llamado en la época Virreinato de Santa Fe[80]. Permaneció hasta fines del

[80] El virreinato en ocasiones tomaba el nombre de su capital, igual que sucedía con el virreinato del Río de la Plata, que también fue conocido como virreinato de Buenos Aires.

periodo de dominación española, en 1819[81]. Se trató de un virreinato, en cierta medida, de mediana importancia, aunque poseía el puerto de Cartagena de Indias, que era un enclave comercial y militar de gran relevancia para la Corona en el Caribe. La producción de oro repuntó durante toda la centuria dieciochesca, así como distintos órdenes productivos cuyas rentabilidades se impulsaron y se canalizaron a través del establecimiento, desde mediados de siglo XVIII, de monopolios y rentas estancadas.

Las reformas económicas y militares fueron llevadas a cabo por virreyes, y en especial por el regente visitador Gutiérrez de Piñeres hacia las décadas de 1770 y 1780. Mientras que en años anteriores los virreyes implementaron algunas reformas de manera paulatina, Gutiérrez de Piñeres llegó con mano fuerte, causando varios descontentos. A pesar de tener dificultades en la aplicación de las reformas, estas se fueron concretando, estableciéndose toda la organización de reales rentas y un mejor cobro de los impuestos. La única innovación que no se aplicó fue el régimen de intendencias. Todo parece apuntar a que los equilibrios de poder establecidos fueron alterados por la rebelión comunera de 1781, la cual hizo desechar el proyecto. No obstante, hubo un informe de 1790[82] sobre el establecimiento de intendencias. Este documento contenía 214 artículos y tenía como fin informar al rey sobre las condiciones particulares para el establecimiento de las intendencias en el Nuevo Reino, siguiendo la real ordenanza que regía las del Río de la Plata. Al parecer, el proyecto no cuajó y quedó suspendido entre la aprobación y la desaprobación. La cuestión nunca fue clara[83].

Al igual que el virreinato, la Audiencia de Santa Fe era considerada de segundo orden. No era tan importante como las de México, Guadalajara y Lima, pero sí más que las de Panamá, Guatemala y Santo Domingo. El Virreinato de Santa Fe se organizó en gobernaciones y corregimientos. Las distintas provincias que

---

81 En algunas provincias el virreinato, aunque ya moribundo, permaneció un par de años más. GUTIÉRREZ RAMOS, Jairo. "Recepción y uso de la Constitución de Cádiz en las provincias realistas de la Nueva Granada". En: BOTERO BERNAL, Andrés (Coord.). *Cádiz en la Nueva Granada: ocho estudios sobre la constitución gaditana en el período de la independencia neogranadina.* Medellín: Universidad de Medellín, 2013, pp. 211-242.

82 AGN. Sección Colonia, *Virreyes*, Leg. 17, ff. 1249-1272.

83 Tan solo se ve una propuesta al cargo de intendente hacia 1803. AGI. *Indiferente General*, Leg. 1713. Algunos otros indicios dan la impresión de que la ordenanza de intendentes de Nueva España (1786) fue tenida en cuenta como criterio, o en algunos de sus artículos, para ciertas reformas institucionales de finales del siglo XVIII.

se erigieron desde el siglo XVI se fueron designando como gobernaciones, como fueron los casos de Santa Marta, Cartagena, Antioquia y Popayán en el siglo XVI. Luego, por distintas circunstancias, surgirían otras tres: Girón[84], Neiva y Chocó. En estas hubo pocas alcaldías mayores –delimitación común en Nueva España–, reservadas para los reales de minas de cobre u oro en algunas provincias.

Otras provincias, como las de Tunja y la de Mariquita, fueron tituladas como corregimientos. Al igual que las gobernaciones, comprendían varias jurisdicciones de ciudades y villas, además de tener una calidad y competencias jurisdiccionales equivalentes. El título de los corregidores de Tunja, por ejemplo, era el de "corregidor y justicia mayor", lo que los hacía de mayor peso jurisdiccional y gubernativo que los corregidores de naturales, encargados de los corregimientos tenues[85] para el cobro de tributos. Los corregimientos de indios de Zipaquirá y el de Duitama y Sogamoso son dos casos especiales. Eran corregimientos de indios, pero a su cabeza estaba un corregidor y justicia mayor que organizaba la jurisdicción, la cual comprendía muchos pueblos de indios agrupados en partidos, así como parroquias de blancos.

Tabla 1. Organización de las provincias del Virreinato del Nuevo Reino de Granada, finales del siglo XVIII[86]

Estatus	Ciudad capital	Jurisdicciones comprendidas
Gobernación	Antioquia	Ciudades: Santa Fe de Antioquia, Río Negro, Remedios y Zaragoza; villas: Medellín; otros: pueblos y sitios
Gobernación	Cartagena	Ciudades: Cartagena y Simití; villas: Mompox, Ayapel, San Benito Abad y Tolú; otros: pueblos y sitios
Gobernación	Chocó	Compuesta por pueblos y sus distritos (los principales los de Nóvita y Citará)

Continúa

84 La gobernación de Girón se estableció en 1632.

85 Los corregimientos tenues eran las subdivisiones que se hacían en los corregimientos o en algunas provincias con el fin de organizar el cobro de tributos. Cada uno de esos corregimientos, llamados más comúnmente partidos, englobaba un número variable de pueblos de indios.

86 Esta tabla corresponde solo a lo comprendido por la Audiencia de Santa Fe. No aparecen las jurisdicciones de la Capitanía General de Venezuela, pues se encontraban separadas del virreinato en esa fecha. Tampoco las de la Audiencia de Quito. Hemos incluido la gobernación de Popayán, cuyo territorio oscilaba entre el dominio de Santa Fe o Quito. También se hace referencia solo a ciudades y villas, y se deja de lado la descripción de la multitud de pueblos de indios y parroquias de blancos que estaban dentro de unas y otras.

Estatus	Ciudad capital	Jurisdicciones comprendidas
Corregimiento	Duitama y Sogamoso	Compuesto por pueblos (el principal y capital, Sogamoso) y parroquias
Gobernación	Girón	Ciudad: Girón; otros: parroquias y puertos
Gobernación	Los Llanos	Ciudades: Santiago de las Atalayas, Pore y Chire; otros: pueblos y parroquias
Gobernación	Mariquita	Ciudades: Mariquita, Ibagué, Palma y Tocaima; villas: Honda; otros: parroquias
Gobernación	Neiva	Ciudades: Neiva y La Plata; villas: Purificación y Timaná; otros: parroquias
Gobernación	Popayán	Ciudades: Popayán, Pasto, Cali, Almaguer, Cartago, Anserma, Barbacoas; villas: Buga y Caloto; otros: viceparroquias, pueblos y sitios
Provincia	Santa Fe	Ciudades: Santa Fe; otros: corregimientos y pueblos
Gobernación	Santa Marta	Ciudades: Santa Marta, Río Hacha, Tamalameque, Ocaña, Valledupar y Nueva Valencia de Jesús; villas: Tenerife; otros: puertos, pueblos y sitios
Corregimiento	Tunja	Ciudades: Tunja, Muzo, Vélez y Pamplona; villas: Leyva, San Gil y Socorro; otros: pueblos, corregimientos y parroquias
Corregimiento	Zipaquirá	Pueblos y parroquias (la principal y capital, Zipaquirá)

Fuentes: AGI, *Santa Fe*, leg. 561; *Estado del virreinato... passim*; HERRERA, Martha. "Las divisiones político-administrativas del Virreinato de la Nueva Granada a finales del periodo colonial". En: *Historia Crítica*, No. 22, Dic. 2001, Uniandes, Cuadro No. 1, p. 80.

2.3.1. Esbozo del orden jurisdiccional del virreinato: jurisdicciones, tribunales y jueces

En páginas anteriores describimos lo que en el antiguo régimen se entendía por jurisdicción (*iurisdictio*) y su función e importancia en el orden jurídico. Por supuesto, esto tuvo una decantación y variantes a medida que los tiempos se acercaron a las revoluciones liberales de finales del siglo XVIII y comienzos del XIX. La monarquía católica estructuró su aparato de tribunales mediante jurisdicciones de diverso tipo, como las territoriales, por materias y por personas jurídicas (corporaciones). Si bien se comprende este panorama general, se hace necesario investigar las configuraciones históricas de tal horizonte[87], mediante ámbitos territoriales e institucionales específicos[88]. Por ello y para efectos del estudio que

---

87 Recordemos la invitación hecha por Giovanni Levi para las investigaciones en ese sentido: LEVI, Giovanni. *Op. cit.*

88 Para la Nueva España existe un trabajo clásico de este tipo: SOBERANES, José Luis. *Los tribunales de la Nueva España: antología*. México: UNAM, Instituto de Investigaciones Jurídicas, 1980.

realizamos, a continuación trazaremos algunas líneas generales del orden jurisdiccional del Virreinato del Nuevo Reino de Granada.

Debemos empezar por decir que este panorama es general e incompleto. General, debido a que un tema de semejante amplitud requeriría una larga agenda de investigación y por ello necesitaría un gran espacio que no le podemos dar en nuestro trabajo. Incompleto, porque la temática de la territorialidad en torno a lo jurisdiccional, así como los aspectos institucionales de las gobernaciones y corregimientos, no han sido de mucho interés para la historiografía colombiana[89]. Debido a esto, carecemos de trabajos y por lo tanto de síntesis que nos permitan tener cierta claridad, o al menos un esbozo, del orden judicial del Nuevo Reino de Granada. Entonces, las líneas que siguen, apenas constituyen un primer acercamiento, a modo de introducción, a este tema.

Para abordar el orden jurisdiccional del virreinato hemos recurrido principalmente a relaciones e informes. Las relaciones de virreyes han servido como un marco general de referencia[90]. No obstante, aquí nos basaremos principalmente en una serie de relaciones[91] hechas entre 1786 y 1789 sobre la estructura de administración política de gobernaciones y corregimientos, por una parte. Y sobre el *Estado general del virreinato* de 1794[92], por otra. Las primeras relaciones seguramente constituyeron una base para formar el posterior estado de 1794, aunque debió ser actualizado en su momento[93]. Uno y otro contienen informaciones

89 Uno de los pocos trabajos que se ha acercado al tema: Herrera, Marta. *Ordenar para controlar: ordenamiento espacial y control político en las llanuras del Caribe y en los Andes Centrales neogranadinos, siglo xviii*. Medellín: La Carreta, 2007.

90 Colmenares, Germán. *Relaciones e informes de los gobernantes de la Nueva Granada*. (3 tomos). Tomos 1 y 2. Bogotá: Banco Popular, 1989.

91 Estas relaciones se habían mandado a hacer por real orden de 1783. agi. *Santa Fe*, leg. 561. ("Últimas relaciones de empleados en el virreinato de Santa Fe"). Del conjunto de relaciones que están en este legajo solo faltan las de la provincia de Panamá, la gobernación de Popayán y la provincia de Santa Fe –si bien se recogen unos datos generales sobre ellas–; de esta última sí se logró consultar el borrador de la relación de la ciudad de Santa Fe: agn. Sección Colonia, *Empleados públicos cartas*, Tomo IV, Doc. 208. ff. 900-922. (Santa Fe de Bogotá: relación exacta de todos los empleados políticos, de real hacienda y militares, de la ciudad y pueblos de su jurisdicción, 1783).

92 Durán y Díaz, Joaquín. *Estado general de todo el Virreinato de Santafé de Bogotá en el presente año de 1794. Lo da a luz Don Joaquín Durán y Díaz*. Bogotá: Banco de la República, 2012. (Citaremos esta referencia en adelante como *Estado general*).

93 El *Estado del virreinato* de 1794 evidencia una mejor organización del poder ubicado en Santa Fe para captar información de los distintos territorios, con lo cual tendría un mejor conocimiento de las condiciones y requerimientos de cada provincia. Por su parte, las relaciones de la década de

similares, pero hemos realizado un cruce de los dos, ya que en ocasiones cierta información no aparece en uno de los dos registros, y en otras se complementan.

La estructura de jurisdicciones se formaba mediante la jurisdicción eclesiástica, las jurisdicciones corporativas y la jurisdicción del rey. La Iglesia del Nuevo Reino de Granada se estructuró con el arzobispado de Santa Fe y los obispados sufragáneos de Popayán, Santa Marta y Cartagena. En Santa Fe, como cabeza arzobispal, y al menos en Santa Marta, Popayán y Cartagena, la justicia eclesiástica era impartida por provisoratos[94]. Estos fueron los tribunales eclesiásticos más importantes, no había más de uno por obispado y fueron conocidos también como tribunales eclesiásticos ordinarios, diocesanos o audiencias eclesiásticas[95]. Sus facultades jurisdiccionales eran amplias, abarcando diferentes delitos y personas[96].

Esta jurisdicción se extendía por medio de vicarios y jueces eclesiásticos fuera de las ciudades episcopales. Pero no solo la audiencia como tal constituía el único foro eclesiástico, también lo eran el juzgado de testamentos, capellanía y obras pías, así como el provisorato de indios y chinos[97] –este específico de la Nueva España–, tribunales estos surgidos de la necesidad especialización del provisorato. La confesión sacramental, la visita episcopal y el Santo Oficio también cumplieron la labor de ser juzgados eclesiásticos. Por su parte, las congregaciones y órdenes religiosas poseían sus propios foros para el control de su disciplina interna[98].

1780, al estar dedicadas a cada provincia, son más detalladas que el "Estado del virreinato". Este tipo de relaciones pudieron ser la base para la composición del Estado, aunque en su momento debieron hacerse otras, o las anteriores ser sujetas a una actualización. Sin embargo, el Estado no recoge información tan detallada para la estructura jurisdiccional de jueces, pues en ella no aparece la multiplicidad de alcaldes partidarios y de otros tipos que sí aparecen en las relaciones.

94 *Estado general...*, pp. 203, 271, 291 y 308.

95 TRASLOSHEROS, Jorge. *Historia judicial eclesiástica...*, p. 38 y ss.

96 "Conocieron la defensa de la jurisdicción eclesiástica, la justicia criminal y civil de la clerecía –incluyendo a los seglares involucrados–, la disciplina interna del clero diocesano, los asuntos matrimoniales antes, durante y después del matrimonio, los problemas del diezmo, los propios de los testamentos, capellanías y obras pías, así como de los crímenes cometidos por los indios contra la fe". *Ibid.*, p. 25.

97 Para el caso del Nuevo Reino no se tiene noticia de la existencia de este tribunal. Para la Nueva España, una obra reciente ha dedicado un capítulo completo a ver este tribunal: LARA CISNEROS, Gerardo. *¿Ignorancia invencible?: superstición e idolatría ante el provisorato de indios y chinos del arzobispado de México en el siglo XVIII*. México, D.F.: UNAM, Instituto de Investigaciones Históricas, 2014, pp. 143-232.

98 TRASLOSHEROS, Jorge E. *Historia judicial eclesiástica...*, p. 28.

En la estructura eclesiástica había una jurisdicción eclesiástica no ordinaria ejercida por el Santo Oficio de la Inquisición y con adscripción al monarca. Institución con orígenes medievales, para el siglo XVIII hacía presencia con tres tribunales en México, Lima y Cartagena de Indias. Este último se había establecido en 1610 y se erigió con jurisdicción sobre el arzobispado de Santa Fe (equivalente al Nuevo Reino de Granada), todas las islas de Barlovento y las provincias que dependían de la Audiencia de Santo Domingo. En términos episcopales, comprendía Santo Domingo, Santa Fe, Cartagena, Panamá, Santa Marta, Puerto Rico, Popayán, Caracas y Santiago de Cuba[99]. El Santo Oficio se encargaba de perseguir y castigar los crímenes contra la fe y se extendía por medio de una serie de comisarios.

La temática de las jurisdicciones corporativas es otro aspecto que no ha recibido atención. Sabemos que en aquella sociedad que se organizaba, en términos generales, en cuerpos, cada uno de estos tenía cierto ámbito jurisdiccional propio con el fin de resolver sus conflictos. Esta característica estaba consagrada desde la época medieval. Las corporaciones tenían la potestad de juzgar a sus miembros en los asuntos internos[100]. Así puede verse en el consulado de comerciantes de Cartagena de Indias establecido en 1795[101]. También de las universidades y colegios establecidos en Santa Fe, de la Casa de Moneda[102] y especialmente de las

---

99 Splendiani, Anna María. *Cincuenta años de inquisición en el Tribunal de Cartagena de Indias*. (2 tomos). Tomo I. Bogotá: Centro Editorial Javeriano, CEJA, 1997, p. 112.

100 Para el caso de la Nueva España se puede ver, por ejemplo, que así funcionaba en el Tribunal del Protomedicato, aunque apenas se han esbozado un par de características sobre él: Martínez Hernández, Gerardo. *La medicina en la Nueva España, siglos XVI y XVII: consolidación de los modelos institucionales académicos*. México: UNAM, Instituto de Investigaciones Históricas, 2014, pp. 445-447.

101 Cuño Bonito, Justo. "El Consulado de Comercio: Cartagena de Indias y su papel económico y político en conflicto de independencia (1795-1821)". En: *Studia Histórica. Historia Contemporánea*, No. 27, 2009, pp. 311-348, especialmente p. 325 y ss. Para un comparativo del régimen jurídico de los consulados: Cruz Barney, Óscar. *El régimen jurídico de los consulado de comercio indianos: 1784-1795*. México: UNAM, Instituto de Investigaciones Jurídicas, 2001, capítulo segundo. Y para un texto concreto sobre esta justicia corporativa: Rodríguez, B.M. "Una justicia corporativa. Saberes, prácticas y estrategias judiciales hacia el interior del Tribunal del Consulado de Buenos Aires (1794-1821)". En: *Anuario del Instituto de Historia Argentina*, No. 13, 2013, [En línea], descargado el 20 de agosto de 2014 de: http://www.anuarioiha.fahce.unlp.edu.ar/article/view/IHAn13a04

102 Para el caso de la Casa de Moneda y su tribunal privativo se ha hecho un acercamiento en: Castro Gutiérrez, Felipe. *Historia social de la Real Casa de Moneda de México*. México: UNAM, Instituto de Investigaciones Históricas, 2012, pp. 187-199.

rentas estancadas. No resta sino invitar a investigaciones particulares sobre ellas, pues sería sumamente interesante conocer el funcionamiento de sus juzgados.

Los cabildos seculares (considerados como las corporaciones municipales que agrupaban a los vecinos) tenían facultades jurisdiccionales. Aunque algunas ciudades medievales tenían un gran número de privilegios y autonomía respecto a la autoridad real, en Indias esto varió. Las jurisdicciones de los cabildos, que tenían un ámbito territorial para ejercerla, convivían con la jurisdicción real[103]. No obstante, también impartían justicia a nombre del rey y sus jueces eran representantes del monarca. El ejercicio de su autonomía estaba fundamentado en la experiencia histórica medieval, en elaboraciones dogmáticas plenamente aceptadas y en privilegios que el rey les había concedido, característica que se va a reforzar en el siglo XVII, aunque en el XVIII disminuiría con las políticas borbónicas. La manera como se ejercieron las jurisdicciones en un territorio específico la apreciaremos separadamente en el capítulo 4. Las jurisdicciones de los cabildos y de algunos de los jueces que elegían estaban en el medio de esta jurisdicción territorial y la de la Corona.

El panorama judicial se completa con la jurisdicción real. Era la jurisdicción que, propiamente dicha, era ejercida por el rey a través de sus magistrados. Su estructura iba desde el rey mismo, su Consejo de Indias, en lo más alto, para seguir en las distintas audiencias indianas, en nuestro caso, la de Santa Fe. Descendiendo en la estructura, estaban gobernadores y corregidores justicias mayores, encargados de lo gubernativo y lo judicial en las provincias; y desde estos con una serie de tenientes, así como con una gama de cargos que ejercían justicia en territorios, materias o ámbitos específicos. Era toda una red de jueces estructurada para que quien no estuviera de acuerdo con una decisión pudiera apelar a instancias mayores[104], partiendo del nivel rural o local, siguiendo al provincial para luego pasar a la audiencia. Para efectos expositivos expondremos el universo de jueces que existieron según los rangos territoriales. Comencemos por la cúspide.

Para 1786 tenemos testimonio de cómo estaba compuesta la Real Audiencia y Chancillería de Santa Fe[105]. El presidente, quien era el virrey de Santa Fe, y que

---

[103] AGÜERO, Alejandro. *Castigar y perdonar...*, Cap. 1.

[104] Esto no quería decir que en todos los casos, los jueces de más bajo rango fueran la primera instancia. Esta se establecía donde entrara el primer conocimiento de la causa, fuera un alcalde ordinario, un gobernador o un alcalde del crimen de la Audiencia. Ver ejemplos con: HERZOG, Tamar. *La administración...*; DEL ARENAL FENOCHIO, Jaime. "La justicia civil...".

[105] AGI. *Santa Fe*, leg. 561. ("Real Audiencia Pretorial de Santa Fe de Bogotá", 1786).

en aquel entonces era arzobispo, Antonio Caballero y Góngora. En la relación del año de 1786 se decía que no recibía sueldo, pero sabemos que el virrey de Santa Fe, con todos sus cargos, devengaba la suma de 40 000 pesos[106] anuales. Por su parte, el regente[107] recibía 6600 pesos. Las plazas de oidores, cada una con sueldo de 3300 pesos, eran seis, de las cuales una estaba vacante. El mismo monto se le pagaba a los dos fiscales, uno para lo civil y otro para lo criminal. Por su parte, el alguacil mayor recibía 2000 pesos. Cada uno de los dos relatores así como los dos agentes fiscales recibían de a 500 pesos.

Había dos escribanos de cámara y ninguno gozaba de sueldo, aunque recibían por persona, 275 pesos, 5 reales y 30 maravedíes[108] de las minas de sal de Zipaquirá. Cuatro receptores se las arreglaban con los emolumentos que percibieran de sus actividades[109], pues no figuraba que devengaran sueldo fijo. Las plazas de los procuradores del número llegaban a ocho y recibían las costas procesales que les correspondieran. El cargo de tasador y repartidor general estaba vacante. Para despacho de los documentos estaba el teniente de chanciller, que no figura en la relación de 1786, pero sí en el *Estado general*[110]. El tribunal cerraba sus puertas con dos porteros que recibían de a 175 pesos provenientes de las penas de cámara.

Algunos oidores recibían algunas jurisdicciones especiales. Fue el caso de la correspondiente al juzgado de bienes de difuntos cada dos años[111] y la del juzgado

---

106 Agi. *Santa Fe*, leg. 561. ("Relación de los sueldos que anualmente gozan, el virrey, los presidentes, y demás ministros de las audiencias del virreinato del Nuevo Reino de Granada, o Santa Fe, de los gobernadores, corregidores, y alcaldes mayores de las principales ciudades, y plazas de su distrito; los oficiales reales de todas las cajas que S.M. tiene para la administración de su Real Hacienda, como de otros varios empleos..."); *Estado general...* Est. I°, entre páginas 33 y 34.

107 El cargo de regente fue introducido en 1776. Era una innovación con el objetivo de intervenir en las audiencias reales con el fin de ejercer un mayor control sobre ellas. El regente se encargaría de los asuntos administrativos y económicos y entre sus cometidos también estaría el de emitir informes que dieran cuenta de la situación del tribunal. Para profundizar sobre este cargo, ver: Salvat Monguillot, Manuel. "La Instrucción de regentes". En: *Revista Chilena de Historia del Derecho*. No. 3, 1964, pp. 57-59.

108 *Estado general...*, Est. 2°, entre páginas 38 y 39.

109 Como la hechura de escrituras de diligencias, exámenes de testigos, recibimiento de declaraciones o probanzas y demás figuras propias de los procesos judiciales. Cfr. Gayol, Víctor. *Laberintos de justicia...*, p. 184.

110 *Estado general...*, p. 36.

111 O "Juzgado general de intestados", *Estado general...*, p. 84; Agi. *Santa Fe*, leg. 556. ("Principal que corresponde a la carta del arzobispo virrey de Santa Fe, No. 323", 1776, ff. 14v-15v).

privativo de tierras[112]. Para cada uno de estos tribunales se nombraba un oidor, quien tenía la facultad para designar jueces subdelegados donde se requiriera. Tenemos registro de que en ciertas provincias algunos oficiales poseyeron estas jurisdicciones privativas. Por ejemplo, en la provincia de Mariquita, específicamente para la villa de Honda, estaba designado un "juez particular de bienes de difuntos con las obvenciones de su arancel"[113]. En la provincia de Antioquia se registró que en la ciudad de los Remedios, en 1786, don Pedro Caballero poseía los títulos de subdelegado del juzgado de bienes de difuntos y subdelegado del juzgado general de tierras. Los dos títulos se le habían expedido por el oidor y juez de ambos tribunales don Benito Casal y Montenegro, el 28 de septiembre de 1773[114].

Sobre la provincia de Tunja tenemos información más amplia y puntual. Para el año de 1777 el oidor decano y juez privativo de tierras que acabamos de nombrar líneas arriba, expedía el nombramiento de "juez subdelegado privativo de tierras" a don José María Campuzano y Lanz, quien era el corregidor y justicia mayor de la provincia de Tunja[115]. Primero decía que convenía al servicio del monarca tener un juez subdelegado para el descubrimiento de tierras realengas y baldías, sus ventas y composiciones, y por tal motivo se nombraba a Campuzano por ser persona "idónea y práctica de arreglada conducta". Las facultades que se le concedían, y que las habría de ejercer en la provincia de Tunja y el corregimiento de Duitama y Sogamoso, abarcaban todo lo concerniente a las denuncias de tierras realengas y baldías, de certificar que así lo fueran, medirlas según ciertos criterios y sacarlas a la almoneda. Una vez hecho esto, remitiría la documentación al juzgado general para que allí se celebrara el remate.

Esta jurisdicción se extendía aún más por medio de la figura del teniente del corregidor. Este fue el caso del teniente de corregidor de Tunja en las villas de San Gil y Socorro. De algunos de los nombramientos que hemos consultado[116] se deduce que el oficio de teniente, que era de nombramiento del virrey, traía aparejados

---

112 AGI. *Santa Fe*, leg. 556. ("Principal que corresponde a la carta del arzobispo virrey de Santa Fe No. 323", 1776, ff. 12v-13v).

113 AGI. *Santa Fe*, leg. 561. ("Principal. Relación de empleos de la provincia de Mariquita", 1786).

114 AGI. *Santa Fe*, leg. 561. ("Principal. Relación de empleos de la provincia de Antioquia", 1787).

115 AGI. *Santa Fe*, leg. 556. ("Principal que corresponde a la carta del arzobispo virrey de Santa Fe, No. 323", 1776, f. 12v).

116 Para mayores detalles sobre este cargo, ver capítulo 4.

los cargos de corregidor de naturales y forajidos[117], el de juez de cobranzas reales y, además, el de juez privativo de tierras, sus ventas y composiciones.

El mismo año de 1777, el oidor subdecano y juez general de bienes de difuntos, el licenciado don Juan Francisco Pey Ruíz, daba nombramiento de juez subdelegado de bienes de difuntos al susodicho Campuzano[118]. El territorio de su jurisdicción sería el mismo que constaba en el título anterior. Se le nombraba con el fin de tener seguridad y pronta recaudación de los bienes y caudales que dejaran las personas muertas *ab intestato* y por ello privativamente conocería, de acuerdo con "las leyes y privilegios" de ese juzgado, de todas las causas, cobro de bienes y demás negocios correspondientes a los *ab intestato*[119]. Podía ejercer sus facultades sobre eclesiásticos y seculares, así como en indios, negros y mulatos libres que no dejaran ascendientes o descendientes, ni otros legítimos herederos y familiares; también sobre los peninsulares que murieran en la provincia y sus herederos así estuvieran en otros reinos. De todo lo que efectuara debía dar noticia a la audiencia remitiendo los caudales que hubiera cobrado.

Siguiendo con el panorama jurisdiccional, en el nivel provincial administraban justicia gobernadores y corregidores. Eran las mayores autoridades en las provincias y con el fin de extender su autoridad ponían tenientes en la misma capital de provincia y en otras ciudades y villas. Los tenientes era una especie de sustituto o representante de una autoridad que ejercía las mismas facultades que el gobernador o el corregidor[120]. Tenientes de gobernador hubo en ciudades capitales como Santa Marta[121], Nóvita[122] y Cartagena[123]; y en ciudades no capitales como Valledupar e Ibagué, y villas como Medellín. Todos esos tenientes eran nombrados por el virrey y no constaba que recibieran algún sueldo fijo.

---

117 Eran los corregidores que cobrarían tributos e impartían justicia entre los indios. La designación de forajido denotaba los indios que estaban fuera de sus pueblos.

118 AGI. *Santa Fe*, leg. 556. ("Principal que corresponde a la carta del arzobispo virrey de Santa Fe, No. 323", 1776, f. 14v).

119 *Ibid*., f. 15v.

120 Un caso concreto y con más detalle se podrán observar en el capítulo 4.

121 AGI. *Santa Fe*, leg. 561. ("Principal. Relación de empleos de la provincia de Santa Marta y Río Hacha", 1789).

122 AGI. *Santa Fe*, leg. 561. ("Principal. Relación de empleos de la provincia del Chocó", 1789).

123 AGI. *Santa Fe*, leg. 561. ("Principal. Relación de empleos de la provincia de Cartagena", 1789).

Otro tipo de tenientes fueron los de los corregidores justicias mayores. Al igual que sus equivalentes para gobernadores, el nombramiento era hecho por el virrey. La provincia de Tunja tenía tenientes de corregidor en las ciudades de Tunja, Vélez, Pamplona y en las villas de San Gil y Socorro[124]; pero no en las dos localidades restantes del corregimiento, a saber, la ciudad de Muzo y en la villa de Leyva. El único registro que tenemos sobre la remuneración de alguno de los tenientes es el correspondiente a las villas de San Gil y Socorro, a quien se le pagaban 300 pesos asignados por el virrey[125]. Las funciones y ejercicio jurisdiccional y de otro tipo que tuvieron los tenientes de corregidor lo podremos ver con el ejemplo de la villa de San Gil en otro capítulo de este estudio.

Los tenientes de corregidores también fueron comunes en los corregimientos de Zipaquirá[126] y en el de Duitama y Sogamoso[127]. En el primer caso, al mismo tiempo que había un corregidor en Zipaquirá por nombramiento del rey, había un teniente de corregidor que nombraba el virrey, y otro más en el pueblo de Ubaté. En el segundo, en el pueblo de Sogamoso, capital del corregimiento, convivían un corregidor justicia mayor de nombramiento del monarca y un teniente de corregidor que designaba el virrey, como también hubo otro para las parroquias de Mogotes, Cincelada y Onzaga.

Dentro de gobernaciones y corregimientos estuvieron las jurisdicciones de ciudades y villas con sus cabildos[128]. Estos poseían una nómina de jueces que

---

124 AGI. *Santa Fe*, leg. 561. ("Principal. Relación de empleados de la provincia de Tunja", 1787).

125 *Ibid.*

126 AGI. *Santa Fe*, leg. 561. ("Principal. Relación de empleados de la provincia del corregimiento de Zipaquirá", 1787).

127 AGI. *Santa Fe*, leg. 561. ("Principal. Relación de empleados de la provincia del corregimiento de Sogamoso", 1787).

128 Sobre la institución capitular hay numerosos ejemplos para variadas latitudes americanas. El más general y completo sigue siendo: BAYLE, Constantino. *Op. cit.*, 1952. Para el caso del Nuevo Reino de Granada solo se pueden citar unos pocos trabajos que abordan el cabildo o que lo tocan temáticamente: CÓRDOBA OCHOA, Luis Miguel. *De la quietud a la felicidad. La villa de Medellín y los procuradores del Cabildo entre 1675-1785*. Santafé de Bogotá: Instituto Colombiano de Cultura Hispánica. Colección: Cuadernos de historia colonial, Título V, 1998; GUERRERO RINCÓN, Amado Antonio. *Poder político local: cabildo de Girón, siglo XVIII*. Bucaramanga: centro de estudios regionales, UIS, [s.f.]. RODRÍGUEZ, Pablo. *Cabildo y vida urbana en Medellín colonial. 1675-1730*. Medellín: Universidad de Antioquia, 1992; MARTÍNEZ GARNICA, Armando. *Estructura, función y jurisdicción del cabildo colonial: el caso de la ciudad de Ibagué*. Bogotá: Programa Centenario de la Constitución, Banco de la República, 1983.

encabezaban los alcaldes ordinarios, además de los de la Santa Hermandad y en el nivel rural los alcaldes partidarios o pedáneos. Era lo que puede denominarse justicia capitular[129]. Los alcaldes ordinarios debían ser normalmente y como máximo dos[130]. Por todo el virreinato esta fue la regla, dos alcaldes ordinarios elegidos anualmente por los cabildos y confirmados por el gobernador o el corregidor correspondiente. Sin embargo, en la villa de Tenerife, en la provincia de Santa Marta[131] y en la ciudad de Zaragoza, en la provincia de Antioquia[132], solo hubo un alcalde ordinario. Otra variante de este cargo se dio con su elección en el gobierno de la provincia de los Llanos, donde los alcaldes ordinarios de la ciudad de Santiago de las Atalayas eran puestos por el gobernador[133].

Las facultades de los alcaldes ordinarios también variaron. Lo normal fue la administración de justicia a nivel local tanto en lo civil como en lo criminal y algunas funciones de gobierno. En ciertas zonas estas facultades se ampliaron. En la ciudad de Tamalameque los alcaldes ordinarios comisionaban a dos de la Santa Hermandad para el "gobierno" de los sitios de San Bernardo, Simaña, Saloa, Chimichagua, Guamal, San Fernando, Santa Ana, y el Banco[134]; igualmente sucedió con los sitios de San Juan, Badillo y Lobo que eran "gobernados por los alcaldes de la hermandad por comisión de las justicias" de la ciudad de Valledupar. Lo mismo ocurría con un alcalde de la Hermandad que se comisionaba por los alcaldes ordinarios de la ciudad de Valencia de Jesús para administrar justicia en

---

129 Velasco Pedraza, Julian Andrei. "*Distribuir justicia a aquellos leales vasallos*": *la estructura de la justicia capitular de la villa de San Gil, 1739-1771*. Tesis de grado (Historiador). Bucaramanga: Universidad Industrial de Santander, 2011; Mayorga, Fernando. "La administración de Justicia en el período colonial: Instituciones e instancias del derecho indiano". En: *Revista Credencial Historia* (Bogotá). No. 136, abril 2001, pp. 3-7; Biblioteca Virtual del Banco de la República, 2005. Disponible en: http://www.lablaa.org/blaavirtual/revistas/credencial/abril%202001/136colonia.htm

130 Recopilación de leyes de los reinos de las Indias, mandadas a imprimir y publicar por la majestad católica del rey don Carlos II [1680]. Disponibles en: http___www.congreso.gob.pe_ntley_LeyIndiaP.pdf. L. IV. T. 10. L. I. (En adelante, *Recopilación*).

131 Agi. *Santa Fe*, leg. 561. ("Principal. Relación de empleos de la provincia de Santa Marta y Río Hacha", 1789).

132 Agi. *Santa Fe*, leg. 561. ("Principal. Relación de empleos de la provincia de Antioquia", 1787).

133 Agi. *Santa Fe*, leg. 561. ("Principal. Relación de empleos de la provincia de los Llanos", 1789).

134 Agi. *Santa Fe*, leg. 561. ("Principal. Relación de empleos de la provincia de Santa Marta y Río Hacha", 1789).

el sitio de San Marcos del Paso[135]. Los dos alcaldes ordinarios de algunas localidades debieron distribuirse entre su lugar propio de residencia y otro donde se requiriera, como fueron los casos de la villa de San Gil y la ciudad de Pamplona.

En varias ocasiones los alcaldes ordinarios se encargaron de labores fiscales como del cobro de lo correspondiente de la caja sufragánea de la ciudad de Valencia de Jesús[136], lo cual lo hacía por orden del gobierno superior; en la ciudad de Palma, distrito de la provincia de Mariquita, sus alcaldes ordinarios estaban provisionalmente encargados de la recaudación de tributos y de los demás ramos de la real hacienda[137]. De igual forma, se practicó en la villa de San Gil durante la primera mitad del siglo XVIII, cuando los alcaldes ordinarios también fungieron como corregidores de naturales y jueces de cobranzas reales[138]. Al parecer no era una situación muy extraña a inicios del siglo XVIII, ya que en las cajas sufragáneas de Pamplona, Los Remedios, Mariquita y Anserma a los alcaldes ordinarios les correspondía la recaudación de la real hacienda[139].

La justicia de mayor extensión era la que se impartía en las zonas rurales por parte de alcaldes de la Santa Hermandad, alcaldes partidarios, capitanes a guerra y otros jueces. En primer lugar, los alcaldes de la Santa Hermandad eran los encargados de impartir justicia criminal en zonas despobladas y caminos[140]. Al igual que los alcaldes ordinarios, la legislación contemplaba dos alcaldes de la Hermandad para villas y ciudades, elegidos anualmente por sus cabildos y confirmados por el corregidor o gobernador, aunque tampoco faltó la variante. En zonas de alguna forma periféricas, se eligieron alcaldes de la Hermandad para determinados sitios. La villa de Tenerife, el sitio de San Marcos del Paso (ciudad de Nueva Valencia de Jesús)[141] solo tenían un alcalde de la Hermandad. Lo mismo sucedía en la provincia

---

135 *Ibid.*

136 *Ibid.*

137 AGI. *Santa Fe*, leg. 561. ("Principal. Relación de empleados de la provincia de Mariquita", 1786).

138 Ver capítulo 4 del presente estudio.

139 AGI. *Santa Fe*, leg. 277, N. 8 A, f. 316r. ("Sobre lo ejecutado en virtud de la cédula expedida a fin de que se informe sobre el estilo como dan fianza los alcaldes ordinarios administradores De la real hacienda", 1720).

140 Para más detalles y bibliografía con respecto a este cargo, ver capítulo 4.

141 AGI. *Santa Fe*, leg. 561. ("Principal. Relación de empleos de la provincia de Santa Marta y Río Hacha", 1789).

de Cartagena, en la ciudad de Simití, donde su cabildo elegía dos, aunque uno era para el sitio de Morales[142].

En la provincia de Antioquia, para el sitio de San José de Marinilla también se le designada un juez de la Hermandad y la ciudad de los "Remedios nomina tres alcaldes de la Hermandad por privilegio concedido por el superior gobierno de este reino con el fin de que uno de ellos resida en el sitio de Yolombó y se practica así", además que otro de esos tres residía en el sitio de Cancán[143]. Como ya hemos mencionado, para algunos sitios de la provincia de Santa Marta alcaldes de la Santa Hermandad eran comisionados por los alcaldes ordinarios. La ciudad de Santiago de las Atalayas poseía un alcalde de la Hermandad que, al igual que los ordinarios, tenía título del gobernador y no se designaba por elección concejil[144].

En segundo lugar, los alcaldes partidarios fueron los jueces rurales por antonomasia en el Nuevo Reino de Granada. Fueron una estrategia institucional de este virreinato y del de Río de la Plata para distribuir la justicia en los distintos y numerosos poblados y sitios. Con una jurisdicción limitada[145] hasta cierta instancia procesal, y restringidos a la demarcación (partido) de una parroquia o de un sitio, los alcaldes partidarios eran elegidos por la institución capitular. En todas las provincias del virreinato se eligieron para parroquias, sitios y pueblos. Lo común fue que el cabildo los proponía en ternas y el gobernador –y en otras ocasiones el virrey– los confirmaba. Se eligieron en la provincia de Santa Marta para el sitio de Moreno[146] y pueblos de Boronata y Camarones; en el corregimiento de Zipaquirá había al menos 14 alcaldes pedáneos para sus pueblos, aunque los nombraba el virrey[147]. Por su parte, en el corregimiento de Sogamoso tenía entre sus poblaciones 16 parroquias, para las cuales el corregidor nombraba uno o dos alcaldes partidarios[148]. Los alcaldes partidarios o pedáneos

142 Agi. *Santa Fe*, leg. 561. ("Principal. Relación de empleos de la provincia de Cartagena", 1789).

143 Agi. *Santa Fe*, leg. 561. ("Principal. Relación de empleos de la provincia de Antioquia", 1787).

144 Agi. *Santa Fe*, leg. 561. ("Principal. Relación de empleos de la provincia de los Llanos", 1789).

145 Para ver más detalles con respecto a este cargo, ver capítulo 4 del presente estudio.

146 Agi. *Santa Fe*, leg. 561. ("Principal. Relación de empleos de la provincia de Santa Marta y Río Hacha", 1789).

147 Agi. *Santa Fe*, leg. 561. ("Principal. Relación de empleados de la provincia del corregimiento de Zipaquirá", 1787).

148 Agi. *Santa Fe*, leg. 561. ("Principal. Relación de empleados de la provincia del corregimiento de Sogamoso", 1787).

también fueron nombrados por el gobernador para algunos sitios y parroquias de la provincia de Cartagena[149].

El caso de las parroquias fue el más común. Aparte del ya citado corregimiento de Sogamoso, en la provincia de Neiva (Aype, de los Dolores, del Pital y Tagua), la provincia de Mariquita (Guayabal, Guamo, Chaparral y Anapoima) y en el corregimiento de Tunja (Somondoco, Saboyá, Bochalema, Servitá, Ráquira, Barichara y Pinchote) fueron relevantes, por dar varios ejemplos de muchísimos más disponibles. Igualmente sucedía en las provincias de Antioquia[150] y los Llanos. En los cabildos comprendidos en el corregimiento de Tunja, se elegían los alcaldes partidarios, pero eran confirmados por el virrey.

La utilización de estos alcaldes partidarios fue extremadamente extendida y se adaptó a variadas circunstancias. Haciendo un recuento de 12 relaciones de provincias, se contabilizan, al menos, 232 cargos de alcaldes partidarios por todo el virreinato[151] entre 1786 y 1789. En la provincia de los Llanos, para el caso de las parroquias de la ciudad de Santiago, los alcaldes ordinarios eran puestos directamente por el gobernador[152]. Igualmente ocurría en la provincia de Cartagena para algunos sitios comprendidos en la villa de Tolú.

El panorama en la jurisdicción de la ciudad de Tunja era bien complejo: 1) había un alcalde pedáneo para cada una de las distintas parroquias de las ciudades de Tunja, Pamplona, Vélez y Muzo y villas de Leyva, San Gil y Socorro. En algunos casos se elegían dos alcaldes para algunas parroquias, por ejemplo Barichara, Puente Real, Cocuy y Tenza[153]; para las parroquias de Cerinza, Sátiva, Suatá, Tequia, Cincelada y Onzaga el corregidor de Sogamoso nombraba de a dos pedáneos. 2) Algunos pueblos de indios de Tunja tenían blancos[154] residiendo allí (agregados[155]) y como debían tener oficiales particulares para la administración de

149 AGI. *Santa Fe*, leg. 561. ("Principal. Relación de empleos de la provincia de Cartagena", 1789).

150 Para mayores detalles sobre esta provincia y sus alcaldes partidarios, ver: MONTOYA GÓMEZ, María Victoria. *Los jueces y los desordenados...*, p. 129 y ss. Y "La jurisdicción de los jueces...".

151 Hay que contemplar el número de alcaldes partidarios que habría en la gobernación de Popayán. Sabemos que para finales del XVIII había, al menos, en la jurisdicción de la ciudad de Pasto y en la de Cali.

152 AGI. *Santa Fe*, leg. 561. ("Principal. Relación de empleos de la provincia de los Llanos", 1789).

153 AGI. *Santa Fe*, leg. 561. ("Principal. Relación de empleados de la provincia de Tunja", 1787).

154 En el Nuevo Reino de Granda se utilizaba la palabra blanco para designar a españoles y criollos.

155 Esta situación la alcanzó a advertir una autora, pero apenas la mencionó: HERRERA ÁNGEL, Martha. *Poder local, población y ordenamiento territorial en la Nueva Granada –Siglo XVIII–*. Bogotá: Archivo General de la Nación, 1996, p. 121.

justicia, el cabildo elegía alcaldes partidarios exclusivamente para ellos. Así consta para el pueblo de Gámeza, donde había un "alcalde pedáneo para los vecinos blancos que hay en el pueblo"; o un "alcalde pedáneo de los blancos agregados al pueblo de Teguas que es de indios". Para los pueblos de indios de Tuta, Sotaquirá, Oicatá, Cómbita y Motavita se tenía un alcalde partidario para los blancos "en virtud de nueva creación que se hizo con facultad del superior gobierno este año [1787]"[156].

Los alcaldes de la Santa Hermandad y los alcaldes partidarios no eran los únicos jueces que estaban en zonas rurales. Se designaban, aunque no de forma general, capitanes a guerra y otros tipos de jueces. El capitán a guerra es una figura que se encuentra en la documentación de finales del siglo XVIII[157] tanto en el Nuevo Reino de Granada como en la Nueva España[158], hasta donde llega nuestro conocimiento. Todo parece indicar que era un tipo de cargo que reunía distintas facultades: judiciales, militares y fiscales. Eran nombrados para zonas de frontera o territorios que se estuvieran poblando y no hubieran otros representantes del poder real para el control de la población. Así nos dan a entender los 25 capitanes a guerra que se nombraban en las provincias de Cartagena, Santa Marta, Girón y Antioquia entre 1786 y 1789.

En 1788 había cinco capitanes a guerra en la provincia de Santa Marta[159]. Eran nombrados por el virrey para sitios y puertos. Que en tres casos de ellos llevaran el apelativo adicional de "justicia mayor" podría indicarnos que se le concedían facultades judiciales de gran importancia. En la provincia de Antioquia en 1787 había seis, todos nombrados por el virrey. Uno de ellos estaba nombrado para el valle de San Andrés, jurisdicción de la ciudad de Antioquia; en las ciudades de Zaragoza, Cáceres y Río Negro había de a uno; uno para los sitios de Yolombó y Cancán, y el restante para el puerto de San Bartolomé de Buenavista. El capitán a guerra de Zaragoza designaba dos "tenientes recaudadores" de la real hacienda para dos sitios de su jurisdicción.

---

156 AGI. *Santa Fe*, leg. 561. ("Principal. Relación de empleados de la provincia de Tunja", 1787).

157 REYES CÁRDENAS, Catalina. "Corrupción, poder y abuso: el caso de los capitanes aguerra durante el tardío colonial en el Nuevo Reino de Granada". En: *Historelo. Revista de historia regional y local.* Vol. 5, enero-junio 2013, pp. 42-72.

158 RANGEL SILVA, José Alfredo. *Capitanes a guerra, linajes de frontera: ascenso y consolidación de las elites en el oriente de San Luis, 1617-1823.* México, D.F.: El Colegio de México, 2008.

159 AGI. *Santa Fe*, leg. 561. ("Principal. Relación de empleos de la provincia de Santa Marta y Río Hacha", 1789).

Para la provincia de Cartagena el virrey desginó nueve capitanes a guerra en 1789[160]: uno para la ciudad de Simití, donde también era recaudador de la real hacienda; tres para villas, en donde eran "justicias mayores"; uno para el partido del río Sinú, donde también era justicia mayor; y cuatro para sitios, en uno de ellos su capitán a guerra fungía además como "justicia mayor, juez ordinario y de comisos". Finalmente, el gobernador de Girón proveía nombramiento a dos capitanes a guerra[161], uno para la parroquia y puerto del Pedral, que también tenía un alcalde pedáneo; y otro para la parroquia y puerto de Cañaverales, que tenía dos pedáneos. A ambos capitanes se los nombraba "para el cuidado de registros de cargas, y de más asuntos del río y cobro de los reales derechos de puertos y alcabalas que allí se causan".

Como puede apreciarse, era común su designación para los territorios que eran considerados de frontera, difícil acceso o en proceso de poblamiento. Todavía varias zonas en el virreinato estaban por poblarse[162]. Las facultades y el ejercicio jurisdiccional que hayan ejercido los capitanes a guerra en aquellas zonas es un tema por desentrañar, puesto que no se ha estudiado esta figura[163]. Por las fuentes consultadas y por algunos trabajos[164], se puede intuir que cumplían con labores fiscales, como el cobro de algunos conceptos de la real hacienda; militares, pues en las provincias de Santa Marta y Cartagena detentaban el control de las milicias que hubiera en los partidos donde estuvieran[165]; y judiciales[166].

De acuerdo con circunstancias particulares de los sitios rurales, también aparecieron otros jueces. Dentro de ellos encontramos a "jueces ordinarios" y "cabos de justicia". De los primeros, aparecía uno en 1787 en la jurisdicción de Santa Marta designado para el sitio de San Pedro Mártir del Piñón, quien había sido nombrado por el virrey[167]. En el mismo año para el pueblo de indios de Plato

---

160 AGI. *Santa Fe*, leg. 561. ("Principal. Relación de empleos de la provincia de Cartagena", 1789).

161 AGI. *Santa Fe*, leg. 561. ("Principal. Relación de empleados de la provincia de Girón", 1787).

162 Reyes Cárdenas, Catalina. *Op. cit.*, p. 50.

163 Herrera Ángel, Martha. *Ordenar para controlar: ordenamiento espacial y control político en las llanuras del Caribe y en los Andes centrales neogranadinos, siglo xviii*. Medellín: La Carreta, 2007, pp. 159-169.

164 Reyes Cárdenas, Catalina. *Op. cit.*, *passim*.

165 *Ibid.*, p. 54.

166 Montoya Gómez, María Victoria. *Los jueces y los desordenados...*, p. 138 y ss.

167 AGI. *Santa Fe*, leg. 561. ("Principal. Relación de empleos de la provincia de Santa Marta y Río Hacha", 1789).

y Santa Bárbara del Pinto figuraba un "juez ordinario" por nombramiento del gobierno superior. En la provincia de los Llanos, específicamente para el vecindario de Crabo, se anotaba: "Para obviar los graves males que por la mucha distancia a la ciudad de Pore, y falta de juez inmediato, se experimentaban en este vecindario, se comisionó un juez de prevención que lo es don Tomás Gutiérrez por el cabildo de Pore y aprobación del gobernador; sin sueldo"[168].

Los segundos se presentaron en la provincia de Cartagena con cinco ejemplos. En la jurisdicción de la villa de Mompox, los corregidores de los sitios de Loba, Algarrobo y Retiro ponían "tenientes y cabos de justicia en los lugares de españoles, y pueblos de indios"; en el sito de San José de Ponedera había un "cabo de justicia", "para que cumpla las órdenes que se le libran". Sobre el sitio de Mahates, donde había un capitán a guerra, se introducía una nota muy clara diciendo "que en Arjona, Turbaco, Truana, Ternera, Rocha y Gambote *no hay otro género de empleados que unos cabos que se denominan de justicia* que sin sueldo ni gratificación sirven estos destinos a arbitrio del capitán a guerra y sin limitación de tiempo"[169]. La labor de estos jueces que hemos comentado en último lugar seguramente no dejó registro documental hasta donde puede verse en los archivos, por las condiciones en que se encontraban y por constituir una justicia itinerante que debía moverse por las zonas para las que eran designados.

Esta escala cromática de jueces evidencia dos características, aunque sea difícil dividirlas, del gobierno de la monarquía. Que haya habido tal variedad de jueces, con distintas competencias, incluso entre los de un mismo tipo, indica parte de la flexibilidad de gobierno que intentaba dar solución a los requerimientos de justicia y gobierno según territorios y tiempos –sin desconocer el objetivo de controlar a la población. Aunado a esto, el número y tipo de jueces que fueron apareciendo denota la forma en que se construía el gobierno poco a poco, con ensayos y errores, con la implementación de soluciones con los recursos que se tenían a la mano. Así el panorama que hemos trazado haya sido en buena medida sincrónico, la construcción del gobierno se realizaba armando sobre la marcha el equipamiento político que permitiera el ejercicio y extensión de las distintas jurisdicciones hasta donde fuera posible.

---

[168] Agi. *Santa Fe*, leg. 561. ("Principal. Relación de empleos de la provincia de los Llanos", 1789).

[169] Agi. *Santa Fe*, leg. 561. ("Principal. Relación de empleos de la provincia de Cartagena", 1789).

2.4. La jurisdicción de San Gil en el virreinato, una periodización

Después de todas estas consideraciones, ¿dónde estaba San Gil jurisdiccionalmente hablando? No era cabeza de provincia, así que debía tener una autoridad intermedia entre ella e instancias mayores, por lo cual se ubicó bajo el corregimiento de Tunja. Posteriormente se vio la necesidad, tal vez, de una mayor presencia de una autoridad que representara los intereses reales, por lo que la designación de un teniente de corregidor puede ser interpretada como su solución. De tal forma, en la villa de San Gil se presentó con más ahínco y de forma más cercana la jurisdicción real que antes de mitad del siglo XVIII no tenía un oficial que la representara en presencia física en su jurisdicción.

Lo anterior era parte de la flexibilidad de las lógicas de gobierno que continuamente se experimentaban en las Indias y que daban lugar a una variedad de situaciones territoriales y jurisdiccionales. Otra parte importante de las mismas fue la extensión de la autoridad judicial en las parroquias de la jurisdicción sangileña a través de alcaldes partidarios. Lo importante por el momento, ya que lo trataremos en extenso, es señalar que esto se estructuraba con relaciones y articulaciones específicas entre los oficiales, aunque siempre en constante tensión y modificación. Especialmente en el capítulo cuarto veremos la forma en que confluían las distintas jurisdicciones, y en el capítulo sexto los encuentros conflictivos de las mismas.

Por supuesto, aquellas características tuvieron un proceso de formación, desarrollo y consolidación. Para entenderlas un poco más, conviene establecer una periodización de la justicia y el gobierno para la villa de San Gil en nuestro periodo de estudio. Con esta se podrán apreciar mejor las características del funcionamiento de la justicia, pues cada periodo fue propiamente una etapa en la construcción de la jurisdicción de San Gil, esto es, la construcción de la autoridad monárquica. Igualmente, quedará esbozado el proceso general del fenómeno que analizamos.

El primer periodo comprende los años de 1689 a 1739. La primera fecha corresponde a la erección en villa del poblado sangileño. Dentro de la jurisdicción de la nueva *villa de Santa Cruz y San Gil de la Nueva Baeza* había contados pueblos de indios y en medio de ellos se fueron fundando parroquias durante todo el siglo XVIII. Lo que interesa resaltar es que a una distancia relativamente corta (aproximadamente cinco leguas) existió otro poblado, la parroquia del Socorro, que también había intentado gestionar un estatus urbano más alto, pero que al final solo los sangileños lo lograron.

La mención de este poblado nos interesa, ya que tuvo una importancia económica y demográfica mayor que San Gil, lo que se demostró con que esta parroquia se perfilara como un centro "alterno" de poder político. Todo esto se evidenció, conforme avanzaba la centuria dieciochesca, con la residencia de un escribano y de distintos alcaldes, entre lo que se destaca que desde, finales del siglo XVII, uno de los alcaldes ordinarios de San Gil residiera en el Socorro. Es más, los vecinos de este poblado siguieron intentando conseguir un nuevo estatus, lo cual lograron en 1711 cuando el presidente de la Audiencia y arzobispo Francisco Cossío y Otero les aprobó establecerse como ciudad. El rey no lo autorizó por ir en contra de la ley que consignaba que no podía haber otra ciudad o villa a menos de cinco leguas, decisión de la que se enteraron los socorranos hasta 1716.

Lo importante de esta circunstancia es que este título de ciudad del Socorro consagró, en parte, su importancia política. Apenas fue aprobada su solicitud establecieron su propio cabildo, delimitaron su jurisdicción y la administraron durante los años referidos, después de lo cual volvieron a ser parte de la jurisdicción de San Gil. Tal lapso (1711-1716) no lo hemos considerado un periodo aparte, pues apreciamos los años de 1689 a 1739 como una fase de construcción del gobierno y la jurisdicción en San Gil. En estos años se realizan los primeros intentos por conformar el gobierno, pues se delimita su territorio y se presentan fenómenos que dan a entender tanteos o vaivenes en la configuración las autoridades locales. Uno de los casos fue la movilidad del escribano en los primeros años y de la cual hablaremos en su momento.

La segunda etapa abarca el periodo 1739-1771. Se caracteriza por una consolidación de la autoridad judicial y se cierra con la división de la jurisdicción cuando la parroquia del Socorro se erige en villa en 1771. En la primera fecha se establece definitivamente, después de un intento entre 1717 y 1723, el Virreinato del Nuevo Reino de Granada, por lo que empezaron a haber ciertos acomodos en el gobierno. Algunos indicios apuntan a que fluyó más la comunicación con el gobierno que residía en Santa Fe y hubo cierto reforzamiento de las autoridades allí localizadas. No obstante, lo que más sobresale es el crecimiento de la presencia de alcaldes partidarios para cada una de las parroquias que irían surgiendo (fenómeno que detallaremos en el cuarto capítulo), así como distintas solicitudes de adjudicar jurisdicción ordinaria a cargos que no la tenían. La erección en villa de la parroquia del Socorro significaba grandes repercusiones para San Gil en cuanto a la división de su territorio y la pérdida de la captación de impuestos. De tal forma, perdió un peso regional importante al existir otra villa en sus cercanías.

La tercera etapa, que abarca de 1771 a 1795, constituye una nueva consolidación de la autoridad, aunque en un marco distinto de reconfiguración de jurisdicciones. Si bien la jurisdicción de San Gil estuvo aumentando el control jurisdiccional sobre su territorio por distintas vías, ahora ese proceso continuaría pero con dos villas en el mapa político regional. No solo fue una reconfiguración de jurisdicciones, sino también el reacomodo de los alcaldes partidarios, ya que cada uno de ellos empezó a depender de la villa a la que había pasado a formar parte cada parroquia. A la par de esto, el teniente de corregidor consolidó su autoridad y se vio cada vez más involucrado en el ejercicio del gobierno como tal, el castigo de criminales y la impartición de justicia en términos generales.

Por aquellos años también comienzan a presentarse algunas nuevas políticas en el marco de las reformas de los Borbón, tema todavía muy poco tratado para varias zonas del Nuevo Reino de Granada. En ese marco se la dio la propuesta de reorganización del corregimiento de Tunja, que fue dividido en tres (Tunja, Socorro y Pamplona) en 1795. Esta reforma territorial de corregimiento significó una mayor presencia de la autoridad real y la división de jurisdicciones territoriales con este fin. Lo que ocurrió de ahí en adelante hasta el inicio del proceso de Independencia (1810) quedará por estudiar, pues el volumen de información rebasaba los límites de esta investigación. Ese periodo constituiría otra etapa en el proceso que venimos describiendo. Posteriormente tendríamos una última con lo ocurrido en el proceso independentista, pues sabemos que el orden jurisdiccional que se había tenido no fue disuelto en poco tiempo. Sería el laboratorio perfecto para evaluar los cambios y persistencias de orden jurídico y político en un contexto local de la monarquía, como ya se ha hecho para otras latitudes americanas.

Capítulo 3
Hacia un análisis particular: la villa de San Gil en el siglo XVIII

Una vez que nos hemos ubicado en las coordenadas culturales, políticas y jurídicas propias de los tiempos de nuestro estudio y en el contexto jurisdiccional del Virreinato de Santa Fe, es necesario centrarnos en el lugar específico de nuestro análisis. Si bien en esta época los distintos territorios de la monarquía católica compartían directrices culturales, jurídicas y otras de orden político, cada poblado, provincia, audiencia y virreinato las desarrollaron de distinta manera. Es por ello que en el presente capítulo nos concentraremos en esbozar los aspectos más relevantes del contexto regional de la jurisdicción de San Gil y en mostrar cómo en este territorio se desenvolvieron distintos problemas de gobierno durante el siglo XVIII.

Para lograr este objetivo haremos especial énfasis en dos conjuntos de elementos. En primer lugar, haremos una introducción a la geografía y economía de San Gil para pasar luego a una vinculación de la demografía con la creación de un conjunto de parroquias. En segundo lugar, entraremos en las dinámicas territoriales de la villa, concentrándonos, por una parte, en los cambios de sus límites jurisdiccionales y, por otra, en las complejidades y flexibilidad del gobierno, que fueron formando lo que podríamos denominar *dos centros de poder político*, uno en San Gil y otro en la parroquia del Socorro. Todo ello posibilita un mejor entendimiento de cada uno de los aspectos de la administración de justicia que desarrollaremos en los capítulos restantes.

Buena parte de estos procesos ocurrieron coetáneamente, aunque no directamente como producto de las políticas del reformismo borbónico. Por un lado, mientras que en otras zonas del virreinato se implementaron distintas estrategias para el ordenamiento territorial de la población, que aumentaba vigorosamente, en otras, como en San Gil y Socorro, el orden de poblamiento fue estructurado por la misma lógica y ritmo social que se fue dando poco a poco. Por supuesto, los nuevos asentamientos tenían que ser avalados por las autoridades seculares y eclesiásticas. Por otro lado, el sistema de intendencias no fue implementado en el Nuevo Reino de Granada, por lo cual las reconfiguraciones territoriales se hicieron de distinta forma y ritmos a comparación de otras latitudes indianas. Se trató de ajustes y reacomodos en el gobierno mediante mecanismos y lógicas tradicionales que eran parte de la configuración o constitución política de la monarquía, solo que en esta ocasión había un contexto internacional que exigía cambios para un avance militar y fiscal.

Esto no significó la ausencia de reformas. Sí se introdujeron en distintos campos, como el económico y el fiscal, este último con gran impacto en nuestro espacio de análisis y que más adelante desarrollaremos. En el marco reformista, la estructuración de un sistema de estancos para la recaudación de impuestos y el control de la producción y comercialización de cultivos como el del tabaco fue destacado. No obstante, a la par de este tipo de reformas económicas, en el caso que estudiamos, se hicieron muy pocas modificaciones en los tribunales de justicia. Al parecer la política de la Corona no fue desarrollada con miras a innovar en la administración de justicia, sino a su reforzamiento y aumento de tribunales. En cada uno de los capítulos siguientes trataremos este último punto conforme se haga pertinente. Por lo pronto, nos corresponde hablar sobre San Gil en el siglo XVIII.

3.1. La geografía, la economía y la población de San Gil

3.1.1. Geografía y economía

La villa de Santa Cruz y San Gil de la Nueva Baeza se erigió en 1689, con la confirmación real en 1694. El poblado se estableció a 6° 33' de latitud norte y a 73° 8' de longitud occidental, donde permanece actualmente. Se ubica a 1140 msnm, caracterizándose por un clima fresco con temperaturas medias de 24,5 °C[1]. Se llegaba a la capital virreinal, Santa Fe (hoy Bogotá), en diez jornadas cortas de la época y actualmente se estima una distancia de 327 km. El territorio que se le concedió a la nueva villa se correspondió con la provincia Guane, que era el territorio donde

1 Hettner, Alfred. *La cordillera de Bogotá*. Bogotá: Banco de la República, 1966 [1892], p. 269.

había hecho presencia la cultura del mismo nombre[2] y que luego quedó bajo la provincia de Vélez. El cronista fray Pedro Simón la consideró "tierra pedregosa, seca y de buen temple, más caliente que fría, de buenos y saludables aires"[3].

La mención del cronista estaba muy cerca de la realidad[4]. El paisaje natural de la jurisdicción sangileña comprendía terrenos relativamente pobres[5], con relieve de grandes alteraciones y algunas zonas donde existieron bosques que proveían de la madera necesaria para leña y las construcciones. Predominaba el clima cálido en toda la jurisdicción, excepto por algunas zonas en la parroquia de Aratoca y en los límites con la ciudad de Tunja donde el ambiente era más fresco debido a mayores altitudes que el resto de poblaciones. En estos asentamientos las temperaturas mediaban entre 18,5 °C y 20 °C, en otras palabras, clima templado y frío. Sin embargo, dominaban las temperaturas superiores a 20 °C y en algunos sitios superaban los 28 °C como en las márgenes de los ríos Saravita (llamado ahora Suárez), Mochuelo (hoy Fonce) y Chicamocha[6]. Estos afluentes y la orografía determinaron los límites de la provincia Guane y posteriormente la de la villa de San Gil: desde el río Oiba por el sur y al norte el río Chicamoca; la cordillera

---

2 Para algunos aspectos generales de esta cultura ver: Morales G., Jorge, Cadavid, Gilberto. *Investigaciones etnohistóricas y arqueológicas en el área Guane*. Bogotá: Banco de la República. Fundación de investigaciones [s.f.]. Fajardo, Darío. *El régimen de la encomienda en la provincia de Vélez (población indígena y economía)*. Bogotá: Universidad de los Andes, 1969. *Historia Extensa de Colombia*. Vol. I, Tomos I y II (*Etnohistoria y arqueología*. Duque Gómez, Luis). Bogotá: Ediciones Lerner, Academia colombiana de historia, 1967.

3 Simón, fray Pedro. *Noticias historiales de las conquistas de Tierra Firme en las Indias Occidentales*. T. IV. Bogotá: Biblioteca Banco Popular, 1981 [1621], p. 21.

4 Hacía 1850 el geógrafo italiano Agustín Codazzi describió esta zona de la siguiente forma:

> Encierra toda clase de terrenos en climas cálidos, templados y fríos: Planicies elevadas, pobladas y cultivadas, llanuras bajas, desiertas, con ciénagas y anegadizos. Cerros cubiertos de selvas vírgenes y otros de peñas desnudas: mesas inclinadas, entapizadas de gramíneas por una banda, mientras que por otra terminan de repente, cortadas casi a plomo en escalones: laderas de un descenso suave, pobladas de caseríos y labranzas que acaban con paredes de estratos de arenisca caliza; tales son las fracciones generales de este país.

Codazzi, Agustín. *Geografía física y política de la Confederación Granadina. Estado de Santander. Antiguas provincias de Vélez, Socorro, Soto, Ocaña, Santander y Pamplona*. Vol. V. (Ed., análisis y comentarios de Camilo A. Domínguez Ossa, Augusto J. Gómez López, Guido Barona Becerra), s.l., Universidad Nacional de Colombia, 2004, p. 97.

5 Salazar Carreño, Robinson. *Tierras y mercados. Campesinos, estancieros y hacendados en la jurisdicción de la villa de San Gil, siglo xviii*. Bogotá: Ediciones Uniandes-Ceso, 2011, p. 15.

6 *Ibid.*

de los Yariguíes formó el límite occidental, mientras que el oriental tuvo una frontera difusa con la jurisdicción de la provincia de Tunja[7].

La variedad térmica y de cuerpos fluviales de distinta dimensión, posibilitaron el cultivo de distintos productos dependiendo de la altitud. Se desarrollaron, así, cultivos como maíz, caña de azúcar, tabaco, algodón, yuca, plátanos, papa, arroz, ahuyama, cacao, árboles frutales y legumbres[8]. De esta manera, la población local sustentaba su supervivencia y comercio en actividades agrícolas y en algunas ganaderas, aunque también en labores domésticas de elaboración de textiles de algodón, producción célebre en los siglos XVIII y XIX. Por supuesto, había distintos niveles económicos que iban desde los campesinos más pobres, pasando por productores de mediana talla, hasta los hacendados y principales comerciantes de la región.

Lo que predominó en la jurisdicción sangileña fue la producción agrícola campesina basada en una estructura de la propiedad compuesta principalmente por pequeñas y medianas propiedades[9]. En efecto, ante el aumento demográfico que se vivió durante todo el siglo, las extensiones de tierra se fueron dividiendo conforme lo demandaban algunos campesinos que compraban pequeños pedazos, o por parte de medianos propietarios con el fin de arrendar algunos fragmentos. El activo comercio de pequeñas propiedades demuestra un papel relevante de la producción campesina en el mercado de la jurisdicción. El segundo nivel era el de la mediana propiedad representada en estancias[10]. Finalmente, las haciendas agrícolas, ganaderas o mixtas componían un reducido grupo del paisaje rural productivo de San Gil. Las grandes propiedades no fueron tantas ni de tanta extensión como en otras jurisdicciones del virreinato, tales como Popayán, Santa Fe, Santa Marta y Cartagena[11].

---

7 GUERRERO RINCÓN, Amado Antonio y MARTÍNEZ GARNICA, Armando. *La provincia de Guanentá. Orígenes de sus poblamientos urbanos*. Bucaramanga: Ediciones UIS, 1996, p. 112. SALAZAR CARREÑO, Robinson. *Entre ríos y montañas: esbozo de la geografía de la villa de San Gil, siglo XVIII*. Ensayo inédito, 2007, p. 4. Agradezco al autor haberme proporcionado este texto.

8 CODAZZI, Agustín. *Op. cit.*, p. 97. Citado por: SALAZAR CARREÑO, Robinson. *Entre ríos y montañas...*, p. 14.

9 Ver: SALAZAR CARREÑO, Robinson. *Tierra y mercados...*

10 Las estancias, normalmente "estancias de ganado mayor", eran propiedades de mediana extensión (317-52 hectáreas) para la agricultura o ganadería. También podían gozar de cierta infraestructura. *Ibid.*, p. 51-52.

11 *Ibid.*, caps. I y II.

La producción agrícola y textil confluía de los hogares y zonas rurales hacia los mercados de los poblados. Entre los intercambios de trueque también hacían presencia los comerciantes que llevaban los productos hacia distintas zonas del virreinato. San Gil y Socorro, por su ubicación (nororiental), estaban en una ruta que conectaba Santa Fe y Tunja (centro) con Pamplona y Venezuela (más al nororiente), además de posibilitar una ruta alterna hacia el Caribe vía Girón y Ocaña[12] (ver mapa 1). Las jurisdicciones de las villas de San Gil y Socorro fueron insignes por la producción textil y tabacalera. Los textiles socorranos[13] circularon por varias jurisdicciones del virreinato y dicha producción fue el sustento de muchas familias, pues constituyó una actividad a la que se podían dedicar, incluso, las mujeres desde su hogar. Por su parte, el tabaco fue uno de los productos más cultivados en el siglo XVIII –también en el XIX– y de tal calidad que la zona de Zapatoca fue una de las pocas del virreinato donde se permitió su cultivo al llegar el establecimiento de estancos[14].

Hacia mediados del siglo XVIII la Corona implementó una serie de reformas económicas y fiscales. La jurisdicción de San Gil, al ser una zona muy activa en términos económicos, fue objeto del establecimiento de estancos como el del tabaco y el de aguardiente, que eran los más prometedores, así como del alza y mejor cobro de algunos impuestos. Para 1780 se realizó la organización definitiva de los estancos, después de reformas paulatinas[15]. Se racionalizó y centralizó

---

12 La ruta principal para las provincias del norte era vía el Río Grande de la Magdalena. Desde Santa Fe se iba al puerto fluvial de Honda y de allí se partía. Desde San Gil se podía pasar hacia Girón y Ocaña y desde allí había rutas de acceso al río.

13 ÁLVAREZ OROZCO, René. *Textiles crudos, alpargates y sombreros. Artesanías, centros de producción y espacio económico en la provincia del Socorro. Siglos XVI-XIX*. Bucaramanga: (Sic) Editorial, 2006 y del mismo autor. "Artesanos y producción manufacturera en la Nueva Granada: la industria textil en la Provincia del Socorro, siglos XVIII y XIX". En: *Procesos Históricos*, No. 10, julio 2006.

14 PHELAN, John Leddy. *El pueblo y el rey: la Revolución comunera en Colombia, 1781*. Bogotá: Editorial Universidad del Rosario, 2009 [1978], p. 40. Para un panorama, aunque muy escueto, de las reformas en el Nuevo Reino de Granada, ver: SOLER L. Luisa Consuelo. *El reformismo borbónico en América: el caso de la Nueva Granada, siglo XVIII*. Tunja: UPTC, 2003. Para un estudio más puntual sobre las reformas borbónicas en un ámbito regional, en especial para una zona tabacalera y con algún énfasis en los estancos se puede ver: SOULODRE-LA FRANCE, Renée. *Región e imperio. El Tolima grande y las reformas borbónicas en el siglo XVIII*. Bogotá: Instituto Colombiano de Antropología e Historia, 2004.

15 El establecimiento de los estancos de tabaco pasó por 4 etapas representadas por 3 virreyes: 1) Pedro Messía de la Cerda (1761-1772), por recomendación de Gálvez lo implementó aunque muy flexible, ya que ponderó los perjuicios de la implantación en los intereses locales; 2) en 1774, bajo

la administración de los monopolios de tabaco y de aguardiente y se aumentó el precio que los estancos cobraban a los consumidores[16]. Por otro lado, la alcabala fue separada del pago de la Armada de Barlovento y estos dos fueron cobrados con mayores tasas y rigor[17]. A pesar de lo dicho, mucha de estas y otras reformas no pretendían cambios radicales y tampoco algunas eran tan nuevas como pareciera[18]. Algunos autores han demostrado que las reformas del siglo XVIII tuvieron intentos primigenios en años anteriores o ensayos en ciertos espacios antes de su vigencia a nivel imperial[19]. Incluso se pueden ver estos procesos como parte de un largo proceso que inició con la misma Conquista[20].

Tales reformas económicas y fiscales fueron de los principales e inmediatos factores que incidieron en la rebelión de los Comuneros de 1781. En efecto, la presión económica generada por la restricción de cultivos de tabaco y el incremento de los impuestos repercutió fuertemente en la vida campesina y comercial. Además, sobre esto incidió que en la década anterior se vivió una fuerte epidemia (1776), seguida de malas cosechas. La población en general no se había terminado de recuperar de estas dificultades cuando vino la aplicación concreta de las reformas. El 16 de marzo de 1781 empezaron a estallar distintos motines[21] en el Socorro debido a las nuevas cargas fiscales. El ánimo furioso pareció contagiarse,

---

Manuel Guirior (1772-1776), se eliminó el sistema de rentas arrendadas y en algunos distritos se introdujo cautelosamente la administración directa; 3) para 1776 Manuel Flórez (1776-1781) introdujo la tercera reforma tendiente a la centralización, además se establecieron guardas armados y se restringió la producción a ciertas zonas; 4) en 1778 se hizo la reforma final que seguía de cerca la obra del mismo asunto hecha por Gálvez en Nueva España y la producción se restringió a 4 zonas en el virreinato (Ambalema, en el alto Magdalena; Llano Grande, en la vertiente oriental del río Cauca; Girón y Zapatoca; y Pore y Nunchía). PHELAN, John Leddy. *Op. cit.*, pp. 39-42.

16 *Ibid.*, p. 47.

17 *Ibid.*, pp. 49 y 70.

18 El monopolio de tabaco había sido establecido en España desde 1630, aunque arrendado hasta 1740.

19 Cfr. TWINAM, Ann. "La reformas sociales de los Borbones: una interpretación revisionista". En: URIBE-URÁN, Víctor Manuel y ORTIZ MESA, Luis Javier (Eds.). *Naciones, gentes y territorios. Ensayos de historia e historiografía comparada de América Latina y el Caribe.* Medellín: Universidad Nacional de Colombia, sede Medellín, Universidad de Antioquia, 2000, pp. 73-102.

20 GARCÍA AYLUARDO, Clara. "Introducción. Las paradojas de las reformas". En: GARCÍA AYLUARDO, Clara (Coord.). *Las reformas borbónicas, 1750-1808.* México: CIDE, FCE, Conaculta, INEHRM, Fundación Cultural de la Ciudad de México, 2010, p. 11.

21 Ya se habían presentado algunos alzamientos más pequeños en el Socorro.

pues pronto aparecieron otros brotes rebeldes: en Simacota el día 17, en San Gil el 24 y en Pinchote el 25. Para el 30 de marzo surgió otro motín más grande en el Socorro, seguido por uno en Simacota el 31. Confines, Barichara, el valle de San José y Chima se alzaron el 1° de abril.

Entre mediados de abril y finales de mayo la rebelión se fue fortaleciendo. El movimiento fue organizado por el liderazgo de algunos personajes importantes del Socorro entre los cuales estuvo como comandante general Juan Francisco Berbeo[22]. Él comandó una fuerza militar que llegó a tener 20 000 personas de la más variada tez marchando a Santa Fe. El regente Gutiérrez de Piñeres[23], principal promotor de las reformas, no fue capaz de controlar la situación y huyó, delegando el control de la revuelta a una "junta general de tribunales"[24]. El arzobispo Antonio Caballero y Góngora fue su delegado junto con otras personas, quienes en una jugada política y diplomática se comprometieron a cumplir una serie de capitulaciones que fueron hechas y firmadas en la población de Zipaquirá, cerca de Santa Fe, el 7 de junio. Brotes posteriores debieron ser controlados, como el de José Antonio Galán, de procedencia humilde y quien no se sometió al pacto firmado e intentó organizar una segunda marcha a la capital virreinal[25].

La rebelión comunera convulsionó la vida de las jurisdicciones de San Gil y Socorro, e incluso la de otras provincias, ya que hubo otros levantamientos en Antioquia y en la provincia de los Llanos. Para el caso que estudiamos, la economía se vio afectada[26] durante el tiempo de los disturbios, así como también la vida política. Entre las consecuencias de tal suceso se pueden contemplar una desaceleración de las medidas fiscales y económicas en esta zona, como también algunas del orden simbólico de la política, pues la revuelta comunera quedaría como un hito para las autoridades. Paradójicamente, mientras que luego de la rebelión podría haberse esperado un fortalecimiento institucional y un fuerte

---

22 McFarlane, Anthony. *Op. cit.*, p. 382.

23 Juan Francisco Gutiérrez de Piñérez fue regente y visitador general en el Nuevo Reino de Granada desde 1777. Asesorado continuamente por Gálvez y con ánimo riguroso similar, implementó un conjunto de reformas a la Real Hacienda.

24 Era una especie de comité de magistrados de la audiencia, oficiales de alto rango, clérigos y representantes del cabildo de Santa Fe.

25 McFarlane, Anthony. *Op. cit.*, p. 391 y ss.

26 Al menos la cantidad de compraventas de tierras en San Gil y Socorro se redujo en gran porcentaje. Las actividades productivas y los negocios comerciales se vieron semiparalizados. Salazar Carreño, Robinson. *Tierra y mercados...*, p. 39.

control de la justicia en esta zona, al parecer la administración de la justicia siguió el ritmo que llevaba. La solicitud de la élite socorrana de tener un corregimiento propio se daría posteriormente, aunque por otros motivos que trataremos más adelante.

3.1.2. Crecimiento demográfico y poblamiento parroquial

En muchos aspectos, el siglo XVIII fue un periodo de expansión[27]. De expansión de la población, de la producción y del territorio ocupado. Precisamente fue lo que ocurrió en distintos territorios de la monarquía católica, en donde el crecimiento demográfico propició nuevas dinámicas de la ocupación del espacio y de una mayor productividad, que al mismo tiempo era sustentada y demandada por esta población en aumento. Tal fenómeno también hizo que la cuestión de la organización territorial del gobierno se modificara o se ajustara a las nuevas realidades. El territorio del Nuevo Reino de Granada sufrió ese tipo de transformaciones[28], las cuales repercutieron en la jurisdicción de la villa de San Gil.

En términos generales, podemos definir para San Gil dos grandes líneas de estos procesos. Por un lado, el crecimiento demográfico de la zona fue notable durante todo el siglo XVIII, debido al mestizaje generalizado y a la circulación de personas por la ruta comercial que unía a Santa Fe y Tunja con Pamplona[29] y Venezuela (ver mapa 1). Por otro lado, y aunado a lo anterior, se establecieron asentamientos que luego vinieron a conformarse en nuevos poblados llamados *parroquias*[30], la cuales fueron la forma de dar sustento a las necesidades espirituales

---

27 Navarro García. Luis. *Hispanoamérica en el siglo XVIII*. Sevilla: Universidad de Sevilla, Secretariado de Publicaciones, 2012 [1991], cap. 1.

28 Avendaño P., Rosa María. *Demografía histórica de la ciudad de Tunja a través de los archivos parroquiales (1750-1819)*. Bogotá: UPTC, 2005; y Herrera Ángel, Martha. *Ordenar para controlar...*

29 Cortés Yepes, Mónica. *Poder y conflicto en el siglo XVIII: el caso San Gil- Socorro*. Trabajo de grado (Historiadora). Bucaramanga: Universidad Industrial de Santander, 1993; y Salazar Carreño, Robinson. *Tierra y Mercados...*, cap. 1.

30 "La palabra *parroquia* designa, por una parte, a la comunidad de vecinos cristianos, puestos bajo la curaduría de un presbítero por voluntad de un obispo y, de la otra, a un territorio con *términos* donde se ejerce una jurisdicción de un cura o un párroco. La parroquia es entonces una unidad territorial delimitada de la *administración eclesiástica* donde habita una comunidad de vecinos cristianos confiados a la curaduría de almas practicada por un presbítero". Gutiérrez, Jairo, Martínez, Armando y Guerrero, Amado. "Las categorías jurídicas de los procesos del poblamiento en la región santandereana". En: *Anuario de Historia Regional y de las Fronteras*. No. 1, 1995, p. 171.

y materiales de los pobladores. Pasaron a formar parte, secularmente hablando, de la jurisdicción del cabildo de San Gil.

Esto no era nada nuevo en el siglo XVIII neogranadino. Desde finales de la centuria antecedente se había presentado tal fenómeno, lo que es evidenciado por las erecciones de la parroquia del Socorro (1683)[31] y de la villa de San Gil (1689)[32], así como por el continuo poblamiento de la zona central de lo que hoy es el departamento de Santander. Durante el siglo XVII en la jurisdicción de la ciudad Vélez se fueron asentando españoles y mestizos en los diferentes pueblos de indios y en zonas rurales, de los cuales en un momento dado algunos decidieron segregarse. Los impulsaba la necesidad de una cercanía de la administración de justicia, del "pasto espiritual" y la posibilidad de "concurrir sin incomodidad a recibir los sacramentos y oír los oficios divinos"[33], sin tener que recorrer grandes distancias para ello. Tal política de vivir urbanamente y en policía fue plenamente respaldada por la Corona.

La jurisdicción de la villa de Santa Cruz y San Gil de la Nueva Baeza se conformó al separarse de la provincia de la ciudad de Vélez[34], auspiciado esto por los vecinos asentados en los sitios de Guarigua y Mochuelo[35]. Desde su erección en

---

Citado por: GUERRERO RINCÓN, Amado Antonio y PÁEZ MARTÍNEZ, Laritza. *Poblamiento y conflictos territoriales en Santander*. Bucaramanga: Universidad Industrial de Santander, 2005, p. 94. Nota 51. La cursiva y la negrilla pertenecen al original.

31 GUERRERO RINCÓN, Amado y MARTÍNEZ GARNICA, Armando. *La provincia de los Comuneros...*, p. 35, 79 y ss.

32 GUERRERO RINCÓN, Amado Antonio y MARTÍNEZ GARNICA, Armando. *La provincia de Guanentá...*, pp. 37, 107 y ss.

33 GUERRERO RINCÓN, Amado Antonio y PÁEZ MARTÍNEZ, Laritza. *Op. cit.*, p. 95.

34 Ver MARTÍNEZ, Garnica. *La provincia de Vélez...*, p. 81 y ss.; GUERRERO RINCÓN, Amado y MARTÍNEZ GARNICA, Armando. *La provincia de los Comuneros...*; GUERRRRO RINCÓN, Amado Antonio y MARTÍNEZ GARNICA, Armando. *La provincia de Guanentá...* La provincia de la ciudad de Vélez tuvo su origen en la fundación que hizo Martín Galeano de esa ciudad en 1539. En lo sucesivo, la conquista de la población indígena Guane, su reparto en encomiendas y la posterior conformación de sitios para congregarlos dieron como resultado los pueblos de indios de Guane, Chanchón, Charalá, Oiba y Curití. En estos pueblos de indios, como ya se anotó, fueron asentándose diversos tipos de población, como la blanca, india y esclava, que hizo inevitable su mezcla. Como el peso demográfico indígena fue muy reducido, la sociedad de esta zona terminó siendo generalmente mestiza y blanca. En un primer momento, algunos habitantes de los pueblos de indios desearon segregarse en el siglo XVII y dieron origen a las poblaciones de San Gil y Socorro.

35 Al parecer las gestiones para la fundación de San Gil se iniciaron en 1686 y rindieron sus frutos en 1689 con el apoderado Leonardo Currea de Betancurt cuando la Real Audiencia dio el auto de

villa, y hasta la creación del corregimiento del Socorro (1795), hizo parte del corregimiento de Tunja[36] y, a su vez, cobijó políticamente las parroquias del Socorro, Barichara, Simacota, Oiba[37], Valle de San José, Páramo[38], Aratoca, La Robada y la de Monguí de Charalá; las viceparroquias[39] de Zapatoca y Los Confines (en ocasiones denominada Culatas); además de los pueblos de indios de Guane, Curití, Oiba y Charalá. Tal panorama tuvo serias variaciones, ya que la conformación interna y el número de poblados fueron diversificándose a lo largo del siglo XVIII, como lo veremos más adelante.

El dinamismo económico interno, la circulación de gentes y el aumento demográfico hicieron surgir nuevos poblados que se erigieron como parroquias. A partir del establecimiento de la parroquia de Monguí de Charalá (1701) y hasta 1795 se erigieron Simacota (1727-29), Barichara (1750), Oiba (1753), Confines (1751), Valle de San José (viceparroquia en 1755 y parroquia en 1764), Páramo (1766), Zapatoca (1742-43 como viceparroquia y ya en 1760 como parroquia)[40], La Robada (viceparroquia en 1767 y parroquia en 1773) y Aratoca (1789); cada una de estas con su propia demarcación, alcalde partidario, advocaciones, capilla, cura y con su régimen de obvenciones parroquiales. Parte de este variado y complejo panorama lo podemos resumir en la tabla 2, donde se observa el estado de la red parroquial para el año de 1780. Hemos reunido los curatos de las, para ese entonces, dos villas de Socorro y San Gil, pues ejemplifican la complejidad que se presentó por toda la zona y nos da una imagen de lo que había sido la jurisdicción completa de San Gil unos años antes.

---

erección de la villa de Santa Cruz y San Gil de la nueva Baeza. ARDILA DÍAZ, Pbro. Isaías. *Historia de San Gil en sus 300 años*. Bogotá: ARTO LTDA., 1990. pp. 56-65; y GUERRRRO RINCÓN, Amado Antonio y MARTÍNEZ GARNICA, Armando. *La provincia de Guanentá...*, pp. 107-109.

36 WIESNER GARCÍA, Luis. *Tunja, ciudad y poder en el siglo XVII*. Tunja: UPTC, 2008. p. 129; HERRERA ÁNGEL, Martha. "Las divisiones político-administrativas..., pp. 76-104. Ver el cuadro No. 1, p. 80 y el cuadro No. 5, p. 91.

37 Hasta 1753 Oiba había sido un pueblo de indios.

38 Hacia 1760 el Valle y Páramo constituían un partido.

39 Las viceparroquias eran asentamientos con una iglesia, advocación y párroco propios, pero que tenían un estatus eclesiástico de menor importancia al de las parroquias. Al parecer estaban adentro de la demarcación de una parroquia.

40 MARTÍNEZ GARNICA, Armando y RUEDA CARDOZO, Juan Alberto. *La provincia de Mares. Orígenes de sus poblamientos urbanos*. Bucaramanga: Universidad Industrial de Santander, 1996, pp. 65-68.

Tabla 2. Curatos de las villas de San Gil y Socorro, 1780

Nombre	Status	Erección	Advocaciones	Párroco
Barichara	Parroquia	1750	Nra. Sra. de la Concepción y San Lorenzo Mártir	D. José Martín Pradilla, cura y vicario
Curití	Pueblo de indios	1602		Maestro D. Pedro José Durán y Otero, teniente de cura del Dr. D. Vicente Cuadros
Guane	Pueblo de indios	1617		Dr. D. José Cristóbal de Abreu, cura doctrinero y vicario
La Robada	Parroquia (antes viceparroquia, 1767)	1773	Nra. Sra. de los Dolores, San José y Santa Bárbara	Francisco José Díaz Sarmiento
Monguí de Charalá	Parroquia	1701	Nra. Sra. de Monguí	Dr. D. Domingo Viana Basco, cura y vicario, elegido rector del San Bartolomé
Páramo	Parroquia	1766	Nra. Sra. del Rosario de Chiquinquirá	Dr. D. Fernando Fernández Saavedra
Oiba	Parroquia (antes pueblo de indios)	1753	San Miguel	Dr. D. Filiberto José Estévez, cura
Onzaga	Parroquia (antes pueblo de indios)	1777	Nra. Sra. de la Concepción	Dr. D. José Lorenzo Plata
San Gil	Villa	1689	Santa Cruz	Dr. D. Miguel de la Rocha, cura rector y vicario, abogado
Simacota	Parroquia	1727	Nra. Sra. de Chiquinquirá y Santa Bárbara	Fray Lorenzo de Argüello y Martínez
Socorro	Villa (antes parroquia, 1683)	1771	Nuestra Señora del Socorro	Dr. D. Francisco de Vargas, cura y vicario, abogado
Valle de S.J.	Parroquia (antes viceparroquia 1755)	1764	San José	Dr. D. Gabriel Antonio de Urrea, cura y vicario
Zapatoca	Parroquia (antes viceparroquia, 1742)	1760	Nra. Sra. del Rosario de Chiquinquirá y Señor San Joaquín	Dr. D. José Julián Acevedo de la Parra, cura y vicario

Fuentes: AGN. Sección Colonia, *Curas y obispos*, T. 9, doc. 173; T. 10, doc. 8; T. 22, doc. 9; T. 33, doc. 15; T. 37, doc. 21; T. 41, doc. 21; T. 46, doc. 16; T. 46, doc. 26; T. 49, doc. 19; T. 49, doc. 28; GUERRERO RINCÓN, Amado y MARTÍNEZ GARNICA, Armando. *La provincia de Guanentá*..., y *La provincia de los Comuneros*...

Como puede advertirse, en el siglo XVIII se fue estructurando, poco a poco, una red parroquial por medio de erección o sustracción de curatos. Parroquias como la de Monguí de Charalá y Simacota surgieron por erección. Otras como Barichara y Cepitá (esta de otra jurisdicción) fueron creadas arrebatándole feligreses a San Gil. Curití –aunque muy tardíamente– y Oiba fueron pueblos de indios que en cierto momento pasaron a ser parroquias, lo que solo era una confirmación del mestizaje que sufrieron los pueblos de indios y que justificó su cambio de estatus. Otro tipo de parroquias surgieron primero como viceparroquias, lo que quería decir que no tenían una demarcación propia, pero sí una capilla y un cura, para luego pasar a ser parroquias, como en el caso de Zapatoca y La Robada.

Lo particular de la formación de esta red parroquial es que no surgió motivada por una política de la Corona para ordenar la población, como sucedió en otras zonas del virreinato. Lo que ocurrió en esta región fue la construcción de un orden parroquial desde los mismos habitantes. Sin estar exentos de intereses económicos y políticos personales y/o colectivos, los habitantes de cada caserío eran los que promovían su erección parroquial comprometiéndose con la donación de los terrenos, con todos los gastos de la capilla, la conformación de cofradías y la congrua del cura. Ellos mismos se interesaron por su bienestar espiritual promoviendo la cercanía de un párroco y todo lo referente a su administración. Por supuesto, estos procesos no estuvieron exentos de dificultades o negativas de algunos actores sociales, como ha analizado María Elena Barral para el Río de la Plata[41]. Para nuestro caso destaca, entre otras dificultades, la queja del cura Basilio Vicente de Oviedo, a finales de la década de 1740, para que de su curato –el de San Gil– no se segregara población para ayudar a la conformación del de Barichara y el de Cepitá[42].

Aunque no es de nuestro interés dar cuenta detallada de los avatares que vivieron los diferentes sitios para erigirse en parroquias, debemos dejar asentados algunos puntos. En primer lugar, en todos los casos el sitio ya estaba poblado por un número significativo de personas que tenían variedad étnica. Segundo, había un conjunto de propietarios que fueron los que sustentaron económicamente tales erecciones. En tercer lugar, en algunas oportunidades se establecieron viceparroquias y posteriormente se volvieron parroquias. En cuarto término, algunos procesos sufrieron

---

41 Allí muestra las disputas entre facciones locales en el marco de la construcción de una microrred parroquial a partir de la visita del obispo de Buenos Aires en 1779. Los conflictos, que se daban por el sitio y nombre de las erecciones en Gualeguay, también llegaron a trasladarse a contiendas jurisdiccionales entre las autoridades reales y los párrocos, donde intereses económicos llegaban a estar involucrados. BARRAL, María Elena. "Las parroquias del suroriente entrerriano a fines del siglo XVIII. Los conflictos en Gualeguay". POLIMENE, María Paula (Coord.). *Op. cit.*, p. 106.

42 En más de una ocasión a varias parroquias se les sustrajo parte de su demarcación para conformar un nuevo curato. Era lógico que un párroco protestara contra tal división, pues sus ingresos parroquiales se verían disminuidos.

contratiempos debido a la reticencia y obstáculos que pusieron algunos párrocos para que dentro de su jurisdicción no se fundase una nueva parroquia, ya que esto representaba el nombramiento de otro cura para la nueva entidad y, así, la disminución de sus rentas[43] con la segregación de una parte de su feligresado.

Este poblamiento se sustentó en una prosperidad demográfica, pues en toda el área de la jurisdicción de la villa la población presentó un marcado crecimiento. Esto se correspondía con el generalizado aumento demográfico en todo el territorio virreinal, expresado en el incremento de la población mestiza, especialmente en las provincias de Cartagena y Santa Marta, y del actual departamento de Santander, territorios en los cuales se registraron los mayores porcentajes de esa población[44]. Junto al gran porcentaje de mestizos, en San Gil también hubo presencia de buen número de blancos –especialmente pobres–, categoría que en este contexto abarcaba tanto a peninsulares como a criollos de distinto estatus socioeconómico. El porcentaje de indios fue bastante reducido, al igual que el de negros esclavos o libres. Cabe destacar que la categoría de "libres" era utilizada para todo tipo de población mezclada, es decir, lo que denominaban "castas".

En 1753, en un censo se estimaron 5374 cabezas de familia para la jurisdicción de San Gil[45], cuyo número de habitantes pudo oscilar entre 26000 y

---

43 Todos los detalles de las erecciones parroquiales de los poblados mencionados aquí pueden verse en: MARTÍNEZ GARNICA, Armando. *La provincia de Vélez*...; GUERRERO RINCÓN, Amado y MARTÍNEZ GARNICA, Armando. *La provincia de los Comuneros*...; GUERRRRO RINCÓN, Amado Antonio y MARTÍNEZ GARNICA, Armando. *La provincia de Guanentá*...

44 JARAMILLO URIBE, Jaime. "Ideas para una clasificación y caracterización de las regiones colombianas". Ponencia presentada en el Seminario sobre Regionalización. Bogotá: Banco de la República, 1986. Citado por: ZAMBRANO, Fabio y BERNAND, Oliver. *Ciudad y territorio. El proceso de poblamiento en Colombia*. Bogotá: Tercer Mundo Editores, 1993, p. 53. Los más altos porcentajes de mestizos se dieron en Antioquia (58%), Cartagena (65%), Rioacha (63%) y Santander (74%).

45 TOVAR PINZÓN, Hermes. *Convocatoria al poder del número. Censos y Estadísticas en la Nueva Granada (1750-1830)*. Santafé de Bogotá: Archivo General de la Nación, 1994, pp. 375-378. Citado por: SALAZAR CARREÑO, Robinson. *Las haciendas sangileñas en el siglo XVIII*. En: *Anuario de Historia Regional y de las Fronteras*, No. 14, 2010, p. 250. Aunque San Gil no se encontraba entre los más poblados con 300 cabezas de familia (a comparación del Socorro con 1600, la parroquia de Monguí de Charalá con 1100 y Simacota con 800), esto se explica con las sustracciones de vecinos que menciona el padre Oviedo para la fundación de Barichara (500) y Cepitá (200), lo que había producido una baja en las rentas del curato de 2000 a 1000 pesos anuales. OVIEDO, Basilio Vicente de. *Cualidades y riquezas del Nuevo Reino de Granada*. Bogotá: Imprenta Nacional, 1930, pp. 177-178.

33000[46]. En la tabla 3 se observa la distribución de cabezas de familia por cada uno de los poblados de la jurisdicción. No debe sorprender que la villa de San Gil tenga uno de los más bajos indicadores, pues debemos tener en cuenta que buena parte del crecimiento demográfico se dio en parroquias y zonas rurales, y, además, que en un par de ocasiones se le sustrajo feligreses a San Gil para anexarlo a otros curatos.

Tabla 3. Cabezas de familia de la jurisdicción de San Gil, 1753

Población	Cabezas de familia	Población	Cabezas de familia
Villa de San Gil	300	Viceparroquia de Zapatoca	150
Parroquia del Socorro	1.600	Pueblo de Guane	160
Parroquia de Barichara	400	Pueblo de Curití	34
Parroquia de Simacota	800	Pueblo de Oiba	14
Parroquia de Monguí de Charalá	1.100	Pueblo de Charalá	16
Parroquia de Cepitá	200	Total	5374
Viceparroquia de Los Confines	600		

Fuente: AGN. Sección Colonia, *Poblaciones de Santander*, Tomo. 3, año 1753, ff. 176r-v.

Esta población continuó su multiplicación. En 1779 se contabilizaron 51 086 habitantes, teniendo en cuenta las jurisdicciones de San Gil y la de la nueva villa del Socorro[47]. Esto significaba que en 26 años el número de personas se había acrecentado aproximadamente en un 36,89%[48]. Para el caso socorrano ya se ha evaluado detalladamente el aumento demográfico: entre 1687 y 1810, la población creció a un ritmo en promedio de 2,6% anual[49]. Hacia mediados del siglo, entre 1753 y 1761, el Socorro había aumentado su población de 1600 a 3000 vecinos cabeza

46 El promedio de personas por familia debió oscilar entre 5 o 6 personas. Salazar Carreño, Robinson. *Tierras y Mercados...*, p. 25; Guzmán, Ángela Inés. *Poblamiento y urbanismo colonial en Santander (Estudio de 10 pueblos de la región central)*. Bogotá: Universidad Nacional de Colombia –Centro Editorial–, 1987, p. 70. Esta autora estima el promedio en 6.

47 Tovar Pinzón, Hermes. *Op. cit.* p. 375-378. Para conocer el proceso de erección de la parroquia del Socorro en villa, ver: Guerrero Rincón, Amado y Martínez Garnica, Armando. *La provincia de los Comuneros...*

48 Salazar Carreño, Robinson. *Tierra y Mercados...*, p. 12.

49 Cerón Ortiz, María Cristina y Gélvez Pinzón, Elizabeth. *Demografía histórica en el Socorro en el periodo colonial 1684-1810*. Tesis de grado (Historia). Bucaramanga: Universidad Industrial de

de familia. Sobre tal condición un testigo, el presbítero don Salvador Manrique, quien residió en el Socorro, declaró que "le consta que es copioso el número de vecinos pues aunque no conoce con certeza el número de vecinos solo es testigo que dos jueves santos que asistió en la parroquia para dar la comunión gastaba 12 horas desde la 1 a.m. hasta las 12 m. y aún así no daba abasto"[50].

Tabla 4. Censo de la población de la antigua jurisdicción de San Gil, 1779

Castas	San Gil	Socorro	Total por casta	Porcentaje por casta
Blancos	4507	17718	22225	43,5%
Indios	245	607	852	1,6%
Esclavos	491	1848	2339	4,5%
Libres	10699	14944	25643	50,2%
Totales	15942	35117	51059	100%

Fuentes: TOVAR PINZÓN, Hermes. *Op. cit.*, pp. 375-376.

Las demás parroquias presentaron la misma tendencia al crecimiento. Desde las erecciones de cada una de ellas, sus registros muestran un aumento sostenido de la población a partir del cotejo entre bautismos y defunciones por año, es decir, de su crecimiento real[51]. Como se advierte en la tabla 4, hubo predominio de población blanca (peninsular o criolla) y libre (mestiza o castas), y la india y negra representaron muy bajos porcentajes.

Esta dinámica demográfica también comprueba que se asistió a un cambio en la conformación del poblamiento de la zona a lo largo de todo el siglo. El fenómeno se tradujo no solo en una transformación de las demarcaciones eclesiásticas parroquiales, sino también en un cambio de la división política al interior de la jurisdicción de San Gil y, por lo tanto, en la estructura de la administración judicial. Si bien se desconoce si se trazaron formalmente los partidos que debieron haberse establecido para delimitar el accionar de los alcaldes pedáneos, podemos llegar a

Santander, 1997. Citado por: GUERRERO RINCÓN, Amado y MARTÍNEZ GARNICA, Armando. *La provincia de los Comuneros...*, p. 86.

50 AGN. Sección Colonia, *Cabildos*, T. X, f. 12v. Citado por: CORTÉS YESPES, Mónica. *Op. cit.*, p. 95. Hacia 1780 para los oficios religiosos durante Semana Santa se llegaban a necesitar hasta ocho tenientes de cura para el gran número de feligreses que concurrían.

51 Ver Anexo 2.

afirmar que los límites de los partidos eran las fronteras de las demarcaciones parroquiales, pues los alcaldes partidarios siempre se designaron para determinada parroquia y su demarcación.

3.2. Territorio y poder político

Después de haber esbozado los que consideramos los aspectos más relevantes sobre San Gil en el siglo XVIII, es hora de aterrizar en algunos aspectos más cercanos de nuestro tema de estudio. Por ello, abordaremos la dinámica de los límites territoriales de San Gil, que siempre se enfrascó en dilatados pleitos con otras poblaciones para la defensa de su jurisdicción. Como cierre de este capítulo, trataremos sobre la configuración política que se fue presentando en San Gil y Socorro, la cual, como se verá, es un excelente ejemplo de la flexibilidad del gobierno según las necesidades de las localidades y que era constitutiva a la monarquía.

La cuestión territorial era de fundamental importancia en el orden de gobierno de la monarquía católica. Es más, el orden de gobierno se correspondía con un orden territorial al punto que podemos considerar que el territorio es un espejo de la organización del gobierno. Sin embargo, esto no nos debe hacer pensar que había uniformidad ni equiparación de todas las delimitaciones. En efecto, *el imperio donde nunca se ponía el sol* gozaba de una configuración territorial de lo más variada no solo por las latitudes y dimensiones que tenía adscritas de territorios americanos y europeos, sino por su diversidad cultural y política. En esto se ve parte de la política de incorporación e integración territorial de la monarquía, lo que un autor ha llamado *configuración de figuraciones políticas*[52]. La diversidad de reinos y otros territorios, al final de cuentas, estaban ligados y articulados políticamente entre sí por el concepto de representación del rey[53], quien era la figura que ideal, simbólica y políticamente daba cohesión a la monarquía como cabeza del cuerpo político, juez supremo y armonizador de las variadas voluntades corporativas[54].

A pesar de tal orientación de incorporación e integración, estos procesos pudieron ser muy complicados. La monarquía cambió constantemente, pues desde el siglo XV conquistó, agregó, heredó y perdió territorios. Tal vez uno de los hitos en esta cuestión de la incorporación y las dificultades para lograrlo fueron los territorios del Nuevo Mundo. No solo por la complicada geografía de muchas

---

52 HESLES BERNAL, José Carlos. *Op. cit.*, p. 64.

53 *Ibid.*, p. 63.

54 Ver capítulo 2 del presente estudio.

latitudes indianas, que a menudo quedaron como fronteras, sino también por el establecimiento de las jurisdicciones políticas y eclesiásticas[55]. Estos procesos ocurrieron a distintos ritmos –con distintos actores involucrados– y causaron muchas confusiones para la definición de fronteras o competencias[56]. La realidad histórica de las Indias hizo que, con el avance de los tiempos, se dieran "aquellos fenómenos (discursos de unidad, intercambios culturales, articulación por situados y circulación de personas) que ligaron a la entidad política mediante algo más que la mera unión dinástica"[57].

La importancia del factor territorial no solo se observa a dimensiones imperiales, sino también en ámbitos provinciales y, para lo que nos interesa, locales. Como los límites territoriales de ciudades y villas representaban los espacios del ejercicio del poder de los cabildos, su usurpación era sinónimo de una afrenta a su autoridad. Es por ello que los conflictos por defender los límites de una jurisdicción o la puja por tenerlos o confirmarlos, revestían un punto álgido en la dinámica del poder. Su significado no se restringe al nivel de las pugnas entre grupos de poder locales y regionales, sino que, al mismo tiempo, gozar de una jurisdicción representaba un estatus y condición política que posibilitaba un ejercicio autónomo del poder en un espacio, que podía considerarse como propio por la costumbre o por la autorización del rey. Estos factores los veremos en escena a continuación.

3.2.1. Cambios y conflictos territoriales

A parte de los conflictos que suscitaron las erecciones parroquiales por arrebatar feligreses o territorio, a un nivel más amplio, también ocurrieron divisiones territoriales. En efecto, si al inicio de su vida política San Gil se enfrentó a la ciudad de Vélez por la definición de un nuevo territorio que iría a ser suyo, en dos ocasiones más tuvo que hacer frente a la parroquia del Socorro por el deseo de sus habitantes de constituirse como ciudad. En un primer intento del Socorro ocurrió algo curioso, pues logró el título de ciudad por parte del presidente de la audiencia, lo cual no fue confirmado por el rey. Sin embargo, el Socorro entre 1711 y 1716 formó su jurisdicción y gobernó con sus propias autoridades capitulares. En un

---

55 Para algunos aspectos, ver: CALVO, Thomas y BERTHE, Jean-Pierre. *Op. cit.*, p. 81 y ss.

56 Para algunos ejemplos, ver: *Ibid.*, pp. 82 y 85.

57 MAZÍN, Óscar y RUIZ IBÁÑEZ, José Javier. "Estudio introductorio". En: MAZÍN, Óscar y RUIZ IBÁÑEZ, José Javier (Editores). *Las Indias Occidentales: procesos de incorporación territorial a las monarquías ibéricas*. México: El Colegio de México, Red Columnaria, 2012, p. 15.

segundo momento, el Socorro alcanzó definitivamente una jurisdicción propia cuando, en 1771, Carlos III confirió el título de villa después de un trámite de casi una década.

Estas dinámicas político-territoriales hicieron que los límites de la villa de San Gil sufrieran alteraciones en la centuria dieciochesca. Como si no hubieran sido suficientes cambios hasta la década de 1770, en 1795 vino otro momento de relevante transformación al erigirse un nuevo corregimiento con capital en el Socorro y a la cual quedó subordinada la jurisdicción de San Gil. Si bien no era una modificación de sus fronteras, jurisdiccionalmente sí era un cambio destacable. Todo esto constituiría una serie de reacomodos territoriales, jurisdiccionales y políticos.

a) Vicisitudes territoriales

La documentación judicial y notarial de la villa de San Gil, aunque no su vida política, inició en 1694. Esto se debió, al parecer, por la confirmación real en ese año del título de villa que había sido aprobado por el presidente de la audiencia Gil Cabrera y Dávalos en 1689. Pero fue solo hasta 1698 que por real provisión se decretó ejecutar el deslinde de tierras, actividad que le correspondió al corregidor de Tunja, don Miguel de Borda[58]. Todo quedó concretado entre el 2 y el 7 de noviembre del siguiente año, cuando se fijaron definitivamente los límites[59] de la villa de San Gil (ver mapa 2). No obstante, la ciudad de Vélez y San Gil tuvieron que definir en años posteriores otros asuntos como el de los diezmos.

Del largo conflicto que sostuvieron San Gil y Socorro, esta última tuvo un triunfo efímero a inicios del siglo XVIII. Desde finales de 1684, un año después

---

[58] Cortés Yepes, Mónica. *Op. cit.*, pp. 72-73.

[59] En la capitulación figuraban los siguientes límites:

> desde el río de Oiba que dista de la ciudad de Vélez 20 leguas donde se junta con el río Suárez, cortando derecho al cerro de los Yariguíes, dicho cerro adelante, a dar el paso de la Cabuya de Chimitá que es el río Sogamoso, y dicho río arriba hasta el sitio de Cubaría muy desde allí cortando al cerro de Petaquero y corriendo la single de dicho cerro derecho a dar asiento al pueblo viejo de Coromoro, y desde allí corriendo derecho a las cabeceras de río Oiba hasta dar al primer lindero, todos los cuales dichos sitios y la mayor parte de la tierra comprende en ellos, son mu [*sic*] fragosos, áspero y tan retirados, que en cualquier accidente que suceda, ni de Tunja, ni Vélez se puede poner remedio.

En: *Estudio. Órgano de la Academia de Historia de Santander*. No. 281-283, diciembre 1974. Citado por: *Ibid.,* pp. 58-59.

de su erección en parroquia, los feligreses del Socorro dieron inicio a las gestiones para erigirse en villa mediante una capitulación al cabildo de Vélez[60]. Entre las justificaciones estaban que la población llegaba a 4000 almas y la distancia de la ciudad de Vélez dificultaba la administración de justicia. Al no obtener respuesta se dirigieron a la real audiencia mediante representación de los procuradores del número, cuyas gestiones dieron frutos cuando en 1711 el arzobispo Francisco de Cossío y Otero, encargado de la presidencia del tribunal, confirió la licencia para la erección de la ciudad del Socorro. Sin embargo, el Consejo de Indias anuló tal licencia y el Socorro regresó a su estatus de parroquia. En ese lapso el Socorro tuvo jurisdicción y cabildo propio, lo que es demostrado por las continuas quejas de los sangileños por haberse usurpado su jurisdicción y por la diversa documentación –como la notarial– en donde se consigna el poblado como ciudad.

Los vecinos del Socorro no habían desistido de su petición de 1684 a pesar de que San Gil les había ganado el título de villa y que habían quedado bajo la jurisdicción de ella. Cuando en 1711 se les concedió la petición de conformarse como ciudad estuvieron prestos a ejecutar la aprobación definiendo su territorio y estableciendo un cabildo. Los límites fijados fueron los mismos que más adelante serían los límites definitivos de Socorro como villa: la parte sur de lo que era la villa de San Gil, con las mismas fronteras entre oriente y occidente, pero con el río Mochuelo al norte y se mantenía como límite sur el río Suárez (ver mapa 2).

Como era lógico, la villa de San Gil reaccionó ante la situación. Sus protestas no se hicieron esperar e impugnaron el título de ciudad del Socorro y solicitaron que se suspendiera la fundación bajo varios argumentos: 1) el territorio de contorno del Socorro invadía al que tenía San Gil, pues se encontraban a menos de cinco leguas, mínimo de diferencia entre dos poblaciones con jurisdicción y que era estipulado por las leyes; 2) la pérdida de territorio le traería graves consecuencias económicas al perder tierras; 3) los socorranos, decían los sangileños, pretendían el privilegio de no pagar alcabalas por 20 años como se les había concedido a aquellos, con las obvias consecuencias para la real hacienda. Estas argumentaciones se mantuvieron por varios años, mientras el Socorro esperaba la confirmación del rey.

---

60 Guerrero Rincón, Amado Antonio y Martínez Garnica, Armando. *La provincia de los Comuneros...*, p. 82.

Mapa 2. Jurisdicciones de la villa de San Gil, siglo XVIII

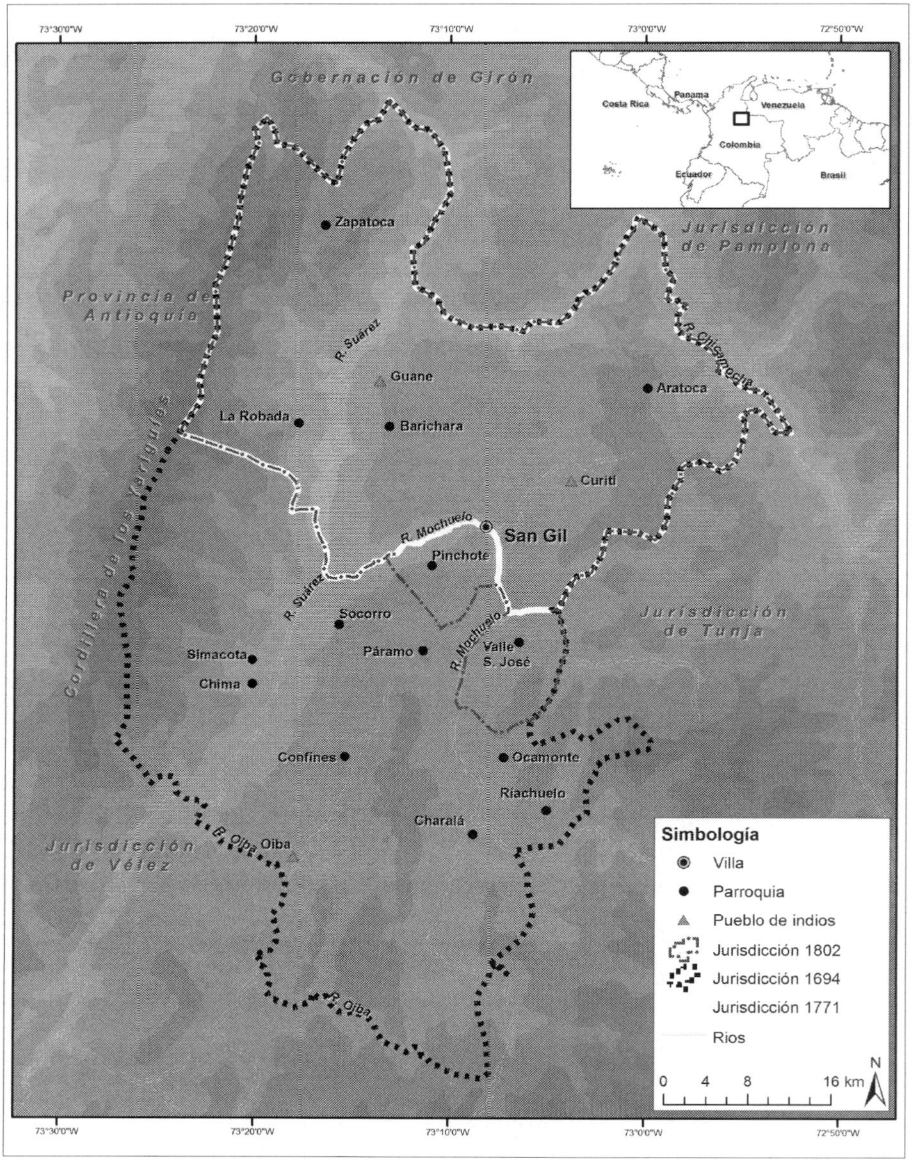

Fuente: Salazar Carreño, Robinson. *Tierras y mercados. Campesinos, estancieros y hacendados en la jurisdicción de la villa de San Gil, siglo XVIII*. Bogotá: Ediciones Uniandes-Ceso, 2011, p. 14.

Entre tanto, los vecinos de la nueva ciudad hicieron uso de la potestad jurisdiccional que significaba su estatus. De tal forma, conformaron un cabildo con sus propias autoridades: alcaldes ordinarios, alcaldes de la Santa Hermandad, alcalde provincial, regidores, alférez real y escribanos. Toda la documentación que se produjo en este lugar entre los años de 1711 y 1716 contiene la designación de "Ciudad de Nuestra Señora del Socorro de Cossío y Otero". Algunos vecinos hicieron compras de cargos que eran susceptibles de obtenerse por este medio. Por ejemplo, don Tomás Flórez de Acuña se había hecho al cargo de alférez real, el maestre de campo don Fernando Pabón Vasconcelos al de alcalde provincial y don Luis González de Heredia al de regidor más antiguo[61]. Por supuesto, algunos obtuvieron sus cargos por medio de elecciones cadañeras.

No obstante, este ejercicio del poder había sido derogado por el rey Felipe V el 30 de diciembre de 1712 en una real cédula donde ordenaba suspender la erección de la ciudad del Socorro. "El Animoso" consideró inútiles y al parecer insuficientes los motivos para otorgar el título de ciudad dejando "los dejéis vivir como hasta aquí sin innovar cosa alguna que así es mi voluntad". El documento derogatorio solo se había podido conocer una vez que murió el arzobispo-presidente Cossío y Otero en 1715[62]. Ante ello, los vecinos del Socorro protestaron infructuosamente.

Pasaron cinco décadas para volver a ver un intento segregacionista por parte del Socorro. Mientras tanto, esta parroquia siguió subordinada jurisdiccionalmente a San Gil, pero con una configuración política muy particular de la cual daremos cuenta al final de este capítulo. Por el momento solo se hace necesario resaltar que en el Socorro se fueron localizando autoridades importantes como el teniente de corregidor y uno de los alcaldes ordinarios de San Gil, además de la aparición de un escribano del número, cuyo cargo fungía en la parroquia en el Socorro y era privativo de la misma.

Fue en 1762 cuando se volvió a iniciar, por parte del Socorro, un intento de separación de San Gil. Quien comandó las gestiones durante casi una década fue el prestigioso comerciante don Juan Maldonado de la Zerda, quien llegó a gastar 16 000 pesos de su propio bolsillo para correr con los gastos de los trámites, lo que nunca le fue devuelto por parte del cabildo. Las razones en que el vecindario socorrano sustentaba su petición eran similares a las que había pronunciado en la primera solicitud décadas atrás. En la nueva petición se agregó el crecimiento económico que concedía las condiciones propicias para que el Socorro se convirtiera en ciudad[63]. Ante esto el cabildo de la villa de San Gil volvió a defender

---

61 CORTÉS YEPES, Mónica. *Op. cit.*, pp. 115-116.

62 *Ibid.*, pp. 147-149.

63 *Ibid.*, p. 163.

su jurisdicción a capa y espada para evitar la separación, aunque todos los esfuerzos fueron en vano pues Carlos III confirmó el título de villa al Socorro el 25 de octubre de 1771.

A pesar de que la cédula llegó ese año, transcurrieron cinco más para definir puntualmente los límites entre las dos villas. Esto se debió a que San Gil entorpeció todo el proceso del deslinde territorial por todos los medios jurídicos y discursivos posibles. En efecto, desde que se supo la aprobación del título, San Gil comenzó a enviar solicitudes que sostenían el quebranto de sus derechos, además de enfocarse en que la cédula real no mandaba dar linderos a la nueva villa, sino más bien que se mantuvieran íntegros los de San Gil y que al Socorro se le designara tan solo un territorio que englobara su población. Además, debió pesar la costumbre que se tenía en considerar cierta zona como de influencia del Socorro, la cual fue la jurisdicción efímera que tuvo en la década de 1710 y que de seguro quedó como referente.

El 11 de diciembre de 1773 se comisionó al gobernador de Girón (una provincia colindante), don Cristóbal del Casal Ferreira, para ejecutar la definición de los términos. El "tira y afloje" de una y otra villa por resguardar su territorio o por adquirir la extensión que más le conviniera dilataron el trámite durante tres años. La "vista de ojos" necesaria para reconocer el territorio y realizar la definición de las dos jurisdicciones solo se inició en 1775 por el que a la sazón era el gobernador de Girón, don Francisco de Baraya. Él integró una comitiva de deslinde y reconocimiento en la cual participaron el teniente de corregidor, los procuradores generales y dos testigos para las dos villas involucradas, tres agrimensores, dos alarifes y algunos ayudantes. Mientras se realizaron las mediciones de los terrenos, San Gil las estorbó protestando sobre el método de medición y por las parroquias que quedarían bajo su poder.

El deslinde estuvo a punto de detenerse ante la imposibilidad de llegar a acuerdos entre las dos partes. El gobierno superior, especialmente por recomendación del fiscal, impuso el cumplimiento de la definición de los territorios y la solución del litigio debido a los costos elevados y los perjuicios que se les estaban causando tanto a San Gil como al Socorro. Un punto adicional que apremiaba lo anterior era el daño que se le estaba causando a la administración de justicia[64]. Por ello se mandó componer una nueva comisión a inicios de septiembre de 1776, la

---

[64] *Ibid.*, p 207.

cual debía hacer el deslinde en dos meses, a lo sumo. Para finales de noviembre de ese año se cumplió con lo decretado y se había confeccionado el mapa donde se puntualizaban las jurisdicciones correspondientes a cada villa (mapa 3).

Mapa 3. Definición de las jurisdicciones de las villas de San Gil y Socorro, 1776

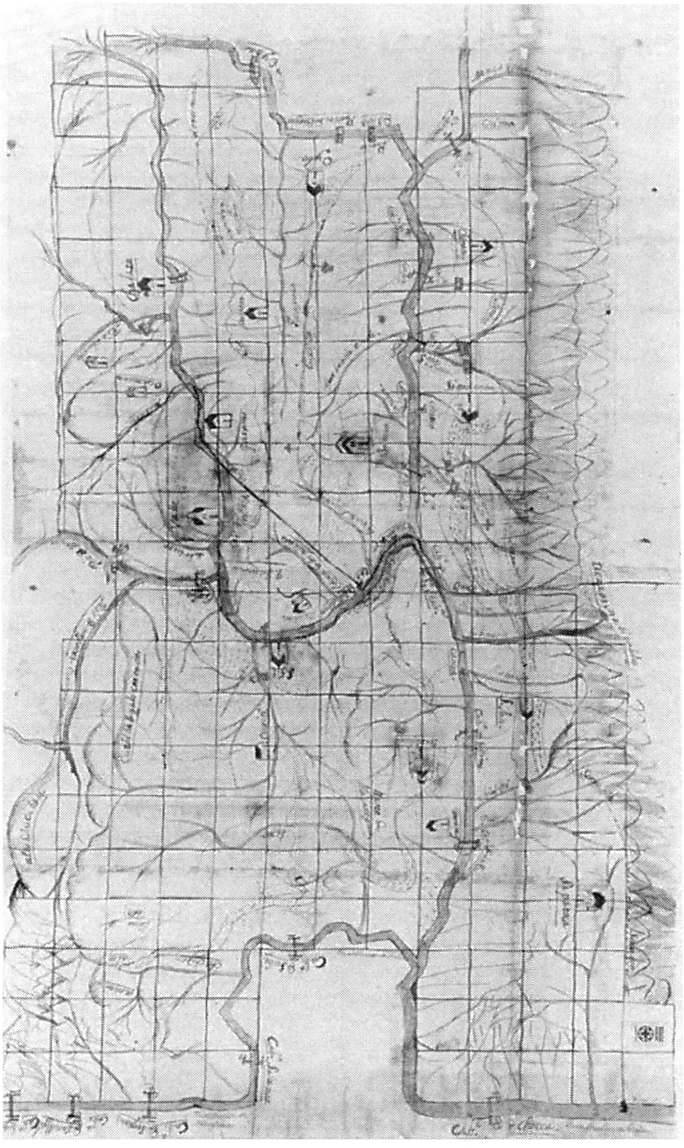

Fuente: AGN. *Mapoteca 4,* Ref. 451-A, 1776.

Desde 1776 la estructura territorial de las villas de San Gil y Socorro se mantuvo dentro del corregimiento de Tunja hasta 1795, cuando vino una reforma de este corregimiento. Para estos años se vio la necesidad de mejorar la administración de justicia en este extenso y poblado territorio. La vía que se siguió fue la segmentación del dilatado corregimiento y la creación de cargos de corregidores nombrados por el rey en cada una de esas nuevas divisiones.

b) Un nuevo corregimiento para mejorar la administración de justicia

Las reorganizaciones territoriales que en distintos momentos del siglo XVIII se realizaron en el Nuevo Reino de Granada no respondieron a la aplicación del régimen de intendencias. Mientras que estas se implementaron en la Península desde mediados de siglo, luego en el Río de la Plata y en otros territorios de la América española, en el Virreinato de Santa Fe la idea del régimen de intendencias apenas se contempló[65]. Las razones de esto no han sido dilucidadas, ni el tema ha sido objeto de un estudio concreto. Según algunos investigadores, no se implementaron las intendencias por razones políticas y prácticas. Para John Leddy Phelan con el establecimiento de los estancos se había dividido el virreinato en cinco distritos (Bogotá, Popayán, Honda, Panamá y Cartagena), que habrían de ser las intendencias[66]. No obstante, la rebelión de los Comuneros de 1781 detuvo el proyecto[67], seguramente porque no podía ser una buena estrategia política después de las convulsiones que habían causado los estancos y los nuevos impuestos, así como también hubiera significado una merma en la autoridad conferida al virrey[68].

Si bien no se implementaron las intendencias, esto no fue equivalente a la ausencia de reformas o ajustes en la organización territorial. A través del siglo XVIII se realizaron distintos acomodamientos en varios territorios, haya sido por el surgimiento de nuevas poblaciones o por la necesidad de mejorar aspectos como la administración de justicia. El caso que más resalta es la creación del Virreinato

65 Como mencionamos en el capítulo 2, en 1790 el virrey realizó un informe en torno a las condiciones particulares en que debía ser aplicado el régimen de intendencia en el Nuevo Reino. Al parecer esto no pasó de allí, pues nunca se concretaron.

66 PHELAN, John Leddy. *Op. cit.*, p. 44.

67 *Ibid.*

68 RUIZ RIVERA, Julián B. "Reformismo local en el Nuevo Reino de Granada". En: *Temas Americanistas*, No. 13, 1997, p. 80. Nota 1.

del Nuevo Reino de Granada, el cual se suprimió en un primer momento (1717-1723) para restablecerlo definitivamente en 1739[69]. Otro de los cambios importantes fue la división del extenso territorio del corregimiento de Tunja, del cual surgió el del Socorro. Veamos.

El corregimiento de Tunja se había establecido desde el siglo XVI con una jurisdicción muy amplia. Solo fue hasta 1778 que se realizó la primera propuesta para su división por parte del fiscal y visitador don Antonio Moreno y Escandón como recomendación a partir de la visita que realizó a este corregimiento. Más adelante la idea se retomó y se aprobó por parte del rey en 1795. Se dividiría el corregimiento de Tunja en tres nuevas entidades: se mantenía el corregimiento de Tunja, solo que reducido, se creaba uno nuevo para la provincia de Pamplona, y otro nuevo como corregimiento del Socorro, que abarcaría los cabildos de Vélez, San Gil y el Socorro, con capital en esta última población[70].

Las motivaciones de la división, donde predominó el argumento del mejoramiento de la administración de justicia, las encontramos en un informe de los primeros años de la década de 1790[71] sobre el proyecto de la fragmentación territorial. Allí se incluyeron tanto la descripción y el proyecto original de la reforma del corregimiento –todo el trámite de aprobación–, así como los pareceres del corregidor de Tunja y del cabildo de la ciudad de Vélez. Para no extendernos en una descripción larga y onerosa, solo trazaremos las características generales del proceso y nos enfocaremos en los argumentos relacionados con la preocupación por la administración de justicia. Como se alcanza a notar, todavía en las postrimerías del siglo XVIII, la justicia seguía siendo un criterio relevante en las lógicas del gobierno, pues fue –al menos– el pretexto formal de la división de los corregimientos.

A un nivel general, el proyectismo borbónico no contempló reformas al aparato de tribunales ni se plantearon directrices innovadoras para su mejor funcionamiento[72]. De lo que se trató fue de que en las audiencias indianas se

---

69 McFarlane, Anthony. *Op. cit.*, p. 283 y ss. En 1776 se estableció el virreinato del Río de la Plata.

70 AGN. Sección Colonia, *Poblaciones Boyacá*, T. 2, Doc. 21, f. 958r. (Informe sobre el corregimiento de Tunja y propuesta de su división, 1791-1795).

71 *Ibid.*, ff. 958r-1032v.

72 Esta tesis es la defendida por Carlos Garriga. Para los argumentos del planteamiento, ver: Garriga Acosta, Carlos. "Los límites del reformismo borbónico: a propósito de la administración de la justicia en Indias". En: Barrios Pintado, Feliciano. *Derecho y administración pública en las Indias hispánicas.* Actas del XII Congreso Internacional de Historia del Derecho Indiano. (Toledo, 19 a

aplicaran con más rigor las orientaciones jurídicas de funcionamiento que se tenían de tiempos pasados. En otras palabras, de que se cumpliera a cabalidad con su reglamentación y una de las más evidentes fue la restricción de la vinculación matrimonial de oidores con familias de la localidad donde fueran magistrados. "Reforma como restauración", afirma Garriga[73]; re-formar, podríamos decir. Por otra parte, a nivel regional y local se siguió con la tradición de la negociación, aunque con un poco de más intervención de la jurisdicción real en algunos asuntos de gobierno. También vino una multiplicación de jurisdicciones y fueros corporativos como los de estancos, minería o la de la Acordada[74]. Por todo esto, tal vez una clave para entender el proyecto de la división del corregimiento de Tunja sea una preocupación por mejorar la administración de justicia logrando una mayor intervención de la autoridad del rey, como en el proyecto se reiteró muchas veces, y no tanto los nuevos criterios en materia de hacienda y militar.

Fue el regidor y depositario general de Santa Fe, don Juan Rodríguez de Lago, el autor del proyecto que presentó al virrey el 16 de febrero de 1791. Amparaba su propuesta en que el *alter ego* del rey debía procurar la más "cómoda" administración de justicia en los territorios que gobernaba. Rodríguez comenzó por realizar un informe general sobre el corregimiento de Tunja y hablaba con propiedad del mismo, por estar "habilitado yo de propios conocimientos en la dilatada jurisdicción de la provincia de Tunja"[75]. Al parecer era natural de allí y había desempeñado el cargo de alcalde de la Santa Hermandad, además de haber acompañado al corregidor en una visita, por lo que tenía un conocimiento de la situación de ese territorio.

El corregimiento abarcaba siete cabildos, cuatro de ciudades y tres de villas, y como era lógico, todos los pueblos de indios y parroquias que cada uno comprendía. Además, también mencionó dos jurisdicciones "extrañas" que estaban en el territorio del corregimiento a modo de "islas", pero sobre los cuales este no

---

21 de octubre de 1998). Vol. I. Cuenca: Ediciones de la Universidad de Castilla-La Mancha, 2002, pp. 781-821.

73 *Ibid.*, p. 800.

74 La afirmación era valedera para la historiografía de Argentina, Perú y México, pues para el resto de territorio, como el del Nuevo Reino de Granada, sabemos muy poco. Solo resta invitar a estudios conforme a las perspectivas más novedosas sobre el tema. Ver, por ejemplo: GARCÍA AYLUARDO, Clara. *Las reformas borbónicas...*

75 AGN. Sección Colonia, *Poblaciones Boyacá*, Tomo. 2, Doc. 21, f. 959r. (Informe sobre el corregimiento de Tunja y propuesta de su división, 1791-1795).

tenía ninguna autoridad: el corregimiento de indios de Duitama y Sogamoso y la gobernación de Girón[76]. Destacó que en tan extensa jurisdicción la administración de justicia se veía afectada por las distancias de cada una de las villas y ciudades con la sede del corregidor. Por esto, la tramitación de muchas causas, especialmente las apelaciones, se demoraba demasiado y los delincuentes quedaban sin castigo, situación que era muy notable en Duitama y Sogamoso, aunque se presentaba, en general, en todos los poblados. Por ejemplo, la ciudad de Pamplona, que abarcaba ocho pueblos y once parroquias, distaba diez días de Tunja y era administrada por un teniente de corregidor justicia mayor[77].

De Tunja a la ciudad de Vélez había un recorrido de tres días. Allí también permanecía un teniente de justicia mayor para la vigilancia de cinco pueblos y diez parroquias. El corregidor poco atendía las necesidades de Vélez, debido a la gran cantidad de trabajo en su sede y a la distancia. Por su parte, las villas de San Gil y Socorro, que estaban a seis días de Tunja, tenían los mismos problemas. Mientras que la primera albergaba cuatro parroquias y dos pueblos de indios, la segunda poseía ocho parroquias[78]. Tales alejamientos hacían que el corregidor no conociera de múltiples asuntos y, en consecuencia, "esto persuade que no puede el corregidor de Tunja dar un exacto cumplimiento a la obligación de administrar justicia". La solución era dividir esta jurisdicción en tres corregimientos.

El primero sería el de Tunja, al cual se le agregaría Duitama y Sogamoso, y abarcaría tres cabildos: el de Tunja, el de la ciudad de Muzo y el de la villa de Leyva. Cada una conservaría distintos pueblos. El segundo corregimiento sería el de Pamplona y estaría compuesto por la fusión de la gobernación de la ciudad de Girón (con su cabildo, dos parroquias y dos puertos fluviales) y la provincia de Pamplona (con su cabildo y el de la villa del Rosario de Cúcuta, además de un corregimiento de indios que abarcaba un buen número de pueblos)[79]. El tercer corregimiento, que tendría cabeza de provincia, abarcaría los cabildos de la ciudad de Vélez y los de las villas de San Gil y Socorro. También recomendaba asignarle

---

[76] Esta gobernación se había establecido desde 1631 con la 'pacificación' de los territorios que le correspondieron y con la fundación de la ciudad de Girón en ese mismo año. La gobernación de Girón era proveída por el virrey.

[77] AGN. Sección Colonia, *Poblaciones Boyacá*, Tomo 2, Doc. 21, f. 960r. (Informe sobre el corregimiento de Tunja y propuesta de su división, 1791-1795). Para el tipo de cargo que era y las facultades que tenía el teniente de corregidor y justicia mayor, ver el siguiente capítulo del presente estudio.

[78] *Ibid.*, f. 960v.

[79] *Ibid.*, ff. 961r-v.

sueldo a cada uno de los nuevos corregidores. Si antes el gobernador de Girón recibía 1300 pesos anuales y el corregidor de Tunja 1750, de allí en adelante cada uno de los tres corregidores recibiría 1000 pesos anualmente.

Rodríguez de Lago cerraba su propuesta diciendo que a pesar del perjuicio en la merma de los sueldos, esto era en beneficio público, y que este era más importante que el interés particular. Argumentaba, sobre las agregaciones y separaciones que contenía el proyecto, que no se podía negar lo convenientes que eran para la buena administración de justicia. Mencionaba una cédula del 8 de noviembre de 1763 y otra del 3 de agosto de 1775, donde la voluntad real dictaba el arreglo de los corregimientos a un mando manejable y que de allí se motivó la visita que había realizado el fiscal Francisco Antonio Moreno y Escandón[80], quien terminó recomendando la división del corregimiento. Finalmente, argumentó:

> Los motivos que llevo expuestos si merecieren el concepto de vuestra excelencia obrarán un efecto muy útil a la buena administración de justicia, y al común beneficio y con el arreglo de los corregimientos proyectados tendrían los pueblos un gran auxilio en las opresiones que padecen, y yo la satisfacción de ser en algo útil a la tierra donde tuve los primeros conocimientos[81].

El proyecto fue enviado para que don Pedro de Ugarte, ilustre vecino de Santa Fe y quien había ocupado varios cargos, y el fiscal Berrío dieran su parecer. El primero consideraba ciertas las razones sobre la extensión del corregimiento y veía conveniente el establecimiento de los tres propuestos. Para realizar esto, recomendaba que un ministro de la audiencia hiciera una visita a la provincia de Tunja y a la de Girón para el conocimiento práctico de las demarcaciones que se habrían de hacer; igualmente, debían definirse las tenencias para la buena administración de justicia, de las rentas reales y el beneficio de los indios con una retasa del pago de su demora; finalmente, se recomendaba la confección de un mapa[82]. Por su parte, Berrío también destacaba la dificultad de la administración del corregimiento por su gran territorio y se limitaba a sugerir que el proyecto

---

80 La visita a la que se refiere fue publicada en: MORENO Y ESCANDÓN, Francisco Antonio. *Indios y mestizos de la Nueva Granada: a finales del siglo XVIII*. Bogotá: Banco Popular, 1985.

81 AGN. Sección Colonia, *Poblaciones Boyacá*, Tomo 2, Doc. 21, ff. 962r-v. (Informe sobre el corregimiento de Tunja y propuesta de su división, 1791-1795).

82 *Ibid.*, f. 962v.

se viera en la junta superior de tribunales, agregándose las cédulas citadas por el proyectista y lo actuado por Moreno y Escandón.

El superior gobierno también solicitó la opinión del corregidor de Tunja, quien la dio el 15 de mayo de 1791 para contrariar varios puntos del proyecto. Después se solicitó la declaración de "testigos prácticos de los territorios, de cuyas uniones y segregaciones se trata"[83]. Declararon cinco personas[84] que, con detalles menores, coincidieron en sus apreciaciones. En resumen, se les consultó sobre cinco puntos en los que definieron las distancias que había de las distintas ciudades y villas a la de Tunja, y entre ellas mismas; en cuanto a si consideraban conveniente el proyecto, todos respondieron afirmativamente, en especial por el que involucraría a Vélez, San Gil y Socorro, pues "se proporciona la administración de justicia"[85], comentaba uno de los declarantes. Que la consideraba "por muy útil y necesaria, cuyo concepto forma por el práctico conocimiento que ha tenido siendo juez y vecino de la villa de San Gil"[86] opinaba otro (don Pedro Pradilla).

En todo este proceso entraron en escena el corregidor de Tunja y el cabildo de Vélez. La intervención de estos actores dilató bastante el proceso de aprobación de la propuesta en un par de años y no se les podía ignorar, ya que se les había solicitado su opinión y era un proyecto que los afectaría. El corregidor de Tunja tenía por qué contrariar el plan, debido a que su jurisdicción se veía reducida, su autoridad (simbólica también) se vería mermada, así como su sueldo. Por el lado del cabildo veleño, este argumentó que su ciudad debía ser la cabecera provincial. De nada sirvieron las múltiples peticiones y argumentaciones, pues desde el principio se consideró al Socorro como la población más meritoria para ser la capital del corregimiento, como finalmente se efectuó.

El proyecto fue aprobado por el rey en una real orden dada en Aranjuez el 25 de marzo de 1795. El monarca autorizó las especificaciones del proyecto sobre la división en tres corregimientos y el ajuste de sueldo, y nombró como corregidor del Socorro a don Juan Salvador Rodríguez de Lago, artífice de la reforma.

---

83 *Ibid.*, f. 965v.

84 *Ibid.* El doctor Francisco Zapata, regidor y alguacil mayor de Santa Fe; don Ildefonso Cornejo, peninsular y vecino de la ciudad de Salazar de las Palmas (cerca de Pamplona); el licenciado don Pedro Pradilla, vecino de San Gil; el doctor don Bernabé Ortega, abogado de la Real Audiencia; y don Juan Nepomuceno Franqui, escribano de su majestad y quien fue corregidor de Sogamoso.

85 *Ibid.*, f. 966v.

86 *Ibid.*, 967v.

Se aclaraba que no se reestableciera la tenencia de corregidor del Socorro[87]. Un último parecer del fiscal puntualizó cómo debían conformarse los corregimientos: todo conforme al plan, aunque como capital del nuevo corregimiento ponía a Vélez. Las razones: que era una ciudad fundada en 1539, que allí permanecían familias ilustres y que se hacía necesaria la presencia de un corregidor para ejecutar el plan de la apertura del camino de Opón[88]. El virrey José Manuel de Ezpeleta mandó que se hiciera conforme a lo dicho por el fiscal, pero no en el punto de la ciudad de Vélez como capital. Frente a esto dijo que debería ser el Socorro donde se ubicara la residencia del corregidor y que se le permitía ir a Vélez siempre que fuera necesario para el proyecto del mencionado camino[89]. Al final de cuentas, así se cumplió.

Como puede apreciarse en la descripción anterior, en la lógica de gobierno seguía subsistiendo el ideal de la buena administración de justicia. La distribución de la justicia de una manera más "recta", cercana y efectiva era un imperativo para una jurisdicción tan extensa como la del corregimiento de Tunja. La estrategia fue al mismo tiempo una desagregación para conformar nuevas jurisdicciones, lo que significaría una nueva calidad jurisdiccional de los territorios; pero también implicó que el rey tuviera una presencia más fuerte a través de dos nuevos corregidores (en el Socorro y Pamplona). Por supuesto, también suponían un mayor control en el cobro de tributos, otro interés relevante. En medio de todo se perciben los intereses que las distintas poblaciones tuvieron en torno al proyecto y algunos intereses personales debieron haber influido en la aprobación del mismo. Uno de los personajes beneficiados fue el mismo autor de la reforma, ya que fue corregidor del Socorro desde el 7 de abril de 1797 hasta junio de 1806[90].

La creación del corregimiento del Socorro significó para la villa de San Gil un nuevo reacomodo de la configuración de jurisdicciones. Unos veinte años antes se había segregado el Socorro, y en 1795 quedaría jurisdiccionalmente bajo un corregidor que, aunque cercano, residía y era titular en la población a la que se

---

87 *Ibid.*, f. 980r.

88 Era un proyecto que se había intentado ejecutar desde muchos años atrás para conectar esta parte del virreinato con el río Magdalena, principal afluente del territorio. Esto hubiera logrado una mejor circulación de los productos y mercancías producidas en Vélez, San Gil y Socorro.

89 *Ibid.*, f. 986r.

90 Guerrero Rincón, Amado Antonio y Martínez Garnica, Armando. *La provincia de los Comuneros...*, p. 46.

había enfrentado. Sorprende un poco, entonces, que San Gil no se haya insinuado como capital del nuevo corregimiento. Seguramente los sangileños eran conscientes de que la villa no revestía la importancia política y económica para ello. Por otra parte, en las capitulaciones comuneras la élite socorrana había pedido un mayor grado de autogobierno con su propio corregidor separado del de Tunja[91]. ¿Pudo influir esta negociación y petición en la definición del corregimiento del Socorro? Lo que ocurrió de allí en adelante queda por ser estudiado.

3.2.2. Dos centros de poder político

Como se podría inferir de lo que hasta aquí hemos dicho, la historiografía regional ha destacado la conformación de una red parroquial y el conflicto entre San Gil y Socorro como puntos claves del siglo XVIII. Sin embargo, si consideramos que hay largos informes y pleitos judiciales al respecto y que en ellos hay información muy valiosa para conocer la organización del gobierno de esta zona, es lamentable que no se le haya prestado más atención. Por lo tanto, se hace indispensable analizar un conjunto de circunstancias y sucesos que nos permiten hablar sobre el peso y equilibrio político de estos dos poblados y puntualizar algunos hechos que nos ayuden a entender mejor la dinámica política regional.

Las condiciones geográficas, demográficas, económicas y políticas influyeron en la conformación de lo que aquí denominamos *dos centros de poder político* o de ejercicio del mismo, uno en la villa de San Gil y el otro en la parroquia del Socorro. Con esta idea queremos expresar que en la jurisdicción de San Gil se dio una circunstancia particular del gobierno, donde San Gil actuó como cabeza jurisdiccional, pero el Socorro tuvo relevancia en tal grado que muchas autoridades ejercían gobierno y justicia desde esta parroquia y en su zona de influencia. Este fenómeno fue constante desde el inicio de la vida política de la jurisdicción y hasta la separación del Socorro al constituirse como una nueva villa, hecho que puede verse como la consagración de esta importancia en el ejercicio del poder y una élite que seguro influyó en ello.

Por su gran dinámica demográfica y social esta parroquia requirió, desde muy temprano, que un alcalde ordinario de San Gil residiera en ella[92]. En cierta medida, puede afirmarse que San Gil era el centro formal por su condición de

---

[91] MACFARLANE, Anthony. *Op. cit.*, p. 390.

[92] AGMSG. *Alcaldía de San Gil*, Caja 001. AGM 1, ff. 5r-v. ("Autos del Corregidor y Justicia Mayor de Tunja", Socorro, 1694). Esto ya evidencia un cambio en la distribución del poder y, por lo tanto, en

cabeza política legal, y la población socorrana un centro informal de ejercicio de la justicia y el gobierno. Así, son tres las características principales que pueden observarse con el fin de sostener la anterior aseveración: 1) el Socorro tuvo tal importancia que requirió lo servicios de un escribano desde los primeros años; 2) allí mismo, y sancionado por el corregidor de Tunja, residieron distintas autoridades con potestad jurisdiccional; y 3) en torno al Socorro se estructuró una zona de influencia que habría se ser tan fuerte que fue su jurisdicción cuando se consagró como villa.

En 1705 don Juan Gómez Rubio denunciaba ante el gobernador y capitán general del reino que Custodio Peláez de Estrada, único escribano de la jurisdicción, administraba todo lo referente a su oficio no en la villa de San Gil, sino en el Socorro[93]. Justificó su denuncia aduciendo que tal empleo tenía que residir en San Gil, pues la villa era la cabeza de la jurisdicción y el lugar donde debía estar el archivo; e igualmente porque su título consignaba ser escribano de la misma y al administrar continuamente en el Socorro le restaba "lustre". Peláez se defendió: argumentó que en el Socorro se había formado un archivo gracias a la mayor "opulencia" y "concurso" de los vecinos y añadió que él asistía al alcalde ordinario que residía allí mismo, administrando en los dos lugares sin faltar a sus obligaciones. Finalmente agregó el escribano: "porque bien conozco que la obligación de asistir en la cabeza como lo hago todas las veces que se ofrece que hacer en ella y cuando no hay que hacer me voy con el señor alcalde de dicha parroquia [del Socorro] solo a fin de buscar mi mantenimiento"[94].

La situación anterior es supremamente interesante por lo que evidencia expresamente, pero toma mayor significación a la luz de otro hecho que puede ser su consecuencia. Los registros notariales[95], por lo menos desde 1721[96], indican la creación de otro cargo de escribano, el *del número*, al encontrarlo llevando a

---

la estructura de gobierno. Más adelante se verán otros ejemplos que evidencian que la importancia socioeconómica del Socorro influyó en la estructura judicial.

93 AGN. Sección Colonia, *Empleados públicos de Santander*, Tomo III, f. 789r. (Peláez de Estrada Custodio, escribano público de San Gil, contra cuya trashumancia, en desempeño de su oficio, representa Juan Gómez Rubio, 1705). Tal vez las causas que alude el escribano hicieron que años posteriores se implementara el cargo de escribano del número que residió en el Socorro, mientras que el de cabildo lo hizo en San Gil.

94 *Ibid*., ff. 791r-v.

95 Existen registros notariales para la parroquia del Socorro desde finales del siglo XVII.

96 ANS. *Notaría primera*, Tomo 3, ff. 93r-94r y ss.

cabo las compra-ventas de tierras en la parroquia del Socorro y su zona de influencia hasta la división jurisdiccional. Todo parece sostener que ese escribano era de alguna manera "exclusivo" o privativo para la parroquia del Socorro, otras parroquias y sus sitios aledaños. Como lo demuestra el citado caso del escribano en 1705, tales situaciones no serían nuevas para la década de 1720, pues desde un principio se demandó asistencia de un escribano.

Otras evidencias de la importancia política del Socorro las constituyen: 1) la conformación de una jurisdicción temporal al obtener el título de ciudad (1711-1716) y la conformación de su propio cabildo y su funcionamiento; 2) la residencia continua de distintas autoridades en la parroquia (p. e. teniente de corregidor), así como sede o principal escenario de su actuar en otros casos (como en el de los alcaldes de la Santa Hermandad en varias ocasiones); y 3) el establecimiento de un límite entre San Gil y Socorro que tuvo, al mismo tiempo, una significación geográfica, político-simbólica y económica.

Como se aprecia, en esa parroquia tuvieron residencia los tenientes de corregidores, un alcalde ordinario y cerca de ella, en ocasiones, actuaron los alcaldes de la Santa Hermandad. En este fenómeno probablemente tuvo incidencia en el temprano establecimiento de una cárcel allí[97]. Varia documentación ha demostrado que la parroquia del Socorro y su demarcación, así como la de las parroquias sobre las que tenía influencia, fueron el escenario de buena parte del ejercicio del poder político de la jurisdicción, cuyos múltiples ejemplos se verán en los siguientes capítulos. Aunque no se hayan localizado los expedientes judiciales del alcalde ordinario que allí impartía justicia, puede suponerse una destacada actividad de resolución de los conflictos. Por ello, no extrañaría que esta condición jurisdiccional haya repercutido en su definición como capital del nuevo corregimiento en 1795.

Ahora bien, el tercer fenómeno a destacar es la importancia del límite que significó el río Mochuelo (hoy río Fonce, ver mapa 2). En primer lugar, fue un límite natural que separaba la demarcación de la parroquia del Socorro y que en su vida efímera como ciudad fue el límite jurisdiccional. Una vez convertida en villa fue el límite entre esta y San Gil, como hemos anotado más arriba y como se observa en la cartografía de la época (ver mapa 3). En segundo lugar, algunos estudios han

---

97 Todo parece indicar que era de las pocas cárceles separadas de la del cabildo en San Gil, incluso había sido decretada por el corregidor a finales del XVII. En San Gil, al parecer, había otra, pero datos insuficientes llevan a pensar que se trataba de habitaciones o calabozos que existían en el edificio del ayuntamiento.

destacado dos perfiles económicos de la jurisdicción, cuya separación era diferenciable por el mencionado afluente. Con base en el estudio de Mónica Cortés[98] y en el de Robinson Salazar[99] se puede afirmar que del río Mochuelo hacia el norte, hasta el río Sube, el centro económico fue San Gil con una economía basada en la producción de mieles de caña de azúcar, tabaco, el cultivo de otros productos de pan coger, alguna ganadería y la existencia de trapiches[100]. Por otro lado, hacia el lado sur hasta el río Oiba, el sitio económico clave era el Socorro, que poseía un empuje sustentado en la confluencia de los caminos de Simacota, Páramo, Charalá y Chima en ella, lo que significaba un fuerte tráfico comercial allí[101]; en actividades comerciales y artesanales.

Por último, el río Mochuelo se tuvo en cuenta como límite político. Si bien entre los años de 1711-1716 y al erigirse la villa del Socorro constituyó su límite jurisdiccional y geográfico, mientras estaba sujeto a San Gil, el afluente fue tenido en cuenta por pragmatismo y costumbre como un "límite" territorial. Así lo veían los feligreses de la parroquia de Monguí de Charalá –entre los que se encontraban los alcaldes partidarios– cuando en 1772, teniendo noticia de la expedición del título de villa al Socorro, solicitaban que su parroquia fuera parte de la nueva jurisdicción. Los argumentos esgrimidos por ellos eran geográficos y políticos: 1) aseveraban la lejanía de la villa de San Gil y las dificultades del terreno para ir a ella, en especial por los varios ríos que se obligaban a cruzar, lo que contrastaba con la cercanía de cinco horas del Socorro y tan solo un único afluente, además que tenían "puente de a caballo" en el camino; 2) que la villa de San Gil no había aportado ningún beneficio para su vecindario, especialmente en lo concerniente a la cárcel; 3) y que:

> pues es público y notorio, que el tiempo que fue ciudad el Socorro, desde el año de mil setecientos y once, hasta el de mil setecientos y catorce, fue este lugar de Monguí, jurisdicción del Socorro, y aunque después, y antes era jurisdicción de San Gil, siempre este lugar de Monguí ha ocurrido y ocurre, en

---

98 Cortés Yepes, Mónica. *Op. cit.*

99 Salazar Carreño, Robinson. *Tierra y mercados...*

100 Cortés Yepes, Mónica. *Op. cit.*, p. 90 y ss.

101 *Ibid.*, p. 78. Para esta autora ese fortalecimiento económico produjo la demanda de autonomía política del Socorro.

> todos los negocios de Justicia al alcalde ordinario que reside en el Socorro, por la mayor cercanía y comodidad: siendo también público y notorio, que desde que la villa de San Gil, se fundó, ha estado partida la jurisdicción por el río de Mochuelo, *de suerte, que el un alcalde ordinario quedaba en San Gil, y gobernaba del río para allá, y el otro alcalde ordinario venía al Socorro, y gobernada desde el río Mochuelo para acá*, y aun el corregimiento de los indios, también estaba dividido, entre los dos alcaldes, cuando era de su cargo, como se puede ver en las cuentas del corregimiento que daban los dichos alcaldes, el uno del lado de la villa, y el otro del lado del Socorro, hasta el año de mil setecientos cincuenta y uno[102].

La característica esencial del Socorro como segundo centro de poder, sumado a su condición de centro económico, se refiere a la distribución y localización de autoridades. Ello sin duda influyó como un factor relevante en la consecución del título de villa y en su designación como capital del corregimiento. Al parecer se dio otro caso de este tipo de distribución del poder entre la ciudad de Pamplona y la villa de Cúcuta a finales del siglo XVIII[103]. Tal fenómeno, si bien parece particular, no debe verse tan extraño si tenemos en cuenta la flexibilidad del aparato de gobierno. No solo los criterios de la administración de justicia eran operativamente dinámicos conforme al casuismo que se requería y seguía, sino también la lógica de gobierno, como se advierte del caso San Gil-Socorro. El fundamento de aquella específica distribución de autoridades respondía a la búsqueda de una recta administración de justicia, el buen gobierno y el bien común de los vasallos.

Esto nos evidencia el funcionamiento de la constitución política de la monarquía. Primero, era parte de la potestad de autogobierno que tenían los cabildos y que ellos implementaran lo más conveniente al bien común de sus vecinos con las estrategias que considerasen oportunas. Segundo, el ejemplo de San Gil-Socorro muestra el dinamismo del engranaje de gobierno y de las jurisdicciones, con engranajes y eslabones que se ajustaban conforme las circunstancias lo fueran

---

102 AGN. Sección Colonia, *Poblaciones de Santander,* Tomo III, ff. 765r-v. ("Real título fecho en San Lorenzo a 25 de octubre del año de 1771. por el que S. M. da el de Villa a la parroquia de Nuestra Señora del Socorro, eximida de la de Santa Cruz, y San Gil. Diligencias en su consecuencias pedidas por su parte para la provisión de oficios consejiles de que debe constar aquel Cabildo"). Las cursivas son nuestras.

103 AGI. *Santa Fe,* leg. 561. ("Principal. Relación de empleados de la provincia de Tunja", 1787).

requiriendo. Todo ello se enmarcaba en el ideal referido del buen gobierno y al pragmatismo que se practicaba.

En pro de ese ideal, que no estaba exento de intereses fiscales y particulares, la institución capitular se preocupó por extender la justicia en todo su territorio a una población creciente. La estrategia seguida en la jurisdicción de San Gil, y en muchas otras del virreinato, fue la designación de alcaldes pedáneos que se encargarían de la impartición de justicia y el ejercicio de gobierno en zonas rurales y parroquias. Sin embargo, la nómina capitular encargada de la justicia y el regimiento era la que regía la vida local. De esa plantilla son los oficios con jurisdicción los que nos interesan en este estudio y a los cuales le hemos dedicado el próximo capítulo.

Capítulo 4
Jurisdicciones y estructura de la administración de justicia

En el gobierno de la monarquía católica podían diferenciarse cuatro ramos de gobierno: guerra, hacienda, gobierno y justicia[1]. En reiteradas oportunidades tales separaciones se difuminaban, especialmente en lo que tocaba a la definición del gobierno y la justicia. Esto llegó al punto de que en muchas ocasiones era imposible distinguir si un asunto pertenecía a uno u otro ámbito. Entre los ramos, la justicia era el más importante no solo por su peso en el aparato de gobierno –que se demuestra en el amplio y complejo sistema de tribunales establecidos–, sino también porque en los demás asuntos el proceder debía estar arreglado conforme a ella. La justicia, el ser justo, debía ser el ideal cotidiano de los oficiales del rey.

Esta preponderancia de la justicia tenía profundos fundamentos. Para las sociedades de antiguo régimen, la justicia era la vía para mantener el orden dado por Dios a las cosas, al punto que se consideraba que el rey era el encargado de esta misión. Tanto en el ámbito de los versados en derecho como en la sociedad en general, la justicia era un fin supremo. Esto quedó consagrado en obras de literatura jurídica, recopilaciones de leyes y otros tipos de textos. Una de estas obras, en la que se representa muy bien aquella concepción, es la *Política para corregidores y señores de vasallos*, de Jerónimo Castillo de Bobadilla[2].

---

1 Dougnac Rodríguez, Antonio. *Manual de Historia del Derecho Indiano.* México: Instituto de Investigaciones Jurídicas, UNAM, 1994, Cap. 4. p. 67 y ss.; Bravo Lira, Bernardino. *Op. cit.*, pp. 229 y 235.

2 Castillo De Bobadilla, Jerónimo. *Política para corregidores y señores de Vassallos, en tiempos de paz y de guerra, para jueces eclesiásticos y seglares y de sacas, aduanas y de refidencias y sus oficiales y para regidores y abogados y del valor de los corregimientos y gobiernos.* Edición Facsimil. Madrid: Instituto de Estudios de Administración Local, 1978 [1595].

Tal importancia ha sido advertida desde hace tiempo. Por ejemplo, Ricardo Zorraquín Becú señalaba que, en el fondo, la legislación y el ordenamiento que pretendía Castilla de sus poblados, tanto en la Península como en América, buscaba establecer comunidades que vivieran en "paz y en justicia", propendiendo a asegurar un orden fundamentado en esta última. Así, podría decirse que desde el proceso de Conquista el propósito evangélico era complementado por el ideal de la justicia como fundamento del régimen que se pretendía crear[3]. Los distintos *corpus* de derecho real desde la Edad Media le otorgaban tan esencial papel a la justicia[4], poniéndola como un fin supremo, ideal que se trasladó a la normatividad indiana.

Si consideramos las palabras de Castillo de Bobadilla, la justicia era el mismo fundamento del universo, de todo lo creado por Dios. Si no hubiera sido así, se hubiera retornado al caos primigenio: "á los quales [los astros] si Dios primeramente no huviera governado con justicia, y despues ordenado quien con ella los governasse y rigiesse, facilmente se podria creer, que el mundo se huviera tornado á su primera confusion"[5]. De tal forma, no debe extrañar que el gobierno de la monarquía terminara perfilándose como un *gobierno de la justicia*. Muestra de ello es la importancia del magistrado en el entramado de gobierno donde, desde el siglo, XVI fue más importante –y persistió a un nivel local– la rectitud de conciencia que el saber jurídico[6]. La función, labor y deber del juez de hacer justicia eran vistos primordialmente como un deber de conciencia con una impronta religiosa muy fuerte y un altísimo honor[7], y no como la tarea de la aplicación de la ley.

No puede olvidarse, aunado a lo anterior, el hecho de que para los monarcas la idea de justicia llevaba aparejada de manera indivisible la de buen gobierno. La impartición de justicia era el acto esencial del ejercicio del poder político (de la *iurisdictio*), "pues se trataba de conservar un orden de cosas donde cada segmento

---

3 Zorraquín Becú, Ricardo. "La función de justicia en el Derecho Indiano". En: *Conferencias y Comunicaciones*, Vol. III, No. XXIII, Instituto de Historia del Derecho. Buenos Aires: Universidad de Buenos Aires, 1948, p. 14. Por supuesto, no desconocemos que se trataba también de un deseo expansionista por parte de la Corona, pero en ocasiones se han exagerado los deseos de dominación y se han olvidado las estructuras profundas del imaginario político de la época. Esto tampoco excluye la explotación económica y genocidio perpetrados. No porque en el horizonte cultural estuvieran valores solemnes quería decir que todos actuaran apegados a ellos.

4 Ver las referencias que en el texto de Zorraquín se hacen al *Fuero Juzgo* o a *Las Siete Partidas*.

5 Castillo de Bobadilla, *Op. cit.*, Lib. Segundo, Cap. II. n. 1.

6 Ver Herzog, Tamar. *Op. cit.*, Cap. 1, apartado 5. Esto era consagrado en *Las Siete Partidas*.

7 Zorraquín Becú, Ricardo. *Op. cit.*, pp. 31-32.

de la sociedad, agrupada en cuerpos o corporaciones, era diferente entre sí"[8]. De tal forma, el orden jurídico de la monarquía católica era heredero y en parte continuador del orden jurídico medieval[9]. Es más, el dispensar justicia era el mayor privilegio del soberano[10] –y en general para los castellanos, tal hecho se revestía de gran relevancia–[11]. En pocas palabras, gobernar era sinónimo de impartir justicia.

Lo importante es que tales concepciones se tradujeron y se materializaron en una reglamentación de variado carácter, pero además en tribunales o juzgados para administrar justicia. Si bien la multiplicidad de jurisdicciones que podían encontrarse en un territorio es un aspecto fundamental del gobierno jurisdiccional –la manera en que la justicia se hacía operativa–, implicaba un conjunto de acciones que requerían labores de varios oficiales y/o auxiliares. Las notificaciones, las capturas, los embargos y otras diligencias procesales, así como la escritura de los procesos, en muchas oportunidades debieron ser realizados por los alcaldes ordinarios, cuando no estaba presente un escribano. Tales acciones también fueron llevadas a cabo por jueces de comisión, alcaldes de la Santa Hermandad, el alcalde provincial, el alguacil mayor y el escribano. La impartición de justicia no era, ni mucho menos, el simple dictamen final del juez, su sentencia.

Como vemos en principio, y como se evidenciará en este capítulo, la administración de justicia se concretó a través de la articulación de toda la constelación

---

8 Gayol, Víctor. *Laberintos de justicia*..., p. 95.

9 Traslosheros, Jorge E. "Orden judicial y herencia medieval...", pp. 1105-1138. Agüero, Alejandro. *Castigar y perdonar*..., p. 36.

10 Castillo de Bobadilla, Jerónimo. *Op. cit.* Lib. Segundo. Cap. II. N. 10.

11 Si bien se da por sentado que el derecho romano afincó su supremacía indiscutida en Castilla entre los reinados de Alfonso el Sabio y Fernando e Isabel, su triunfo no fue del todo completo. Ese derecho concebido, originalmente, para una sociedad cuyo común denominador era la persona natural, se convirtió el medio para proteger los privilegios corporativos en la península ibérica.

Richard Morse captó la esencia de esta distinción, cuando dijo: *Las Partidas* (*Las Siete Partidas*), el código romano básico elaborado alrededor de 1260 y promulgado en Castilla en 1348, presuponía que el elemento nuclear de la sociedad no era el hombre atomicista de Locke, sino el hombre religioso y social; el hombre con un alma que puede salvarse (i.e., en su relación con Dios) y el hombre en su posición en la sociedad (i.e, las obligaciones mutuas que él tiene con sus semejantes) y que son determinables mediante los principios de la justicia cristiana.

Phelan, John Leddy. *El Reino de Quito en el siglo xvii. La política burocrática en el Imperio español.* Quito: Banco Central del Ecuador, 1995, p. 321. El texto citado se encuentra en la nota 43: Morse, Richard. "Toward a Theory of Spanish American Goverment". En: *Journal of the History of Ideas,* XV, No. 1, enero 1954, p. 72.

de cargos (en el caso que nos compete, estos eran de la justicia capitular, de los encargados de la justicia real y de la justicia privativa de Hermandad), así como en la confluencia de todas estas jurisdicciones y su ejercicio. Esta situación no estuvo exenta de transformaciones y de fuertes altibajos, como se irá señalando. La justicia capitular, la real y la privativa de Hermandad, por otro lado, formaban parte de un orden jurisdiccional común, en sus criterios y directrices a todos los territorios indianos. El caso concreto del Nuevo Reino de Granada ya lo describimos en el capítulo 2. En ese orden de ideas, los cargos, sus funciones y la manera en que estos se ejercieron son el objetivo de este capítulo.

En esta parte indagamos por la estructura de cargos de justicia en la villa de San Gil durante el siglo XVIII. Lógicamente, esto nos lleva a las particularidades del caso, abordando la forma concreta en que participaban los diferentes oficiales en la administración de justicia y la coexistencia de jurisdicciones en el territorio de la villa de San Gil. En esta medida, no sobra recordar la importancia de la investigación precisa sobre las circunstancias locales de la administración de justicia, ya que, a pesar de que se comparten marcos culturales, institucionales y en parte legislativos, como lo ha afirmado Antonio Manuel Hespanha, "Las estructuras político-administrativas locales no constituyen, sin embargo, un sistema homogéneo y unívoco"[12]. Veamos esto, pues, para el caso sangileño.

4.1. La estructura de la administración de justicia de la villa de San Gil

El problema de las estructuras de oficiales que componían las instituciones y/o tribunales es un tema clásico en la historiografía, pero del que durante varios años no se encargaron los historiadores. Desde nuevas perspectivas de la historia política e institucional se ha dado un renovado interés por esta clase de temas, aunque quede mucho trecho por recorrer. El tema se reviste de importancia, ya que se refiere a la cuestión del *equipamiento político* que configuraban y tenían los territorios e instituciones de la monarquía para su funcionamiento. Es obvio, pero no sobra recordar que sin aquellos oficiales no hubiera habido manera de hacer operativa la impartición de justicia.

---

12 HESPANHA, António M. "Centro y Periferia". En: *La gracia del derecho. Economía de la cultura en la Edad Moderna*. Madrid: Centro de Estudios Constitucionales, 1993, p. 129. También C. Geertz ha puntualizado cómo el derecho, junto a la antropología, es un saber que empíricamente adquiere sentido en lo local. GEERTZ, Clifford. *Op. cit.*

Cuando hablamos de equipamiento político de un territorio hacemos alusión a un "proceso que incluye acciones de diversos agentes y de distinto tipo –que tienden a conseguir un resultado orientado por esta voluntad de ordenamiento– y las expresiones simbólicas o físicas que este accionar va imprimiendo tanto en el terreno como en la concepción de su relación con las instituciones políticas"[13]. Es decir, el equipamiento político se refiere al proceso de construcción institucional que pretende el ordenamiento de un territorio. El análisis de ese equipamiento a través de los oficios y jurisdicciones son el centro de las siguientes líneas.

No podemos pensar aquel ordenamiento político como un sistema rigurosamente jerárquico entre los oficiales que colaboraban en llevar a cabo las diligencias de las causas y cuidar del orden público. Al mismo tiempo que se daba cierta jerarquía –dependiendo de la jurisdicción que se ejerciera y de lo cual dependía la instancia a la que se podía apelar–, también se daban relaciones horizontales en las que se podían equiparar ciertos empleados, especialmente si a algunos de ellos tenían o se les concedía la jurisdicción ordinaria; tal equiparación de potestades era llamada *jurisdicción acumulativa*[14]. Con el fin de ofrecer un primer panorama sobre el esquema de jurisdicciones que confluyeron en la villa de San Gil, hemos convenido en representar gráficamente dicho ordenamiento, según se muestra a continuación.

Como se aprecia en la gráfica, había tres tipos de jurisdicciones en San Gil. Todas emanaban del rey, pues en la construcción dogmática de la justicia en la Edad Moderna el fundamento era la traslación de toda la jurisdicción al príncipe, a quien se vinculaba, de una u otra forma, toda función de justicia[15]. En tal fundamento tenía lugar la facultad de que el rey designara un representante de sus intereses que fuera externo a la corporación capitular, con capacidad de

---

13 Barriera, Darío. "Un rostro local de la monarquía hispánica: justicia y equipamiento político del territorio al sureste de Charcas, siglos xvi y xvii". En: *clahr: Colonial Latin American Historical Review*, Vol. 15, No. 4, 2006, pp. 378-379, nota 3. También ver: Hespanha, António M. "Centro y periferia", p. 124 y ss.

14 "Aquella por la cual puede un juez conocer á prevencion de las mismas causas que otro; esto es, la que reside á un mismo tiempo en dos ó mas jueces que pueden anticiparse á tomar conocimiento de una misma causa, debiendo seguirla el primero de una misma causa, debiendo seguirla el primero que la hubiere empezado. Llámase tambien por esta razon jurisdiccion preventiva". Escriche, Joaquín. *Op. cit.*, Tomo III, p. 754.

15 Agüero, Alejandro. *Castigar y perdonar...*, p. 41.

Gráfica 1. Esquema de jurisdicciones en la villa de San Gil, mediados del siglo XVIII

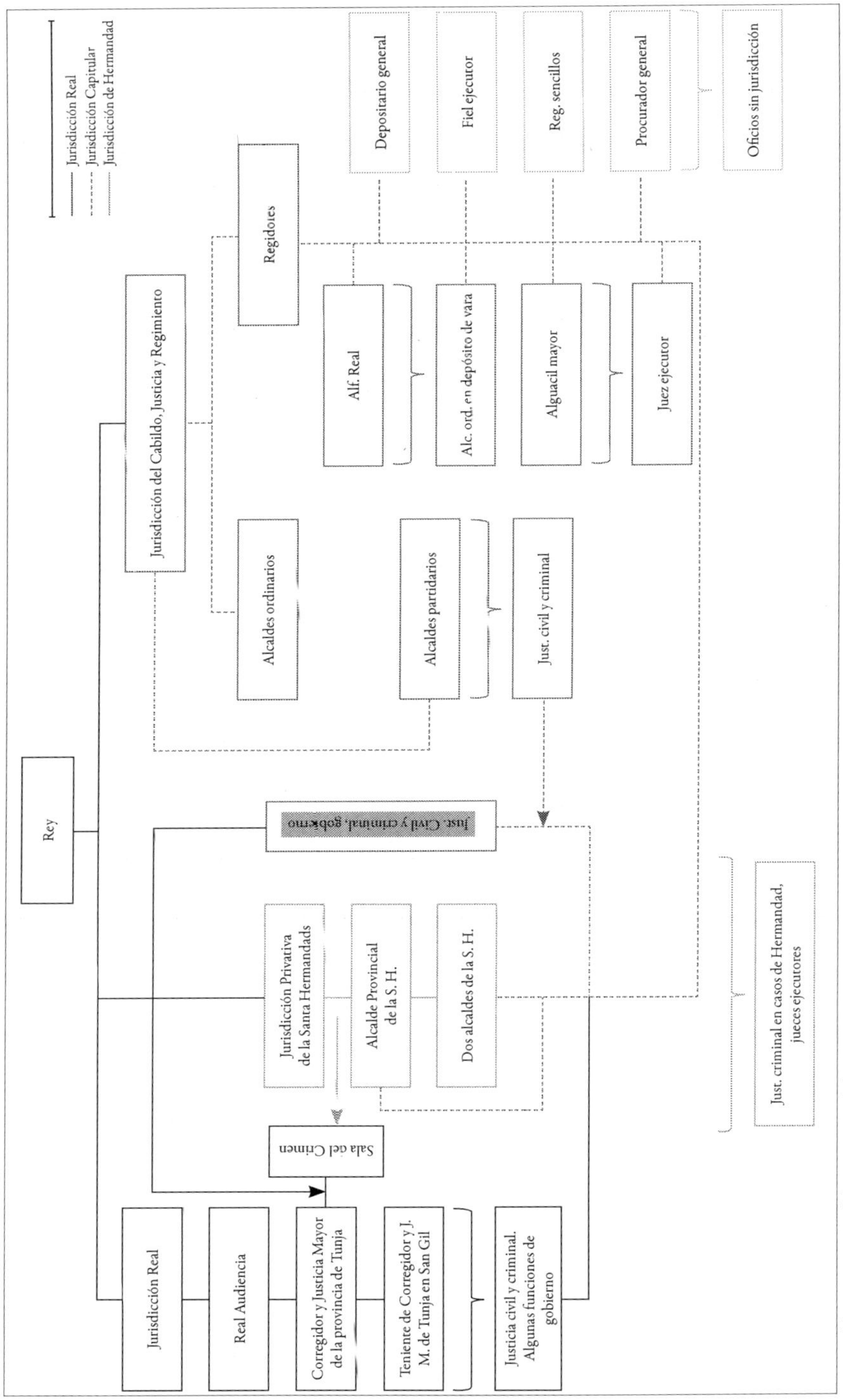

Fuente: elaboración propia del autor a partir de la investigación.

intervención, aunque sin estar totalmente separado de esta[16]. No obstante, no se desconocía la realidad política en que el *pueblo* –entendido como la comunidad de vecinos– conservara un ámbito de poder (jurisdicción) que derivaba de su situación como sujeto corporativo, entre cuyas prerrogativas –haya sido por costumbre, privilegio o prescripción– estaba la de elegir alcaldes de la Santa Hermandad, que tenía una jurisdicción especial. Precisamente, esta es la tercera jurisdicción, la de la Hermandad, que más adelante desarrollaremos.

A continuación explicaremos cada una de estas jurisdicciones, aunque desde los oficiales que la representaban. El corregidor y justicia mayor, y su teniente especialmente, por parte de la jurisdicción real. Los oficios de república con la jurisdicción capitular; y por último, e intricadamente con la anterior, la justicia privativa o especial de la Hermandad con el alcalde provincial y los de la Hermandad, que tienen una situación particular al tener una jurisdicción que podríamos llamar "intermedia", designados por el cabildo de la villa. Para efectos expositivos, hemos seguido el orden clásico en que se presentan estos cargos, sin que ello suponga una visión tradicional sobre el tema.

4.1.1. La jurisdicción del rey: el corregidor de Tunja y el teniente de corregidor en la villa de San Gil

El corregidor de la ciudad de Tunja, cuya potestad le estaba conferida por ser el magistrado designado por el rey para el corregimiento, era quien en principio podía ejercer la jurisdicción real en la villa de San Gil (ver gráfica 1). El corregimiento al que pertenecía la villa se había establecido desde el siglo XVI[17] y el corregidor tuvo acciones significativas en los primeros años de vida de la jurisdicción de San Gil, en especial cuando debió delimitarse su territorio y en aquella ocasión dictó distintos autos de gobierno para organizar algunos aspectos de la naciente jurisdicción[18]. Como ya vimos, este corregimiento seguía abarcando gran parte del

---

16 *Ibid.*

17 Ver Wiesner García, Luis. *Op. cit.*, p. 122 y ss; Moreno y Escandón, Francisco Antonio. *Op. cit.*, p. 41, 133 y ss; Herrera, Martha. "Las divisiones político-administrativas...". Mapa No. 1, p. 83. Todavía no se posee un trabajo particular sobre esta división político-administrativa y sus avatares.

18 En tal ocasión el corregidor recorrió los parajes de lo que iba a delimitar como la jurisdicción de la nueva villa, así como también ejerció su autoridad dictando algunos autos para la villa y para la parroquia del Socorro. Agmsg. *Alcaldía de San Gil*, Caja 001, Agm 1, ff. 1r-16v. (Autos del Corregidor y Justicia Mayor de Tunja, 1694-1697).

nororiente de la Audiencia de Santa Fe[19] para la siguiente centuria, situación que se transformó cuando se creó a finales del siglo el corregimiento del Socorro, que en lo más alto de la pirámide del gobierno provincial tuvo un corregidor propio.

La designación de corregidores o alcaldes mayores no implicaba diferencia respecto a sus facultades jurisdiccionales y, según Ots Capdequí, correspondían a un territorio menor que las gobernaciones, normalmente de una ciudad más o menos importante y su distrito. El caso del Nuevo Reino de Granada no siguió tal patrón, ya que la existencia de corregimientos fue escasa y las competencias de los corregidores se equiparaban a las de los gobernadores, al menos en materia de justicia y de gobierno[20]. Para finales del siglo XVII, en la *Recopilación* se contemplaban, para el distrito de la Audiencia de Santa Fe, los corregimientos de Mariquita (Tocaima e Ibagué), el de los Muzos y el de Tunja, este último con salario de 1000 pesos ensayados[21]. Para finales del siglo XVIII, figuraban dos corregimientos más, cuando en 1795 el corregimiento de Tunja se dividió en tres[22].

Los corregidores actuaron como máximos magistrados en algunas provincias. Para garantía del buen desempeño de sus funciones debía realizar inventario y fianza de sus bienes[23]. Para extender su autoridad a los distintos rincones de su jurisdicción designaron tenientes, expresión que denotaba "el que ocupa, y exerce el cargo, ó ministerio de otro, y es como substituyo suyo"[24], sentido del término que se mantenía para finales del siglo XVIII. Este cargo, como veremos a continuación, no era una concesión temporal de la autoridad, fuera por delegación o por ausencia del corregidor, como en otras latitudes ocurrió, sino que fue un oficio, un cargo en todo el sentido de la palabra. En el caso que nos compete, desde mediados del siglo XVIII se proveyó un teniente de corregidor de Tunja para la villa de San Gil.

---

19 Ver Moreno y Escandón, Francisco Antonio. *Op. cit.*

20 Ver capítulo 2 del presente estudio.

21 *Recopilación*..., Lib. V, Tít. 2. L. I.

22 Estructura que se mantenía para 1810. Ver: Gutiérrez Ardila, Daniel y Martínez Garnica, Armando (Editores académicos). *Quién es quién en 1810. Guía de forasteros del Virreinato de Santa Fe*. Bogotá: Universidad del Rosario, 2010, p. 173. También puede verse en: "Corregimiento del Socorro y cabildos de la villa del Socorro, de la villa de San Gil y de la ciudad de Vélez". Edición digital de la Biblioteca Luis Ángel Arango, en: http://www.banrepcultural.org/blaavirtual/historia/guia_de_forasteros/corregimiento_del_socorro.htm Ver el capítulo anterior para mayores detalles de este proceso.

23 Ots Capdequí, José María. *Op. cit.*, p. 366.

24 *Diccionario de autoridades* (1739), p. 249.

En San Gil fue regla que, además del de teniente de corregidor, los individuos que ocupaban este cargo obtuvieran otros y con ello varias facultades en sus manos. De ese modo, mientras ejercieron como tenientes, fungieron como corregidores de naturales y de forajidos de la jurisdicción de San Gil. En otras oportunidades, a los dos cargos anteriores se sumaba el de juez de cobranzas reales. Así fue, por citar un ejemplo, en 1766 cuando don Pedro José Navarro y Murillo figuraba como teniente de corregidor y justicia mayor de Tunja, corregidor de naturales y forajidos de San Gil y juez subdelegado de tierras[25]. Estos segundos cargos habían sido ocupados en las primeras décadas de la vida política de la villa por los alcaldes ordinarios.

El primer indicio de la aparición del cargo de teniente de corregidor designado especialmente para San Gil lo encontramos por un testimonio indirecto. Resultó que, hacia el año de 1750, uno de los vecinos prestigiosos de San Gil, don Diego Gómez Romano, le era deudor de 88 patacones[26] a otro de los beneméritos y adinerados de la jurisdicción, pero que residía en la parroquia del Socorro, don Juan Maldonado de la Zerda. Este último figuraba como "alguacil mayor del Santo Oficio de la Inquisición y juez de cobranzas reales de la misma villa y su jurisdicción"[27]. Dos años después, en 1752, se suscitó una querella judicial por el incumplimiento en el plazo del pago de la deuda, y por entonces, Maldonado de la Zerda fungía, además de los dos títulos ya aludidos, como "teniente de corregidor justicia mayor" y "corregidor de naturales y forajidos"[28].

No sabemos desde qué año en concreto empezó a funcionar el oficio de teniente de corregidor[29], ni cómo en sus primeros tiempos era designado el cargo, si por el corregidor de Tunja, por el virrey o la audiencia. Lo cierto es que para

---

25 AGMSG. *Alcaldía de San Gil*, Caja 004, AGM 046, f. 1r. (Don Nicolás Díaz del Castillo contra don Juan Manuel de Vesga Santiago por un pedazo de tierra, 1766).

26 Como se les llamaba a los pesos de plata.

27 AGMSG. *Alcaldía de San Gil*, Caja 003, AGM 038, ff. 1v-2v. ("Executiba contra Don Diego Gomez", 1752).

28 *Ibid.*, f. 6r.

29 Recordemos un testimonio citado antes en el que parece indicarse que el cargo de corregidor de naturales fue anexo al de alcalde ordinario hasta 1751: "y aun el corregimiento de los indios, también estaba dividido, entre los dos alcaldes, cuando era de su cargo, como se puede ver en las cuentas del corregimiento que daban los dichos alcaldes, el uno del lado de la villa, y el otro del lado del Socorro, *hasta el año de mil setecientos cincuenta y uno*". AGN. Sección Colonia, *Poblaciones de Santander,* T. III, ff. 765r-v. ("Real título fecho en San Lorenzo a 25 de octubre del año de 1771. por el que S. M. da el de Villa a la parroquia de Nuestra Señora del Socorro, eximida de la de Santa Cruz, y San Gil.

mediados del siglo XVIII era un cargo que debía ser tramitado ante el gobierno superior del virreinato. En 1768, ante ese último, el doctor don José Ignacio de Angulo y Olarte solicitaba que se le confiriera el empleo de teniente de corregidor y justicia mayor en la villa de San Gil, y el de corregidor de naturales y forajidos. Pedía, además, que se le dieran los oficios, tal como se había hecho con los señores Manuel Ruiz de Cote y Pedro Navarro y Murillo, y de ser así, él se comprometía a cumplir todos los requerimientos, puesto que

> estoy pronto, siempre que la piedad de Vuestra Excelencia se digne hacerme la gracia que solicito, a enterar en Reales cajas en cada un año lo que han enterado, por razón de tributos, y requintos los referidos Cote y Návarro, a satisfacer los mismos estipendios que fueron de cargo de los supradichos, y a afianzar a satisfacción de oficiales reales o de aquel Cabildo y pagar la media anata de contado[30].

En este proceso también se expedían certificaciones que probaban que Angulo y Olarte no tenía ninguna deuda con el Tribunal de la Santa Cruzada, el Juzgado General de Bienes de Difuntos, la Real Audiencia, ni con la Real Hacienda. En esta última pagó los 25 pesos del derecho de media anata. Además, cumplió con el requerimiento de la fianza de los tributos[31] como parte de los requerimientos para el cargo de corregidor de naturales y forajidos:

> ha dado seguridad y fianza a satisfacción de los oficiales reales por la cantidad de 700 pesos, líquidos que pertenecen a su majestad, y en que se han regulado los tributos de los indios del partido y jurisdicción de la villa de San Gil, en que ha sido nombrado por teniente de corregidor de Tunja y corregidor de naturales y forajidos de aquel partido. Siendo de su cargo así mismo pagar los estipendios de los curas de los pueblos de aquella jurisdicción[32].

Diligencias en su consecuencias pedidas por su parte para la provisión de oficios consejiles de que debe constar aquel Cabildo"). Las cursivas son nuestras.

30 AGN. Sección Colonia, *Empleados Públicos de Santander*, Tomo IV, f. 880v. ("Angulo y Olarte José Ignacio, su nombramiento de teniente de corregidor de San Gil", 1768).

31 Esto para el cargo de corregidor de naturales y forajidos, que se encargaba de recaudar el tributo entre los pueblos de indios de la jurisdicción, como se señala en el documento.

32 *Ibid.*, f. 882v.

Una vez que se realizó la separación territorial de San Gil y Socorro, para las dos villas se nombraba un solo teniente de corregidor. Ya en la nueva villa del Socorro, el 2 de noviembre de 1772, el anterior personaje era teniente de corregidor y justicia mayor, corregidor de naturales y forajidos "de esta [villa del Socorro] y la de San Gil y sus jurisdicciones", y en ellas juez subdelegado de tierras, sus ventas y composiciones[33]. A pesar de la cita antecedente, donde el teniente de corregidor parecía ser designado para las dos villas, en años cercanos solo sigue apareciendo la designación para San Gil. No obstante, sí aparece ya hacia 1783, cuando don Luis Beltrán Puyol fue nombrado como teniente de corregidor de las villas de San Gil y Socorro[34].

El proceso para su nombramiento fue el mismo descrito líneas arriba, aunque en este caso poseemos más información. Primero, fue nombrado por el virrey-arzobispo Antonio Caballero y Góngora debido a que el anterior corregidor, don José Clemente Estévez, quien había sido nombrado en 1777, ya tenía "más que cumplido el término porque se le cometió"[35]. Una vez que se comprobó que no tenía ningún pendiente con el Juzgado de Bienes de Difuntos, el Tribunal de Cruzada, la Real Audiencia, ni con la Real Hacienda, pagó 25 pesos de media anata, de los cuales el 18% era para los gastos de su remisión a la Península. En el título que se le expidió se consignaron varias competencias tanto para con los indios como con el resto de la población.

En primer lugar, Beltrán Puyol, con las mismas facultades y jurisdicción que le habían sido concedidas a sus antecesores –además de gracias, privilegios y prerrogativas que fueran costumbre del cargo–, debía velar porque "los indios y los demás súbditos vivan arreglados en unión paz y concordia" en sus poblaciones sin que estuvieran dispersos. Específicamente para los naturales, debía vigilar que "oigan misa los días festivos, asistan a la explicación de la doctrina cristiana, hagan sus sementeras, y las de comunidad, evitando cuanto le sea posible que vivan ociosos,

33 AGN. Sección Colonia, *Poblaciones Santander*, T. III, f. 800v y ss. ("Real título fecho en San Lorenzo a 25 de octubre del año de 1771. por el que S. M. da el de Villa a la parroquia de Nuestra Señora del Socorro, eximida de la de Santa Cruz, y San Gil. Diligencias en su consecuencias pedidas por su parte para la provisión de oficios consejiles de que debe constar aquel Cabildo", 1771-1776).

34 AGN. Sección Colonia, *Miscelánea*, Tomo III, Doc. 3. ff. 33r-v. ("Registro del título librado a favor de don Luis Beltrán Puyol de teniente de corregidor y justicia mayor de las villas de San Gil y el Socorro por dos años más, o menos", 1783).

35 *Ibid*. El nombramiento para un tiempo determinado en un cargo no expiraba al cumplirlo, sino hasta que el sucesor se presentara a tomar posesión del oficio. BRAVO LIRA, Bernardino. *Op. cit.*, p. 232.

que de este modo no tuviesen inquietudes ni en las embriagueces se originen los disturbios que son causa de que no se haga el s[ervicio] de ambas majestades"[36]. En segundo lugar, en materia de justicia debía atender varias situaciones. Le eran concerniente querellas tanto de partes como de oficio en materia criminal y civil, asesorándose de letrado cuando lo considerase necesario. Además, debía otorgar "las apelaciones y recursos que en tiempo y forma se interpusiere para los tribunales superiores que convenga".

Los tenientes de corregidores efectuaron las atribuciones nombradas, hecho que se deriva de testimonios documentales que así lo indican: cumplieron con las atribuciones jurisdiccionales que se les señalaban con un conjunto de demandas que llevaron a cabo conociéndolas en primera instancia tanto en lo civil[37] como en lo criminal[38]. También salvaguardar el orden público fue objeto de preocupación, ámbito en el que encontramos que imponía multas por juegos y otros excesos, que se llegaron a consignar en un cuaderno de su registro[39]. El cargo desaparecería una vez creado el corregimiento del Socorro.

4.1.2. La potestad capitular: los alcaldes ordinarios

Los alcaldes ordinarios, como todos los miembros del cabildo, debían ser vecinos de la población donde querían ejercer su cargo, el que era obtenido por medio de elecciones anuales[40]. Este no llegó a ser un cargo vendible por la jurisdicción que ejercía, y debía ser confirmado por el gobernador o el corregidor, el presidente o el virrey, según el caso[41]. Ya que era conveniente a la república y por ser considerados

---

36 *Ibid.*

37 AGMSG. *Alcaldía de San* Gil, Caja 004, AGM 046, ff. 1r-9r. (Don Nicolás Díaz del Castillo contra don Juan Manuel Vesga Santiago por un pedazo de tierra, 1766). Este en sus atribuciones como *juez subdelegado de tierras*.

38 Por ejemplo: AGN. Sección Colonia, *Juicios Criminales*, Tomo..., Doc 33. ff 808r-825v. ("Criminal contra Josef Antonio de Vesga, por el delito de latrocinio, juez el señor teniente de corregidor Don Antonio Joseph de Silva, y por ante el escribano de su majestad (Dios le guarde) público del número. Año de 1792 y 1793").

39 AGN. Sección Colonia, *Miscelánea*, T. 10, Doc. 25, ff. 723r-733v. ("El teniente de la villa de San Gil dá cuenta de las multas que ha exigido a varios sujetos por juegos, y otros excesos, solicita se declare a qué se debe destinar el producto de estas que se halla en su poder").

40 Para ver más características generales de este cargo y de distintos ejemplos por toda América, ver: BAYLE, Constantino. *Op. cit.*, p. 160 y ss.

41 *Recopilación...*, Lib. V. Tít. 3. Ley X.

su "cabeza", los alcaldes ordinarios debían ser los sujetos más idóneos para ese empleo, y esto hacía referencia a las características de "virtud, ciencia y experiencia", lo que significaba que fueran personas honradas y "suficientes", que supieran leer y escribir, y otras calidades que eran requisito para el oficio como para muchos otros jueces; debían tenerse en mayor consideración a los descendientes de descubridores, pacificadores y pobladores; y no podían tener otro oficio ni deudas con la Real Hacienda[42].

Para ser reelegido alcalde ordinario debían pasar dos años después de dejar ese mismo cargo; en la ciudad donde hubiera audiencia tenían como requisito, además, haber dado residencia. Igual que los regidores, pero sobre todo ellos, debían mantenerse fuera de los tratos comerciales durante su oficio y no debían introducirse en "materias de gobierno", sin embargo, donde no hubiera gobernador podían poner aranceles en las ventas y mesones de la jurisdicción. Un alcalde ordinario podía juzgar al otro en casos civiles[43] y al faltar uno de ellos lo reemplazaba el regidor más antiguo, es decir, el alférez real, quien era considerado así. Debían tener su propia sala en el ayuntamiento para atender las demandas.

Los alcaldes ordinarios tenían jurisdicción ordinaria en la villa de San Gil, lo que también significaba jurisdicción acumulativa o preventiva con el teniente de corregidor. No obstante, debemos recordar que en la institución capitular eran los cargos de justicia más importantes. Como autoridades judiciales, y similar a lo establecido para el teniente, ejercieron su jurisdicción impartiendo justicia en causas civiles y criminales[44]. Hacían la ronda nocturna, participaban con algunas facultades gubernativas y controlaban el buen orden del poblado. Como era regla y cumplimiento en las ciudades y villas[45], los alcaldes ordinarios expedían autos de buen gobierno, como lo hizo don Antonio de Uribe Salazar en 1762, auto que le consagró un conflicto con el teniente de corregidor, don Manuel Ruiz de Cote, ya que este también había expedido un auto de gobierno por su propia cuenta en el mismo año[46].

---

42 *Recopilación...*, Lib. V. Tít. 3. Leyes II a VIII.

43 *Ibid.*, Lib. V. Tít. 3. Ley XX.

44 Ver capítulo 7 del presente estudio.

45 Guerrero Rincón, Amado Antonio. *Poder político local...*, p. 104.

46 AGN. Sección Colonia, *Impuestos Varios*, Tomo XIII, Doc. 9, ff. 304r-647v. ("El cabildo de la villa de San Gil sobre propios", 1762). Desarrollamos este caso en el capítulo 6.

En San Gil, los alcaldes ordinarios fueron los principales conocedores de las querellas privadas[47]. A pesar de que en la jurisdicción permaneció el teniente de corregidor, este parece haber participado poco en el conocimiento de querellas civiles hasta finales del siglo XVIII. La materia criminal fue mayormente conocida por el alcalde provincial, los alcaldes de la Santa Hermandad y por los tenientes de corregidor, especialmente las causas que se localizaron en la parroquia del Socorro[48]. De allí se concluye y explica la importancia de los alcaldes ordinarios como los principales jueces de la justicia civil en San Gil.

En este punto es digno mencionar que uno de los alcaldes ordinarios debía asistir las necesidades judiciales del Socorro residiendo ahí, lo cual había decretado el corregidor de Tunja don Cristóbal Vélez de Guevara y Salamanca en 1694, a pocos años de la erección en villa de San Gil (1689). Los argumentos se referían a que en San Gil el número de moradores era más reducido que en el Socorro y, sobre todo, que con la asistencia de uno de los alcaldes se evitarían los inconvenientes de no tenerlo[49]. Sobre la marcha, la práctica hizo que el alcalde que residía allí fuera el de segundo voto y el prestigio, y preminencia que podía tener el de primera nominación lo conservó la villa de San Gil.

Esta situación particular explica y evidencia varios aspectos. El primero es que no se designaron alcaldes partidarios para la parroquia del Socorro. El segundo es que esta importancia política, que se sustentaba en una económica[50] y demográfica[51], colaboró a que se configuraran *dos centros de poder político* en la jurisdicción, situación que ya analizamos. Lo que interesa destacar es que tal circunstancia –la de la residencia de uno de los alcaldes ordinarios en la parroquia del Socorro– se consagró y reforzó política e institucionalmente a través de todo el siglo XVIII con la continua residencia allí del teniente de corregidor y de distintos magistrados.

---

47 AGMSG. *Alcaldía de San* Gil, Cajas 001 a 006; *Tribunal Superior*, Cajas 001 a 006. En estos fondos se pueden observar las preeminencias de estos alcaldes para el conocimiento de las causas civiles. Algunas consideraciones sobre esto ya han sido estudiadas en: VELASCO, Julian Andrei. "Los alcaldes ordinarios y la administración de justicia en la villa de San Gil. 1760-1772: un esbozo preliminar". Ponencia presentada en el *V coloquio de Estudios Históricos del Nororiente Colombiano* (V CEHINC), Bucaramanga 25, 26 y 27 de marzo de 2009.

48 Ver capítulo 6 del presente estudio (numeral 6.3), donde se tratan algunos conflictos con el teniente de corregidor, y el apartado sobre los alcaldes de la Santa Hermandad (numerales 6.3.4 y 4.1.3).

49 AGMSG. *Alcaldía de San Gil*, Caja 001, AGM 001, f. 5r. ("Autos de gobierno de la Justicia Mayor y alcaldes ordinarios sobre diferentes materias", 1694-1697).

50 CORTÉS YEPES, Mónica. *Op. cit.*

51 CERÓN ORTIZ, María Cristina y GÉLVEZ PINZÓN, Elizabeth. *Op. cit.*

Lamentablemente, las labores del juzgado de segundo voto son poco conocidas debido a que, hasta el momento, no se ha hallado el grueso de su documentación judicial, la que sí existe para San Gil. No obstante, múltiples testimonios confirman el cumplimiento de lo mandado por el corregidor.

Una vez que se conformó la nueva villa socorrana, lógicamente los dos alcaldes ordinarios pasaron a residir en la villa de San Gil. La documentación judicial da cuenta de ello, ya que en ella consta juzgado de primer y otro de segundo voto. En lo sucesivo, las causas civiles se repartirían entre uno y otro alcalde ordinario.

Hasta 1751 el cargo de alcalde ordinario llevaba anexos el título de corregidor de naturales y forajidos. Esto es demostrado por las cuentas de cobro de tributos en la primera mitad del siglo XVIII, donde era costumbre y equivalente considerar a los alcaldes ordinarios de la villa de San Gil como corregidores de naturales y forajidos. Por ejemplo, en la intitulación de varias relaciones de cuentas consta expresamente lo anterior. Así fue en 1719, cuando se revisaron las cuentas de 1713, donde se consignó a don Antonio Tomás de la Parra como "alcalde ordinario que fue de la villa de San Gil el año pasado de 1713 y corregidor de los indios"[52]. También apareció en las cuentas remitidas por don Miguel Meléndez de Valdéz en 1735, cuando fue alcalde ordinario "y como tal corregidor de naturales y forajidos"[53] de los pueblos de Moncora (Guane), Curití y sus parcialidades.

El corregidor de naturales y forajidos era el encargado del cobro de tributos en el corregimiento tenue de los pueblos de la jurisdicción de la villa de San Gil. Antes de la erección de esta, tal labor era desempeñada por el corregidor de naturales de Vélez. Su función primordial era la recolección del tributos de indios demorados (los originarios del pueblo), de forajidos (los que provenían de otros pueblos) y un tributo que pagaban los mulatos que se designaban como requintados y se encontraban agregados a los pueblos de indios. Los pueblos de indios que estuvieron bajo la tutela del corregidor de naturales de San Gil fueron los de Guane (llamado originalmente Moncora) y Curití.

A pesar de estar en una misma jurisdicción, pareció suceder que los pueblos de Oiba y Chanchón fueron administrados independientemente de Guane y Curití. Algunos corregidores presentaron sus cuentas como encargados de estos últimos, como fueron los casos de don Miguel Meléndez de Valdéz

52 AGI. *Contaduría*, Leg. 1549, N. 2. R. 1.

53 AGI. *Contaduría*, Leg. 1549, N. 2. R. 6.

(1729)[54], don Gregorio Rodríguez Durán (1732)[55] y don Pablo Gómez Romano (1745)[56]. Otros corregidores se encargaron de los pueblos de Chanchón, Oiba y de los indios que estaban en las parroquias del Socorro y Simacota, como lo hicieron don Cristóbal de Villamil (1730)[57], don Juan Bernardo Plata (1736)[58] e Ignacio Javier García Cabrera (1744)[59].

Este fenómeno puede dar lugar a varias reflexiones. La primera es que esa gestión, separada de una y otra zona del territorio, reforzaría el carácter de la particular distribución del poder político entre San Gil y Socorro, como anotamos en el capítulo anterior. El alcalde ordinario residente en el Socorro habría sido corregidor de naturales y forajidos en Oiba y Chanchón. En segundo lugar, es interesante ver que en algunos pueblos hubo presencia de indios forajidos de pueblos algo lejanos como Tocancipá, Servitá y Tequia, y que estaban en Guane y Curití en 1719 y pagaban allí su demora[60]; al igual que la designación de requintados o requinteros de mulatos en algunos pueblos como Oiba y en la parroquia de Simacota donde hubo hasta 32 mulatos requinteros[61]. Por último, es un ejemplo de la anexión automática de un cargo, además del de juez de cobranzas reales al obtener otro. Tal situación se dio hasta aproximadamente 1751-1752, cuando estos cargos anexos de corregidor de naturales y forajidos y juez de cobranzas reales pasaron a ser privativos del teniente de corregidor.

4.1.3. La jurisdicción de la Santa Hermandad

a) El alcalde provincial de la Santa Hermandad

El alcalde provincial de la Santa Hermandad era un oficio vendible y renunciable. Debía actuar como juez y vigilante en las zonas rurales en concordancia con la jurisdicción que poseía, la de Hermandad. En tal labor recibía apoyo de los alcaldes

---

54 AGI. *Contaduría*, Leg. 1549, N. 2. R. 3.

55 *Ibid*. R. 5.

56 *Ibid*. R. 12.

57 *Ibid*. R. 4.

58 *Ibid*. R. 8.

59 *Ibid*. R. 11.

60 *Ibid*. R. 1.

61 *Ibid*. R. 11.

de la Santa Hermandad, quienes tenían las mismas funciones aunque sin ninguna preeminencia ni privilegio y eran elegidos cada año en el cabildo[62]. Le correspondía ejercer un control en "lugares yermos, y despoblados por la mucha gente ociosa, vagabunda, y perdida, que vive en ellas, con grave detrimento de los caminantes, y personas, que habitan en partes desiertas"[63]. Comandaba a los alcaldes de la Santa Hermandad y tenía voz y voto en el ayuntamiento. En 1631 se decretó que se establecieran en las ciudades y villas de las Indias con las mismas preeminencias que los de Sevilla: cargo a perpetuidad, voz y voto en el cabildo, que "pueda poner los oficiales y cuadrilleros, y *entender en la justicia de la Hermandad*"[64].

La Santa Hermandad era una institución municipal y rural peninsular[65]. Los Reyes Católicos decidieron reformar, mediante las Ordenanzas de Madrigal de 1476, las múltiples hermandades medievales para vigilar y castigar distintos delitos que se cometían en las zonas rurales[66]. En opinión de Alejandro Agüero, a partir de sus ordenanzas esta justicia se configuró como "sumamente informal, rápida, económica y de alto poder intimidante"[67], además de móvil, podemos agregar. La Santa Hermandad se implementó en Indias desde mediados del siglo XVI, como atestiguan los casos de Nueva España y el Río de la Plata, aunque de una forma precaria. La jurisdicción que le competía al alcalde provincial, y también a los de la Santa Hermandad, puede considerarse especial[68] o privativa[69], ya que se les delimitaron ciertos crímenes en ámbitos específicos. Los casos de Hermandad a los que hace alusión un caso que citaremos y en la legislación, eran hurtos y robos, raptos y violación de mujeres, muertes y heridas a traición, incendio de casas

---

62 GUERRERO RINCÓN, Amado Antonio. *Op. cit.*, p. 92

63 *Recopilación...*, Lib. V. T. 4. Ley I.

64 *Ibid.* La cursiva es nuestra.

65 Para conocer algunos datos de sus inicios en algunos territorios peninsulares ver: ARTOLA, Miguel. *La monarquía de España*. Madrid: Alianza, 1999, p. 190 y ss.

66 AGÜERO, Alejandro. *Castigar y perdonar...*, pp. 103 y 104.

67 *Ibid.*

68 "La que esta limitada á ciertas especies de causas, ó á ciertas clases de personas con inhibicion de la jurisdiccion ordinaria ó comun". ESCRICHE, Joaquín. *Op. cit.*, Tomo III, p. 755.

69 "La que se confiere á aquellos á quienes se comete una causa ó cierto género de causas inhibiendo á todos los demás jueces de cualquiera clase que sean. Se dice privativa, porque priva á otros jueces del conocimiento de la causa". *Ibid.*

o viñas, y tener cárceles privadas[70]. Además, en la legislación y la práctica, fueron jueces ejecutores[71], más adelante se mostrarán ejemplos al respecto.

El único testimonio que hemos podido encontrar sobre obtención de la alcaldía provincial en San Gil fue para don Francisco Antonio Ferreira. En un informe que se le enviaba al monarca en 1759[72], se certificaba que a Ferreira se le había proveído el oficio por parte del señor virrey José Alfonso Pizarro en el año de 1752, cuando se le despachó el título. El oficio le había costado 700 pesos más el pago de la media anata[73].

Pleitos criminales se llevaron a cabo por y ante este oficial. En 1746 se realizaron todas las diligencias judiciales convenientes a un pleito criminal ante el alcalde provincial Ignacio Martín Nieto de Paz[74]. Este llevó a cabo todos los requerimientos que debían hacerse en una causa: autos, embargos, notificaciones, recibimientos de testigos y la escritura del pleito. Todo giraba en torno a la denuncia que hizo un vecino de San Gil, don Pedro Manuel Sarmiento de Olvera, acusando a Salvador de Rueda de cuatrero. Este no aceptaría los cargos, lo cual lo llevó a solicitar a la Real Audiencia que revisara la causa y así comprobar los agravios que le había producido Nieto de Paz.

Las causas por abigeato fueron uno de los asuntos en que más se ocuparon los alcaldes provinciales y los de la Santa Hermandad. Ello demuestra no solo el ámbito rural al que se les cometía, sino también a los delitos de hurto y robo que debían perseguir y castigar. Otro de los pleitos atendidos por el provincial fue la causa de oficio que estableció don Miguel Gregorio de Silva en 1789 contra José Manuel Rodríguez, vecino de San Gil y a quien se le había abierto la acusación por las noticias que había recibido el dicho alcalde por robo de ganado[75].

Las acciones judiciales de estos oficiales no paraban allí. También ejercieron su empleo para realizar diligencias judiciales como embargos y apresamientos en

---

70 *Ibid.*, Tomo III, p. 43.

71 En este contexto la palabra ejecutor se refiere a quien ejecuta un mandato o una diligencia.

72 Este y otros informes fueron publicados en: GUERRERO RINCÓN, Amado Antonio y Gutiérrez Ramos, Jairo. *Gobierno y administración colonial siglo XVIII: fuentes para la historia de Santander*. Bucaramanga: Ediciones UIS, 1996.

73 *Ibid.*, p. 83.

74 AGN. Sección Colonia, *Empleados públicos de Santander*, Tomo XXIX, Doc. 61, ff. 798r-813v. (Ignacio Martín Nieto, alcalde de San Gil, a quien demanda por agravios, Salvador de Rueda, 1746).

75 AGN. Sección Colonia, *Juicios Criminales*, Tomo 38, Doc. 7. f. 607r. (Causa de oficio contra José Manuel Rodríguez por robo de ganado, 1789).

las querellas civiles, ello en concordancia con la posibilidad de ser jueces ejecutores. Así lo hizo a inicios de 1753 don Francisco Antonio Ferreira cuando en una causa fue requerido y comisionado, atendiendo a que en él residía la vara de alcalde provincial, para la captura de un deudor fugitivo[76]. Esto se haría para ejecutar la providencia que había dado el alcalde ordinario (por ausencia del electo) y alférez real don Francisco Suárez[77]. Facultades similares tuvo en 1772 don Manuel Antonio Otero, quien ocupaba el cargo para ese entonces. En la querella civil que el cura y vicario de la villa don José Velázquez y Subillaga estableció contra Joaquín Gómez por los 300 pesos que le adeudaba y cuyo plazo de pago se había vencido hacía dos años. El referido alcalde fue comisionado para varias diligencias. Se le mandaba que pasara a la parroquia de Barichara o donde estuviera la morada de Gómez

> al que conducirá preso a esta Real cárcel, por la notoria inobediencia con que ha procedido, en vista de mis mandatos, *y sus bienes los confiscara, hará de ellos jurídico, inventario, precediendo las circunstancias necesarias en derecho, y la de que por parte de la Real Justicia nombre avaluador*, y que el inquilino, y acreedor, ejecuten por la suya lo mismo, y esto fecho los bienes muebles, los hará conducir a mi tribunal [...] [además que también] *hará las notificaciones: citaciones; nombramiento de avaluadores, y demás autos judiciales*, a sus padres: hermanos, y otros familiares, tomándoles los juramentos necesarios, a efecto de que hagan la debida manifestación de los bienes, y en especial los hipotecados en dicha escritura, y de lo mejor, y más bien parado de dichos bienes, o de la parte demandante como mejor le convenga cobrará el salario, según el Real Aran[cel] y por lo respectivo, a las actuaciones [roto] defecto de escribano, cobrará, conforme [roto] declarado en dicho arancel, y todo con [roto] remitirá las diligencia a mí tribunal[78].

Con todo ello cumplió Otero en los días siguientes[79]. Igualmente, un embargo de bienes ejecutó el ya referido don Francisco Antonio Ferreira en 1764

---

76 AGMSG. *Alcaldía de San Gil*, Caja 003, AGM 038, f. 9v. ("Executiba contra Don Diego Gomez", 1752).

77 Más adelante se explicará sobre el ejercicio de justicia que tuvo el alférez real. Ver apartado 4.3.5.

78 AGMSG. *Alcaldía de San Gil*, Caja 004, AGM 058, f. 4v. (Causa contra Don Juan Antonio Joaquín Gómez Romano (deudor) y Manuel Masías por deuda de 300 pesos al Señor Doctor don Joseph Antonio Velázquez, 1772). Las cursivas son nuestras.

79 *Ibid.*, f. 5r y ss.

como medida ejecutiva del alcalde ordinario, quien lo comisionó "en atención a no poderme personar [el ordinario] por los muchos embarazos; que tengo y me obligan a la residencia para la administración de justicia"[80]. Otra comisión de similar índole se le dio a don Pedro Manuel Sarmiento de Olvera en 1767 para que deslindara unas tierras, como lo ejecutó[81].

A pesar de que sus funciones estaban restringidas a lo criminal, y en lo civil a ejecutar autos, uno de los alcaldes provinciales de San Gil se tomó atribuciones de más relacionadas con la materia civil, lo que le valió un pleito por competencia[82]. Esto se debió tal vez a que su utilización para las diligencias judiciales civiles le generó cierta costumbre en tales asuntos, o probablemente por un interés de las costas judiciales. El meollo del asunto fue que en 1773 uno de los alcaldes ordinarios de San Gil, don Pedro Alejandro de Vargas, estableció un escrito argumentando que don Manuel Antonio Otero, alcalde provincial de la Santa Hermandad, "se ejercita, *intruso en la jurisdicción ordinaria* administrándola en oír demandas verbales, tanto en esta villa como en los campos, y sean o no de la cantidad que se fueren, arrestando a la cárcel pública a los tales demandados juzgándolas, y determinándolas, a vista y presencia de los alcaldes ordinarios"[83]. Para otros jueces era bastante claro el límite de la jurisdicción de los alcaldes provinciales.

b) Los alcaldes de la Santa Hermandad

Con los alcaldes de la Santa Hermandad la Corona pretendía que "nuestra Real Justicia sea administrada con más autoridad, cuidado, y buena disposición". Eran los encargados de velar por la tranquilidad de los sitios rurales, así como por la captura de los criminales en esos lugares. Eran cargos de elección, por lo que cada año cambiaban los individuos que los ocupaban. Tenían, al igual que el alcalde provincial, jurisdicción llamada de Hermandad, la cual se refería, en general, a los delitos cometidos en el campo, o a los malhechores que habiendo

---

80 AGMSG. *Alcaldía de San Gil*, Caja 004, AGM 059, f. 6v. (Civil entre Don Juan Joseph Enrique, Fiel ejecutor, contra doña Bernarda de Remolina y Manuel Niño por cantidad de pesos, 1763).

81 AGMSG. *Alcaldía de San Gil*, Caja 004, AGM 074, f. 3r. (Civil sobre tierra legada por Antonio de Cala, 1767).

82 AGN. Sección Colonia, *Competencias Santander*, Tomo 6, Doc. 19, ff. 397r-414v. ("Autos contra Manuel Antonio Otero, alcalde provincial de la villa de San Gil sobre meterse a oír demandas civiles y criminales hechas por los alcaldes ordinarios de la villa de Santa Cruz y San Gil", 1773).

83 *Ibid.*, f. 397r. Las cursivas son nuestras.

delinquido en un poblado escapaban a las afueras[84]. Muy similar a lo establecido en la Península, de lo cual Ots Capdequí aseveraba: "Para defensa del orden público, se creó la Santa Hermandad y se concedió a sus Alcaldes una jurisdicción privilegiada para conocer, por procedimientos sumarios y rigurosos, de ciertos hechos delictivos"[85].

En los reinos de las Indias los alcaldes de la Santa Hermandad fueron fundamentales. En Nueva España se llegó al punto de crearse un tribunal para la jurisdicción que les correspondía: el Tribunal de la Acordada[86]. En el Río de la Plata, en varias regiones se constituyeron como unos de los principales agentes de la justicia rural[87]. En jurisdicciones que se establecieron tardíamente, o en las que buena parte de su territorio era rural, los alcaldes de la Santa Hermandad cumplieron el papel de la impartición de justicia en zonas rurales y en las de frontera. La campaña bonaerense[88], Santa Fe[89] y Mendoza[90] son algunos ejemplos estudiados.

---

84 Escriche, Joaquín. *Op cit.*, Tomo III, p. 43. Ver también *Recopilación*..., Lib. V, Tít. 4.

85 Ots Capdequí, José María. *Op. cit.*, p. 76. No estaban autorizados a actuar como jueces, por lo que se limitaban a prender los malhechores y al inicio del proceso judicial. Según Amado Guerrero, el cargo no solo era importante por el carácter policivo que tenía, sino que además destacaba a los vecinos más acomodados del sector rural,

> que no alcanzaban a obtener los cargos vitalicios, ni tampoco la influencia necesaria para hacerse elegir de primera entre los principales cargos electivos... [Además] En el contexto social de la época, el desempeño de un cargo de esta naturaleza, simbolizaba el reconocimiento de preeminencias, influencias o una situación económica que le permitía sobresalir e iniciar el camino de mejores merecimientos.

Guerrero Rincón, Amado Antonio. *Op. cit.*, p. 106.

86 Ver MacLachlan, Colin M. *Op. cit.*; Hidalgo Nuchera, Patricio. *Op. cit.*

87 Para ver un estudio concreto que resalta las particularidades del caso rioplatense ver: Levaggi, Abelardo. "La alcaldía de Hermandad en el virreinato del Río de la Plata (1776-1810) (Casuística y jurisprudencia)". En: *Revista de Estudios Histórico-Jurídicos*, Vol. XXXI, pp. 317-348; también Levaggi, Abelardo. "Los alcaldes de la Hermandad de Buenos Aires en el periodo hispánico. Nuevos Aspectos". En: Sobenares Fernández, José Luis y Martínez De Codes, Rosa María (Coords.). *Homenaje a Alberto de la Hera*. México: unam, 2008, pp. 421-434.

88 Fradkin, Raúl O. (Comp.). *El poder y la vara*...

89 Polimene, María Paula. "El alcalde de la Hermandad del pago de Bajada entre 1784 y 1786. Autoridades locales y disputa jurisdiccional". En: Polimene, María Paula (Coord.). *Op. cit.*, pp. 77-92. Barriera, Darío. *Justicias rurales*...

90 Molina, Eugenia. "Trayectorias judiciales, movilidad social y vida pública. Los jueces inferiores en Mendoza, 1770-1810". En: Polimene, María Paula (Cord.). *Op. cit.*, pp. 181-200.

Para el caso del Virreinato del Nuevo Reino de Granada, todo el funcionamiento de la justicia rural[91] con los alcaldes de la Santa Hermandad sigue siendo desconocida, en especial si tenemos en cuenta la cantidad de archivos judiciales[92] y de actas capitulares que hay a disposición y de fácil acceso en varios lugares. Tal trascendencia cobra mayor realce si tenemos en cuenta que los alcaldes de la Santa Hermandad llevaron a cabo una buena parte de pleitos judiciales de índole criminal, en especial por abigeato.

Las competencias señaladas líneas arriba fueron las coordenadas en que actuaron los alcaldes de la Hermandad de la villa de San Gil. Análoga situación a la del alcalde provincial tuvieron los alcaldes de la Santa Hermandad al ser ejecutores de diligencias en procesos civiles. Uno de varios ejemplos: don José Simón de Silva, alcalde de la Santa Hermandad en 1764, debió realizar notificaciones y el embargo de algunos bienes hipotecados en un conflicto por deuda[93].

Sin embargo, el principal papel desempeñado por estos oficiales fue el control, procesamiento y castigo de delitos en parroquias y sitios rurales. Así se demuestra con el caso en que Tomás Zambrano, vecino de San Gil y feligrés de una de sus parroquias (la de Monguí), acudió ante el alcalde de la Santa Hermandad don Manuel Durán de Silva, para interponer una denuncia por el asesinato de su hermano en 1759[94]. El hecho había ocurrido en el sitio[95] de Atillo ocho meses atrás, cuando él y varios sujetos entraron en riña, de la cual su hermano salió herido y luego murió.

Dos años antes de esa causa, don Bartolomé de la Cadena perseguía unos cuatreros. Esto ocurrió en el sitio llamado Sube, un paraje de gran afluencia de

---

91 Algunas investigaciones, en la que se incluye esta, están demostrando el papel de distintos oficiales en la justicia rural. Entre ellos se pueden nombrar a los alcaldes partidarios y los capitanes a guerra.

92 Juicios criminales del AGN y el Archivo Histórico Judicial de Medellín. Otros archivos por explorar en este campos son: el Archivo Histórico Regional de la UIS (Judicial de Girón), el Archivo Histórico del Tolima, el Archivo Histórico Regional de Boyacá, los fondos correspondientes del Archivo Central del Cauca y del Archivo Histórico de Cali. Los distintos fondos de Empleados Públicos del AGN contienen amplia y valiosa información al respecto.

93 AGMSG. *Alcaldía de San Gil*, Caja 4, AGM 059, f. 5r. (Civil entre don Juan Joseph Enrique, Fiel ejecutor, contra doña Bernarda de Remolina y Manuel Niño por cantidad de pesos, 1764).

94 AGN. Sección Colonia, *Juicios Criminales*, Tomo 43, Doc. 9, f. 704r. ("Autos criminales contra Francisco Duarte sobre heridas que dio a Juan Zambrano, de que se le siguió la muerte: Seguidos en la villa de San Gil; por don Manuel Durán alcalde de la Hermandad de la misma villa", 1759).

95 Con *sitio* se referían comúnmente a un paraje rural que tenía determinado nombre.

personas, donde incluso había una cabuya[96] para pasar el río. De la Cadena se había movilizado allí en cumplimiento de su obligación para capturar a Pedro del Basto, Francisco Millán y Juan Francisco Delgado "por constarle de ciencia cierta, el mal estado, en que estos vivían y que no cumplían, con el precepto anual de nuestra Santa Madre Iglesia, como así mismo ser los referidos cuatreros públicos"[97]. Una vez que el alcalde de la Santa Hermandad arribó al sitio y al tratar de capturar a los susodichos fue herido por doña Rosa Flórez con apoyo de otras personas, lo cual facilitó la huida de los delincuentes. Después de que se remitiera el proceso a la audiencia a causa de que no podía darse captura a los delincuentes, el virrey expidió una provisión a la cual uno de los alcaldes de la Santa Hermandad de 1758 debió darle cumplimiento.

Casos como los aludidos evidencian el ejercicio de la jurisdicción de los alcaldes de la Santa Hermandad. Los sitios hacia los cuales salían a cumplir autos y diligencias, así como los parajes en donde se encontraban al momento en que los demandantes recurrieron a ellos, constatan el ámbito rural en que ejercían sus potestades. Que los alcaldes de Hermandad impartieran justicia en sitios (que fácilmente podían ser caminos) y parroquias (que a pesar de ser pequeños poblados podemos considerarlos rurales) los confirma como uno de los principales agentes de la justicia rural en la jurisdicción de San Gil.

Las actuaciones de estos alcaldes también tenían ciertas necesidades prácticas que podían causar conflicto con otros agentes jurisdiccionales. Ilustrativo de esta situación fue lo acaecido en la parroquia del Socorro en 1766. Don Francisco Cristóbal de Vergara, alcalde de la Santa Hermandad, estableció un enfrentamiento

---

96 También llamada *tarabita*. Era una cuerda gruesa que pendían sobre el río, por la que deslizaban un cesto con pasajeros o con carga. Según el caso, las cuerdas se halaban de una orilla a la otra. Los sitios donde hubo cabuyas fueron de especial importancia, ya que eran los lugares de paso de personas y mercancías en distintos puntos de la jurisdicción. La renta de propios del cabildo remataba las cabuyas y por el tránsito de ellas se realizaba un cobro.

97 AGN. Sección Colonia, *Juicios Criminales*, Tomo 60, Doc. 6, f. 434r. ("Bartholomé Lázaro de la Cadena contra Pedro Sarmiento y consortes sobre castigarles sus excesos y ajamientos como alcalde de la Hermandad de la villa de San Gil", 1758). Este es el expediente del que se trató parte en la Audiencia, pero la causa original contra los cuatreros está en: AGN. Sección Colonia, *Juicios Criminales*, Tomo 46, Doc. 9, ff. 634r- 695. ("Criminales contra doña Rosa Flórez por haber herido con un puñal a don Bartholomé de la Cadena alcalde de la Hermandad de la villa de San Gil en compañía de Pedro Sarmiento, Fernando Domingo, Antonio y Manuel Sarmiento sus hijos sobre estorbar la prisión de don Francisco del Basto, Francisco Millán y Juan Francisco Delgado. Hombres de entregada vida", 1757).

judicial con el teniente de corregidor, don Manuel Ruiz de Cote, principalmente por la preeminencia de tener posesión de llaves de la cárcel pública en esa parroquia. El alcalde comenzaba su declaración mencionando "Que en la cárcel pública de la parroquia del Socorro de esta jurisdicción [la de San Gil] tengo algunos reos delincuentes en los *casos de mi jurisdicción* de cuyos delitos estoy conociendo"[98], y que el domingo en la noche (15 de julio) había pasado a registrar la cárcel para verificar que todo estuviera en orden. Al llegar, solicitó las llaves al alcaide[99], quien respondió diciendo que era el alcalde ordinario quien las tenía. Este, a su vez, cuando le fueron reclamadas mencionó que las poseía el teniente de corregidor, quien, al hacerle la solicitud del préstamo de las llaves dijo que no las quería dar.

En los siguientes días, lunes y martes, el alcalde de la Santa Hermandad volvió a solicitar las llaves al teniente, quien de nuevo se las negó. Ante las reiteradas negativas, Vergara exigió tener a su disposición las llaves. Este pleito es algo extenso y en este lugar no se aportarán más detalles del conflicto. No obstante, es útil su alusión porque ofrece indicios de las labores que realizaban los alcaldes de la Santa Hermandad. El referido Vergara mencionaba: "De lo referido comprenderá Vuestra Señoría serme imposible el cumplimiento del empleo de alcalde de la Santa Hermandad por *no haber otras fortalezas ni cárceles* donde arrestar los delincuentes y ponerlos a buen recaudo que es la de aquella parroquia; pues el traerlos hasta aquí *es muy gravoso por la distancia e incomodidades* que se ofrecen del camino"[100].

Vergara hizo su reclamación ante el cabildo de San Gil. Celoso de su jurisdicción, tal vez porque veía disminuía su autoridad o también por los tropiezos que se le estaban causando, solicitaba que las llaves se pusieran "a buen recaudo, y que se me entreguen con prontitud siempre y a la hora que las pidiere no teniendo intervención en los presos de los otros señores jueces; y de lo contrario, exonerarme del empleo de alcalde de la Santa Hermandad por ser imposible cumplir con dicho empleo, sin cárcel donde arrestar los delincuentes"[101].

---

98 AGN. Sección Colonia. *Empleados Públicos de Santander*, Tomo VI, f. 525r. (Uribe Salazar Antonio José de, alcalde de San Gil, su acusación contra Manuel Ruiz de Cote, corregidor de Tunja, por varios delitos, 1762). La cursiva es nuestra.

99 El alcaide era el encargado de la cárcel.

100 AGN. Sección Colonia, *Miscelánea*, Tomo VI, ff. 525v-526r. Las cursivas son nuestras.

101 *Ibid.*

Para entender este tipo de reclamaciones es necesario volver sobre el concepto de *iurisdictio*. Un oficial al tener la facultad de "decir el derecho" y defender tal competencia, estaba defendiendo lo que se denominaba la cuota (*quantum*) jurisdiccional[102]. Rafael Diego-Fernández nos ofrece una explicación acorde con nuestro caso, pues al tener en cuenta que la jurisdicción era la mayor prerrogativa del poder político "resulta fácil de comprender que lo que estaba en juego, más que la mera resolución de un caso o un asunto concreto, era la *cuota de poder* que correspondía a cada autoridad jurisdiccional"[103].

4.1.4. El alguacil mayor

El oficio de alguacil mayor era otro de los cargos susceptibles de ser comprados[104]. Según Ots Capdequí, "[s]e les habían de cometer a ellos la ejecución de los autos y mandamientos de los gobernadores, alcaldes ordinarios y demás justicias"[105]. Además, los alguaciles mayores actuaban como una especie de comandantes de vigilancia, ya que debían hacer la ronda nocturna y reconocer los lugares públicos, como lo hacían los alguaciles mayores de las audiencias. Para el caso sangileño, en cierto momento uno de sus ocupantes pretendió adquirir las facultades que significaba tener jurisdicción ordinaria. Así lo sugiere la petición que elevó al virrey, en 1769, el alcalde ordinario de San Gil, don Francisco de Buenaventura de Uribe Salazar y Patiño, residente en la parroquia del Socorro, quien imploró la jurisdicción ordinaria para don Ignacio José de Uribe y Mantilla, regidor y alguacil mayor, argumentando que

> dicha mi jurisdicción es tan numerosa en gentes como en los delitos que no se puede dar eficaz remedio a causa de que son pocos los que obtienen jurisdicción ordinaria y como en don Ignacio Joseph de Uribe y Mantilla, regidor y alguacil mayor del Cabildo de la referida villa concurren las buenas circunstancias de

---

102 Ver Gayol, Víctor. "Colofón". En: Rojas, Beatriz. *Cuerpo político y pluralidad de derechos. Los privilegios de las corporaciones novohispanas*. México: CIDE/Instituto Mora, 2007, p. 289.

103 Diego-Fernández Sotelo, Rafael. "Estudio introductorio". En: Gayol, Víctor y Diego-Fernández Sotelo, Rafael (Coords.). *Op. cit.*, p. 29. La cursiva es nuestra.

104 Al igual que con el alcalde provincial, solo poseemos un testimonio de la compra del alguacilazgo: en 1758, el virrey don José Solís Folch de Cardona le proveyó el oficio por el costo de 300 pesos más media anata. Guerrero Rincón, Amado Antonio y Gutiérrez Ramos, Jairo. *Op. cit.*, p. 83.

105 Ots Capdequí, José María. *Op. cit.*, p. 376. Ver también *Recopilación...*, Lib. V. Tít. 7.

> idóneo, capaz para los negocios judiciales e íntegro en sus determinaciones como generalmente estimado de este vecindario he tenido por bien y como conveniente al servicio de ambas majestades y beneficio público[106].

En otra situación, puede observarse una petición para participar de las retribuciones que dejaban las costas de los procesos judiciales, pese a que estas no eran cuantiosas. En 1768 el cabildo sangileño levantó una solicitud al virrey, en la que pedía provisión sobre si el alguacil mayor debía o no recibir décimas[107] por los juicios en que participara con diligencias ejecutivas. El asunto no era nada sencillo. El alguacil mayor don Ignacio de Uribe había pedido al cabildo aplicar la real provisión que en 1748 el entonces homólogo suyo, don Pedro Martín, había obtenido para recibir décimas. La solicitud fue aprobada. Sin embargo, el conflicto surgió porque en aquel acuerdo capitular estuvo ausente el alférez real don Francisco Suárez y guardaron sus reservas sobre la aprobación el regidor decano don Cristóbal José Suárez y el depositario general don Roque María Estengo, quienes firmaban una representación[108].

Los tres regidores argumentaron: 1) que no era *costumbre* "(quizá desde su fundación) de pagar y llevar décima los antecedentes al actual impetrante"; 2) que los alguaciles anteriores y posteriores a don Pedro Martín no pretendieron hacerse a tales décimas fundándose –decían los regidores– en la miseria y necesidades públicas del lugar y de la jurisdicción; 3) que no había presentado la real provisión aludida y que incluso Martín no lo había hecho; y 4) que pedía las décimas para sus intereses personales, a saber, pagar deudas que oscilaban entre 14 000 y 15 000 pesos con comerciantes en Cartagena y Mompox[109].

---

[106] AGN. Sección Colonia, *Empleados Públicos de Santander*, Tomo XV, ff. 610r-v. ("El Cabildo de la villa de San Gil sobre que a Don Ygnacio Joseph de Uribe Alguacil mayor de ella se le confiera jurisdicción ordinaria", 1769).

[107] Era la décima parte de lo que se cobraba sobre cualquier cantidad, en este caso debe referirse a las costas. Es decir, la décima aquí quería decir que se solicitaba percibir el 10% de las costas.

[108] AGN. Sección Colonia, *Empleados Públicos de Santander*, Tomo XV, f. 334r. ("Consulta del Cabildo de San Gil sobre si el Alguacil Mayor de aquel Cabildo don Ygnacio Uribe debe llevar décima de las causas ejecutivas", 1768).

[109] Es digno de aclarar que desde San Gil y sus zonas aledañas, así como las que le seguía hacia el norte hasta Cartagena, varias personas sostuvieron vínculos económicos con vecinos de las jurisdicciones de Cartagena y Mompox. Uno de los ejemplos que pueden aludirse son los préstamos que realizaron los marqueses de Santa Coa. DAZA, Vladimir. *Los marqueses de Santa Coa: una historia económica del Caribe colombiano, 1750-1810*. Bogotá: ICANH, 2009.

A eso último agregaban: "Nosotros *aunque legos* y para todo inadvertidos siempre hemos oído decir a los doctos y timorados [*sic*] que no se debe dejar de atender al público por las incomodidades de un particular"[110]. El 3 de septiembre de 1770, el fiscal de la audiencia se limitó a solicitar que los regidores documentaran su relación conforme a derecho y que el alguacil acudiera a la Audiencia a remitir las diligencias que le correspondieran. Hasta el momento no se ha localizado más información al respecto.

4.1.5. El alférez real

El cargo de alférez real fue considerado, desde el siglo XVI, entre los oficios vendibles y renunciables. Por su antecesor, el alférez mayor de las ciudades castellanas en la Edad Media, en Indias el alférez real era un oficio honorífico y con varios privilegios. Entre ellos se contaba el de ser considerado el más antiguo y el de mayor preeminencia de los regidores[111]. Era uno de los oficios de más alto prestigio a nivel local, pues era el guardián del estandarte regio, el cual debía llevar en las celebraciones festivas y solemnes, en donde se le concedía un lugar privilegiado. Le correspondía, según la reglamentación[112], reemplazar a los alcaldes ordinarios cuando estuviesen ausentes. En otras palabras, se constituían temporalmente en alcaldes ordinarios en "depósito de vara". Esto, que parece haber ocurrido en pocas ocasiones, o es lo que sabemos hasta el momento, se dio en un par de oportunidades en la villa de San Gil cuando el alférez real Francisco Suárez, hacia la década de 1760, llevó él mismo, o junto al escribano, procesos judiciales[113]. También lo hizo Cristóbal José Suárez con varias demandas[114].

---

110 AGN. Sección Colonia, *Empleados Públicos de Santander*, Tomo XV, f. 332v. (Consulta del Cabildo de San Gil sobre si el Alguacil Mayor de aquel Cabildo don Ygnacio Uribe debe llevar décima de las causas ejecutivas, 1768). La cursiva es nuestra.

111 *Recopilación...*, Lib. II. Tít. 10. L. IV.

112 Para la legislación concerniente a este cargo ver *Recopilación...*, Lib. V. Tít. 3. L. 13.

113 AGMSG. *Tribunal Superior*, Caja 004, Doc sin No. (Demanda de doña Bernabela de Rueda Rosales por deuda, 1762); Doc. 9, ("Civil ejecutivo contra Marcos de Roxas, año de 1764. A pedimento de Don Joseph Antonio Besga y Don Ygnacio de Uribe en diez y nueve foxas escriptas", 1764); y Doc 10 ("Sobre tutela Doña Bernabela de Rueda", 1764); *Alcaldía de San Gil*, Caja 004., AGM 051 (Isidro Afanador, para que él y su familia sean declarados libres de pagar tributo por ser mestizos, 1763); AGM 069 (Certificación del cura rector, vicario y juez eclesiástico de Barichara doctor don Joseph Martín Pradilla, 1763); AGM 072 (Juan Manuel Martínez Nieto demandando a Juan González por cantidad de pesos, 1763); y AGM 074 (Civil sobre tierra legada por Antonio de Cala, 1767).

114 AGMSG, *Alcaldía de San Gil*, Caja 004, AGM 058 (Causa contra don Juan Antonio Joaquín Gómez

Algo curioso sucedió con el cargo de alférez real por el año de 1750. El asunto concernía a una petición que un vecino de San Gil realizó al virrey para que anulara la elección de alcalde ordinario de ese año de don Pedro Martín Moreno. Lo que argumentaba Pedro Justo Díaz, el denunciante, era que las elecciones de 1750 estuvieron viciadas por varios aspectos que llegaremos a describir ampliamente en otro momento. No obstante, lo que nos atañe en este apartado es que en la copia inserta del acta capitular de elección de ese año, quien figuraba para la época como alférez real de la villa, don Manuel Ruiz de Cote, fue electo alcalde ordinario de primer voto[115]. El mismo día, el primero del año, se le recibió el juramento del oficio. Esto quedó aún más legitimado por el corregidor y justicia mayor de Tunja, don Antonio Álvarez, quien un mes después confirmó las elecciones hechas por el ayuntamiento sangileño[116]. Como si fuera poco, la audiencia en la capital del virreinato, al examinar la denuncia, derogó la elección de alcalde ordinario de segundo voto en el alguacil mayor por estar estipulada la incompatibilidad de estos dos oficios, pero no mencionó nada sobre la elección del alférez real.

No sabemos si ese alférez real –y alcalde ordinario– llevó a cabo demandas en el año que fue electo. Podría parecer obvio, pero no sobra señalar que esta situación es aún más particular que lo que se describe líneas arriba, ya que no estaba reemplazando temporalmente al alcalde ordinario. Una hipótesis sobre este fenómeno puede ser que la elección del alférez real como alcalde ordinario era producto de alianzas políticas, como lo insinuaba el denunciante que impugnaba la elección del otro alcalde, ya que ese cabildo se había realizado sin la mayoría de la concurrencia de sus miembros. Según él, además, había trato secreto entre el alguacil y el alférez para darse el voto mutuamente[117]. Sin embargo, otra explicación, o una que se puede sumar a la anterior, es que tal elección era la reiteración de una costumbre en que el alférez real de la villa administrara justicia cuando era necesario, como fue más evidente en años posteriores.

Romano (deudor) y Manuel Masías por deuda de 300 pesos al señor doctor don Joseph Antonio Velázquez, 1772); AGM 60 (Manuel Montano pide testimonio de dos autos que practicó don Juan Bernardo Plata contra él, 1772).

115 AGN. Sección Colonia, *Miscelánea*, Tomo 68, Doc. 28, ff. 512r. (Pedro Justo Díaz, vecino de San Gil, solicita que se anule la elección de alcalde ordinario de Pedro Martin Moreno por ser alguacil mayor de la misma villa).

116 *Ibid.*, ff. 514r-v.

117 *Ibid.*, f. 507r.

4.3.6. Los alcaldes partidarios o la extensión de la autoridad

En el Virreinato del Nuevo Reino de Granada o de Santa Fe, una de las opciones predilectas para la administración de justicia en las zonas rurales, junto a los alcaldes de la Hermandad, fue proveer alcaldes partidarios[118]. Estos eran los jueces de menor rango en toda la estructura de tribunales y se circunscribieron, normalmente, a zonas rurales, partidos[119] y las parroquias distribuidas en las jurisdicciones. Son muchos los ejemplos que podemos poner por todo el territorio del virreinato, como ya lo hemos visto. En las jurisdicciones de las ciudades de Girón[120], Cali, Santa Fe de Antioquia[121] e Ibagué[122], así como en las villas de San Gil, Socorro y Medellín[123] se designaron alcaldes partidarios desde una época temprana del siglo XVIII en algunos casos, y en otros más tardíamente; aunque no sabemos con puntualidad por qué se implementaron.

Los alcaldes partidarios –para nuestro caso también llamados pedáneos o foráneos[124]– no se implementaron en todas las audiencias de la monarquía

---

118 Para un panorama general, así como el de otros jueces, ver el capítulo 2 del presente estudio.

119 Como lo expresa Martha Herrera, había una multiplicidad de designaciones para las divisiones político-administrativas. HERRERA ÁNGEL, Martha. "Las divisiones político-administrativas...", pp. 76-104. Aunque la designación de *partido* fue casi exclusivamente para las divisiones internas de las jurisdicciones de ciudades y villas, también pueden encontrarse menciones a divisiones internas de cualquier tipo, o mayores, con la misma palabra. "Partido. Se llama también el distrito o territorio, que está comprendido de alguna jurisdicción o administración de una ciudad principal, que se llama su cabeza". *Diccionario de la lengua castellana, en que se explica el verdadero sentido de las voces, su naturaleza y calidad, con las phrases o modos de hablar, los proverbios o refranes, y otras cosas convenientes al uso de la lengua [...]. Compuesto por la Real Academia Española.* Tomo quinto. Madrid: Imprenta de la Real Academia Española, por los herederos de Francisco del Hierro, 1737. Consultado a través de: http://buscon.rae.es/draeI/

120 GUERRERO, Amando. *Op. cit.*

121 MONTOYA GÓMEZ, María Victoria. "La jurisdicción de los jueces...", pp. 19-40.

122 MARTÍNEZ GARNICA, Armando. *Estructura, función y jurisdicción del cabildo colonial: el caso de la ciudad de Ibagué*. Bogotá: Programa Centenario de la Constitución, Banco de la República, 1983, p. 52 y ss.

123 Algunos datos del caso de Medellín aparecen: TWINAM, Ann. *Mineros, comerciantes y labradores: las raíces del espíritu empresarial en Antioquia: 1763-1810.* Medellín: FAES, 1985; PATIÑO MILLÁN, Beatriz. *Op. cit.*

124 En general, se designan indistintamente con las tres palabras. En nuestro caso de estudio ha podido comprobarse tal cosa. En buena parte por ello se toman aquí como sinónimos *partidario, pedáneo* y *foráneo*. "Alcaldes Pedáneo. El alcalde de una aldea ó lugar corto que estaba sujeto á la jurisdicción de una villa ó ciudad en cuyo distrito estaba situado... Los alcaldes pedáneos no gozaban sino de una jurisdicción muy limitada". ESCRICHE, Joaquín. *Op. cit.*, Tomo I, p. 424.

católica en América. En los virreinatos del Perú y de Nueva España no estuvieron presentes, aunque en este último el virrey de Revillagigedo los alcanzó a contemplar como recomendación a su sucesor y con el fin de acelerar la impartición de justicia[125]. Al parecer solo se implementaron en el Río de la Plata, tempranamente en Córdoba[126] y luego en otros lugares; en la ciudad de Quito a finales del siglo XVIII[127]; y en el Nuevo Reino de Granada. Para empezar a esclarecer el tema solo resta iniciar investigaciones concretas al respecto, ya que en realidad es una figura todavía muy desconocida.

Este tipo de jueces constituyó la mejor estrategia para la impartición de justicia en zonas rurales. Su aparición estuvo estrechamente vinculada con el aumento demográfico y el poblamiento parroquial y rural, así como de las necesidades del control de los delitos en distintas zonas del virreinato, siendo la villa de San Gil una de ellas. El registro más temprano de todo el virreinato, hasta donde sabemos, es para las parroquias de Monguí de Charalá y Simacota, en 1739, en la villa de San Gil[128]. Puede inferirse que, análogo a dos casos rioplatenses[129], fue iniciativa de la institución capitular crear y designar estos jueces, pues no hemos encontrado testimonios que nos indiquen que fueron una política venida

---

125 Se refería a jueces pedáneos. CONDE DE REVILLA GIGEDO. *Intrucción reservada al marqués de Branciforte, 1[7]74*. Introducción y notas de José Bravo Ugarte. México: Editorial Jus, 1966, p. 278. Citado por: ROJAS, Beatriz. "Gobiernos provincial y local. Delimitación de jurisdicciones". En: GAYOL, Víctor y DIEGO-FERNÁNDEZ SOTELO, Rafael. *Op. cit.*, p. 276, nota 39. En la misma cita reproduce lo siguiente:

> 869. Estos jueces pedáneos podrían conocer de cuanto ocurriese en su territorio, actuando con testigos de asistencia, a falta de escribano, hasta poner las causas criminales en estado de confesión y las civiles en el de recibirse a prueba o despachar el mandamiento de ejecución, remitiéndolas así a los Jueces Letrados, para que conforme a la naturaleza, circunstancias y entidad del asunto controvertido, las siguiesen y feneciesen, o las devolvieran a los pedáneos para que ellos lo hiciesen.

126 Desde 1657 fueron designados por el cabildo para cuatro pagos (divisiones internas de la jurisdicción) con el fin de administrar justicia en zonas rurales. Llegaron a nombrarse hasta 85 por iniciativa del intendente. AGÜERO, Alejandro. *Castigar y perdonar...*, p. 108.

127 MORELLI, Federica. *Territorio o nación: reforma y disolución del espacio imperial en Ecuador, 1765-1830*. Madrid: Centro de Estudios Políticos y Constitucionales, 2005, p. 198 y ss. Además esta autora asevera que existían desde el siglo XVI.

128 Algunos indicios parecen indicar que desde 1727 hubo alcaldes partidarios en esas dos parroquias y uno para el valle de Oiba.

129 AGÜERO, Alejandro. *Castigar y perdonar...*, p. 108; y TÍO VALLEJO, Gabriela. "Presencias y ausencias del cabildo en la construcción del orden provincial: el caso de Tucumán, 1770-1830". En: *Aracauria*, Vol. 9, No. 18, pp. 238-241.

del rey o de la Audiencia. Lo cierto es que se elegían en buena cantidad, incluso B. V. de Oviedo calculaba unos 30 para el corregimiento de la provincia de Tunja[130] por 1760.

Los alcaldes partidarios pertenecían a la justicia y gobierno capitular[131], aunque no eran miembros del cabildo. Era esta institución la que se encargaba de formar ternas que se le enviaban al superior gobierno "y escoge y nombra el Excelentísimo señor [virrey] los que le agradan para cada lugar y aun para algunos dos"[132]. Una vez hecho esto, se comprobaba que los escogidos no fueran deudores de la real hacienda y que pagaran el derecho de media anata. Posteriormente, y tras afianzar el juicio de residencia y hacer el juramento del cargo, se les despachaba el título del oficio para que pudieran tomarlo en posesión.

De tal forma se realizaron las designaciones de los alcaldes partidarios de San Gil en 1741, 1750, 1757 y 1777, para citar los registros más puntuales que tenemos. Estando reunidos los dos alcaldes ordinarios, el alguacil mayor y el procurador general procedieron a formar las ternas para las parroquias de Monguí de Charalá y de Simacota el 14 de enero de 1741[133]. El documento fue remitido el 4 de febrero al superior gobierno, compuesto por el virrey y oidores, para que designaran los alcaldes, y aunque esto no se registró, presuponemos la designación. En tal oportunidad designaron tan solo dos alcaldes, como en 1739, debido a que no se había erigido alguna otra parroquia.

Para la ocasión de 1750 la propuesta de las ternas se había realizado en el cabildo el 20 de enero y la confirmación de los elegidos se hizo apenas el 6 de mayo[134], favoreciéndose a los primeros de cada terna. Siete años más adelante, las gestiones transcurrieron con mayor prontitud. El cabildo confeccionó las ternas el 1° de enero, y el 15 del mismo mes fueron designados los favorecidos, despachándose

130 Oviedo, Basilio Vicente de. *Op. cit.*, p. 290.

131 Tío Vallejo, Gabriela. *Op. cit.*

132 *Ibid.*, p. 290.

133 AGN. Sección Colonia, *Cartas de Empleados Públicos*, Tomo IV, Doc. 87, f. 406r. ("Nómina, para los oficios de república de la villa de San Gil, que para la provisión de ellos se remite al excelentísimo señor virrey de este reino"). También ese mismo año llegaron las ternas para para Neiva (Doc. 88), Mariquita (Doc. 89), Machetá (Doc. 90), Altagracia y Fusagasugá (Doc. 91), Ibagué (Doc. 92) y Santa Fe (Doc. 93).

134 AGN. Sección Colonia, *Empleados Públicos de Santander*, Tomo VIII, f. 134r. (Cabildo de San Gil remata las ternas para alcaldes de esa jurisdicción, 1750).

los títulos dos días después[135]. En ambas ocasiones fueron elegidos los alcaldes partidarios para las parroquias de Monguí de Charalá, Simacota, Oiba, Zapatoca (viceparroquia en ese año) y Barichara.

Aunque no se tienen fuentes documentales tan puntuales como pueden ser las ternas y las designaciones de los años citados, sabemos que años más tarde, en 1760, existía alcalde para los sitios del Valle y Páramo[136]. También se dispone de datos que permiten ratificar la existencia de alcaldes en diversas fechas para las viceparroquias de Culatas (1748) y del Páramo (1766), para las parroquias de Confines (1750), del Socorro (1769)[137] y del Valle de San José (1770 y 1771). Además, una muestra clara del aumento de cargos de tales alcaldes, correspondientes con las creaciones parroquiales, es que en 1739 se presentaron las nóminas de alcaldes foráneos solo para las parroquias de Monguí y de Simacota[138]. En 1776 se realizó otro envío de ternas que nos demuestra la pérdida de territorio de San Gil frente a la separación del Socorro. En este año se enviaron las ternas para la designación de pedáneos del año venidero, pero tan solo para tres parroquias: Barichara, Zapatoca y la Robada[139]. Llama la atención que para Barichara se hubieran propuesto dos ternas en esa ocasión, es decir, seis sujetos. Esto podría indicar que ya se proveían dos alcaldes partidarios para esa parroquia, circunstancia normalizada hacia 1787.

Esta situación en cierta medida es similar a la vivida por la jurisdicción de la ciudad de Ibagué en el siglo XVIII. En ese territorio el crecimiento demográfico demostró la necesidad de un cubrimiento mayor de la justicia y su accionar, por ello se tendía a la fragmentación de la jurisdicción en "unidades administrativas

---

135 AGN. Sección Colonia, *Empleados Públicos de Santander*, Tomo XXIX, ff. 382r-v. (Ternas para alcaldes pedáneos de San Gil del año 1757 y petición del alcalde de Barichara para que se le conceda la jurisdicción ordinaria como a su antecesor).

136 AGMSG. *Alcaldía de San Gil*, Caja 003, AGM 041, f. 8r y ss. (Documentos sobre la Jura de Carlos III en la Villa de Santa Cruz y San Gil de la Nueva Baeza, 1760).

137 Este dato es un poco confuso si tenemos en cuenta que un alcalde ordinario residía allí.

138 AGN. Sección Colonia, *Miscelánea*, Tomo V, ff. 818r-819v. (San Gil: Nombramiento de alcaldes foráneos, 1739). Fueron confirmados los puestos en abril cuando apenas se nombraba al nuevo virrey, por lo cual el nombramiento fue hecho por el gobernador y capitán general del Reino.

139 AGN. Sección Colonia, *Empleados públicos Miscelánea*, Tomo. III, Doc. 48. ff. 363r-364r. ("Santa Fe, 10 de diciembre de 1776. Nómina del cabildo de la villa de San Gil, y alcaldes pedáneos para el año próximo venidero de 1777").

más pequeñas –los Partidos–"[140]. A esa situación se le sumaba la imposibilidad de los alcaldes de la Santa Hermandad para el control en los poblados. Con los alcaldes pedáneos, entonces, se tendría quiénes dictaran autos de gobierno en sus partidos y su presencia permitiría ejercer un control más firme sobre el sacrificio de ganado[141].

En el caso de estudio no se halló la información puntual de los límites de los partidos que se debieron haber trazado. Las informaciones recogidas indican que los partidos se correspondían con las demarcaciones parroquiales, de tal suerte que la jurisdicción eclesiástica de un párroco coincidía con la jurisdicción política de un alcalde pedáneo. Sus orígenes habrían sido paralelos, aunque en el caso del sitio de Valle y Páramo para 1760 parece ya haberse tenido la delimitación de un partido antes de las correspondientes erecciones parroquiales. Se tendió, pues, a la división interna de la jurisdicción para un control más ordenado de la población, una mayor distribución de la justicia y para sustentar las necesidades notariales que tenían los lugares alejados de la villa y de la parroquia del Socorro.

La potestad jurisdiccional que tenían los alcaldes partidarios era limitada. A grandes rasgos, debían formar procesos hasta recibir pruebas y confesiones de los reos, aunque no podían dictar sentencia, sino remitir las causas a los alcaldes ordinarios o a los de la Santa Hermandad. Esta jurisdicción limitada fue característica de los alcaldes partidarios en distintas latitudes. Así fue en Santa Fe de Antioquia a finales del siglo XVIII[142] como en San Miguel de Tucumán[143] y Córdoba[144], estos últimos en el Virreinato del Río de la Plata. Además, en los distintos casos conocidos, debían salvaguardar el orden social, aunque la forma y los asuntos específicos en que debían hacerlo dependieron de cada lugar.

En principio, explicaba Oviedo en la época, se les llamó partidarios porque se designaba uno para cada partido del corregimiento, pero que no se les podía llamar ordinarios pues ellos mismos no sabían lo que era ser ordinario[145], aunque:

---

140 Martínez Garnica, Armando. *Estructura, función y jurisdicción...*, p. 53.

141 *Ibid.*, p. 54.

142 Montoya Gómez, María Victoria. "La jurisdicción de los jueces...", p. 25.

143 Tío Vallejo, Gabriela. *Op. cit.* p. 239.

144 Agüero, Alejandro. *Castigar y perdonar...*, pp. 108-109.

145 Esta paradoja le hizo recordar una jocosa anécdota que usó para explicarlo: "Esto se me asimila a lo que me dijo en una ocasión un mozo decidor y gracioso que tenía yo en mi casa, que mandándole yo una noche salir a ver si estaba muy oscura la noche, cuando tornó a decirme la razón,

"Tan ordinarios son estos jueces que no pueden conocer si son ordinarios, y son tántos [...] en la villa de San Gil, con ser bien corta su jurisdicción, se proveen 6 o 7, con que a partidas van los partidarios y tan comunes que no se hace aprecio de ellos porque el precio anda el baratillo"[146]. Esta curiosa mención evidencia otro hecho. La documentación lleva a pensar que los jueces pedáneos fueron las únicas autoridades judiciales de algunas parroquias y su labor era tan constante y cotidiana que en los expedientes en ocasiones aparecen como "juez ordinario". Esto quería decir o bien su carácter cotidiano o que gozaban de jurisdicción ordinaria, como en el caso del alcalde pedáneo de Barichara, que mostraremos en contadas líneas.

Esos alcaldes partidarios ejercían sus facultades en las demarcaciones de las parroquias. Aunque no se posea la suficiente documentación que indique el territorio específico sobre la cual ejercían su autoridad, en diferentes expedientes o protocolos notariales se consigna "alcalde partidario de la parroquia [el nombre de la misma] y su demarcación". No obstante, también se dio la ocasión en que se designaba un alcalde partidario para distintos sitios que en años posteriores se convertiría en parroquias o ya eran viceparroquias. En el primer caso, hacia 1748 en la viceparroquia de las Culatas, Lorenzo de Arenas era su alcalde partidario, y en 1760 los sitios del Valle y el Páramo, que luego serían dos parroquias, tenían un mismo alcalde que, a la sazón, era Juan de la Cruz Urrea.

Tales alcaldes debían, a grandes rasgos, cumplir con tres tareas: las de justicia, las de gobierno y las que le competían a un escribano. En efecto, en las distintas parroquias, los alcaldes pedáneos llevaron a cabo algunas demandas civiles y criminales, que en un momento determinado eran remitidas a la villa de San Gil para que los alcaldes ordinarios realizaran su conclusión[147]; en otras ocasiones, si tenían jurisdicción ordinaria, llevaban la causa hasta finiquitarla; o llegaba el caso en que, alcaldes ordinarios y partidarios se colaboraban mutuamente para hacer justicia: el 28 de enero de 1771[148] en Barichara se descubrió que Pablo Amaya se encontraba en la villa de San Gil respondiendo a la demanda que Ignacio de Rueda le había interpuesto ante el alcalde partidario por una deuda. Este último

---

me dijo: señor, está tan oscura que no se puede ver si está oscura". OVIEDO, Basilio Vicente de. *Op. cit.*, p. 290.

146 *Ibid.*

147 En el capítulo 6 detallamos un caso donde el asunto polémico fue la jurisdicción limitada de los alcaldes partidarios de Simacota.

148 AGMSG. *Alcaldía de San Gil*, Caja 004, AGM 066, f. 9v. ("Contra Pablo Amaya por una deuda", 1771).

solicitó la remisión del preso a tal parroquia, y así se hizo por parte del juez Félix Martínez de Ponte[149].

Los alcaldes partidarios también ejercieron las actividades que les competían a los escribanos realizando el registro de poderes, compra-ventas de tierras, entre otros instrumentos públicos. Por ejemplo, en la parroquia del valle de San José, en julio de 1762, ante su alcalde partidario don Vicente de Ardila y García, el alcalde ordinario de la villa de San Gil, don Antonio José de Uribe Salazar, dio poder general al maestro don Ignacio de Uribe Salazar, presbítero (su hermano) que residía en la ciudad de Santafé[150]. Varios otros registros notariales de compra-venta de tierras, en distintos años en las parroquias de Monguí de Charalá[151], Simacota[152], Barichara[153], Zapatoca[154], Valle de San José[155] y Oiba[156] permiten afirmar que los alcaldes partidarios fueron las autoridades ante las cuales se llevaron a cabo, pero siempre con la formalidad de "ante testigos por falta de escribano" para dar fe pública.

Esas acciones judiciales y notariales de los alcaldes partidarios significaban varias cosas. En primer lugar –y obviamente la designación de esos oficiales estaba destinada al control político–, la extensión de la autoridad judicial y la presencia de una fuerza vigilante que buscaría el cumplimiento de lo decretado

149 *Ibid.*, f. 11v.

150 AGN. Sección Colonia, *Impuestos Varios*, Tomo XIII, Doc. 9, f. 343r. ("El Cabildo de la villa de San Gil sobre propios", 1762).

151 AGMSG. *Fondo Notarial*, Paquete 8, Doc. 259, ff. 8r-v (1741); Paquete 8, Doc. 260, ff. 106r-107r (1758); Paquete 9, Doc. 277, ff. 8r-13v; y Doc. 282, ff. 1r-v (1765); Paquete 10, Doc. 318, ff. 128r-129v (1768).

152 ANS. *Notaría primera*, Tomo 10, ff. 309v-311r (1752). También *Ibid.*, ff. 881r-882r (1753); Tomo 11, ff. 584r-v (1755) y ff. 585r-586v (1756). AGMSG. *Fondo Notarial*, Paquete 8, Doc. 252, ff. 3r-8r.

153 AGMSG. *Fondo Notarial,* Paquete 9, Doc. 267, ff. 1r-2v (1757) y para 1763 ff. 5r-6r; Paquete 9, Doc. 266, ff. 1r-2r (1762), Doc. 277. ff. 4r-5r y 7r-v (1765), Doc. 292, ff. 1r.15v (1770).

154 *Ibid.*, Paquete 8, Doc, 244. ff. 1r y ss (1759), Doc. sin No. ff. 1v-2v, 7r-8v, 10v-12r, 13v-15v, 17r-23r (1761). En estos documentos Zapatoca aparece como parroquia. Al parecer en ocasiones se utilizaba la designación desde antes de certificarse el título de parroquia. Paquete 8. Doc. sin No. ff. 26v-28v (1762), Doc. 257. ff. 1r-3v, 7r-20v y 22r-24v (1763), 24v-26r y 30r-v (1764); Paquete 10, Doc. 315. ff. 1r-3r y 13r-18r; y Doc. 310, ff. 3v-5v (1770).

155 AGMSG. *Fondo Notarial*, Paquete 9, Doc. 274, ff. 1r-14v (1760); paquete 8, Doc. 252, ff. 5r-10r (1764) y Doc. 251, ff. 1r-10r (1764); Paquete 10, Doc. 309, ff. 1r-10r (1770), Doc. 298, 1r-8v (1771).

156 AGMSG. *Fondo Notarial,* Paquete 8, Doc. 254, ff. 2r-5r y 7r-10r (1763).

por autoridades y tribunales. En segundo lugar, la posición de los alcaldes en esos poblados pretendía solventar la necesidad de un escribano o cualquier autoridad ante la cual se pudieran realizar protocolos notariales y así reducir los costos y las demoras de la movilidad del escribano, hubiera sido de cabildo o del número. Esto tenía un trasfondo fiscal, ya que también buscaba poder percibir las alcabalas por todas las transacciones hechas en las parroquias y sitios rurales. No sería gratuito también que la localización de las parroquias y con ello de los alcaldes partidarios, así como de otros cargos, estuvieran en el recorrido de la principal ruta comercial o en los lugares aledaños[157].

Lo descrito en el párrafo anterior es manifestado en un documento referente a la parroquia de Barichara. Su alcalde pedáneo[158], don Marcos Gómez de la Parra, solicitaba en 1757, a través del procurador del número Ignacio Beloqui, que se le concediera la jurisdicción ordinaria argumentando que el virrey ya tenía establecido que los alcaldes nombrados para Barichara se presentaran a la real audiencia a solicitarla. Por ello le suplicaba:

> concederle a mi parte con las prerrogativas y privilegios que se le concedieron a su antecesor para que pueda distribuir justicia en beneficio de aquellos leales vasallos declarando poder otorgar los dichos testamentos y otros cualesquiera instrumentos ante el referido mi parte con las solemnidades prevenidas en derecho[159].

Y que con ello al finalizar cada año remitiera los protocolos a la villa para que se guardaran en el archivo, como correspondía. En el punto de los protocolos se solicitaba esa preeminencia para "que los hombres y vecinos" de Barichara no murieran sin haber hecho testamento, porque ello iba en perjuicio de sus

---

157 Robinson Salazar ha demostrado la existencia de una serie sitios, la mayoría del total, donde más se transaron propiedades rurales estaban sobre el camino real, o en su defecto cerca de él, que establecía una conexión "entre las provincias del sur –Vélez, Tunja, Villa de Leiva y Santafé– con las del norte –Girón, Pamplona, Táchira, Mérida, La Grita, Maracaibo, Ocaña y Mompox". Salazar Carreño, Robinson. *Tierra y mercados...*, pp. 60 y 122.

158 Parece haber una confusión o error con los registros, ya que en las ternas y en el nombramiento hecho por el virrey consta el nombre de don Marcos Gómez Romano.

159 AGN. Sección Colonia, *Empleados Públicos de Santander*, Tomo XXIX, f. 384r. (Ternas para alcaldes pedáneos de San Gil del año 1757 y petición del alcalde de Barichara para que se le conceda la jurisdicción ordinaria como a su antecesor).

parientes y herederos. Con esto también se podía "dejar de otorgar instrumentos públicos por los costos o incomodidades que de ir a solicitar escribano para otorgarlos se le siguen dejando de hacer por evitarlos en manifiesto perjuicio del común y de la Real hacienda en el consumo de papel sellado y percepción del real derecho de alcabala"[160]. La petición fue aprobada por la audiencia el 18 de marzo del mismo año.

Todas las demarcaciones parroquiales, su administración judicial por parte de los alcaldes partidarios y sus lógicas de funcionamiento, configuraron un mapa político que cambiaría en 1771. Una vez que la parroquia del Socorro obtuvo el título de villa y a pesar que sus límites jurisdiccionales fueron definidos hasta seis años después, de manera fáctica su cabildo empezó a funcionar. La jurisdicción de San Gil se dividió en dos y sus parroquias se repartieron, así como la facultad de designar alcaldes partidarios para cada una de ellas. La nueva villa del Socorro cobijó políticamente desde ese momento a las parroquias de Charalá, Páramo, Simacota, Confines, Chima, Valle de San José y Oiba. Por su parte, la villa se San Gil se quedó con las parroquias de Barichara, La Robada, y Zapatoca, y con los pueblos de indios de Guane y Curití. Algunas parroquias aparecerían años después, como fue el caso de Aratoca, Panchote, Riachuelo y Ocamonte.

160 *Ibid.*, f. 384v.

Capítulo 5
Una dimensión cotidiana de la justicia: apuntes sobre prácticas y saberes

La justicia no solo era la decisión del juez. A decir verdad, aquella, si la había, solo era el producto final de un proceso judicial, así como de un trasfondo institucional, jurídico y cultural complejo. Varias de estas dimensiones han sido destacadas en la historiografía reciente. La práctica y los saberes judiciales son algunos de los puntos interesantes, aunque quede bastante por desentrañar. En estos dos aspectos concentraremos las páginas de este capítulo. Describiremos una serie de acciones y actores que evidencia la tramitación judicial a través de sus *prácticas*.

En efecto, atenderemos a materiales, saberes, usos y otras acciones sociales que terminaban por construir la justicia. La labor del escribano, la gestión material de los procesos y los usos de argumentos jurídicos por parte de litigantes eran los que al fin y al cabo hacían operativa la justicia. No deberá sorprender la numerosa cantidad de minucias que se evidenciarán, que una por una no parecerían ser significativas, pero en conjunto adquieren mucho y pleno sentido. Tal amalgama de usos, acciones y más, tenía un fundamento en la cultura jurídica de aquellos tiempos, en la cual la imbricación entre lo que hoy diferenciamos como judicial y como jurídico[1] nunca dejará de sorprendernos.

5.1. Sobre prácticas

Es famosa la estructura institucional del imperio español. Sus cuerpos jurídicos, el personal que componía cada institución y los largos e imbricados trámites. Esto no era gratuito, sino que respondía a una preocupación por llevar justos procesos

---

1 Herzog, Tamar. "Sobre la cultura jurídica en la América colonial (siglos xvi-xviii)". En: *Anuario de Historia del Derecho*, 1995, Vol. LXV, pp. 903 y 904.

y por arreglar todo "conforme a derecho", aunque esto podía volverlos lentos y arduos. Sin embargo, no hay más obvia y mejor muestra de ese funcionamiento del gobierno que su plasmación en la enorme y variada documentación que ha llegado hasta nosotros.

En esas labores institucionales surgía la documentación judicial como una construcción social. Algunas de las dimensiones y parte de su elaboración no provenían solamente de acciones de autoridades, sino de otras personas y que se plasmaban materialmente. En el ámbito de las altas esferas eran más que evidente los trámites y los arreglos personales que pudieron darle cursos favorables a determinados sujetos y sus peticiones o rapidez en la resolución. En un nivel más local, queremos destacar las acciones y los "recursos" (documentales, de "personal" y de conocimiento) de los que echaban mano jueces, escribanos, asesores letrados y litigantes, pues había dificultades y requerimientos que debían ser sorteados, como la geografía, la logística procesal, los sustentos materiales, de conocimiento y de personal para la escritura de los procesos. Al final, la búsqueda e implementación de soluciones en estos aspectos terminaba por componer la *lógica* y *práctica* mismas de la tramitación judicial.

Todos esos elementos los rastrearemos a través de indicios. Queremos hacer énfasis a este respecto, pues debido al carácter de las fuentes judiciales y sus condiciones, así como la complejidad y amplitud del tema, nos hemos restringido a esbozar los distintos temas que desarrollaremos. No obstante, los rastros o indicios que mostraremos constituyen información relevante para observar la operatividad de la justicia y las expresiones culturales en torno a ella.

5.1.1. La logística de la justicia

En los ideales del gobierno estaba presente el afán y la necesidad de distribuir la justicia a todos los vasallos. Algunos testimonios que hemos mostrado en capítulos anteriores evidencian las preocupaciones de autoridades de alta y mediana jerarquía porque la justicia abarcara todos los rincones de la jurisdicción de San Gil. Pero no solo en ese nivel existía tal preocupación, sino en la propia minucia de la tramitación judicial. De tal forma, jueces y litigantes se preocupaban porque la justicia llegara a todas las zonas a donde debía llegar.

El obstáculo más evidente que se debía sortear eran las distancias y la geografía. En efecto, la jurisdicción de la villa de San Gil tenía un territorio relativamente extenso donde la población estaba dispersa en zonas rurales, pequeños caseríos y parroquias[2]. Para estos ámbitos se ponían los jueces de la Hermandad y los alcaldes partidarios, estos últimos encargados de ser o bien jueces ordinarios en todo el sentido de la palabra, o enlaces con los jueces que residían en la villa de San Gil y en la parroquia del Socorro.

Los problemas de las distancias revistieron especial importancia no solo al interior de la jurisdicción de San Gil, sino también en la relación de esta con la capital del corregimiento, Tunja. Este hecho resultaba menos problemático en los ámbitos territoriales de los cabildos, pues en la tradición de autogobierno se habían establecido lógicas propias para la solución de la extensión de la justicia. Según lo que se observa en nuestro estudio, hubo buena articulación y extensión de las autoridades por los distintos poblados con los alcaldes partidarios, los de la Santa Hermandad e, incluso, con los jueces de comisión. Esto hacía que más o menos se abarcara efectivamente el territorio de la villa para impartir justicia, aunque muchas veces de forma intermitente.

Con respecto a los alcaldes de la Santa Hermandad, tengamos en cuenta el pleito que tuvo en 1766 don Francisco Cristóbal de Vergara con el teniente de corregidor. Aquel mencionaba que llevar los delincuentes hasta la cárcel del Socorro era "muy gravoso por la *distancia e incomodidades que se ofrecen del camino*"[3]. Por su carácter rural, los alcaldes de la Hermandad fueron bastante móviles al desplazarse a los sitios donde se denunciaban robos, pendencias y homicidios. Así debió hacerlo en 1757 el alcalde de la Santa Hermandad, don Bartolomé de la Cadena, quien tuvo que desplazarse al sitio llamado Sube en su tarea de perseguir a unos cuatreros[4].

---

2 Hacia 1776, durante su visita Moreno y Escandón calculó que desde San Gil había distancia de seis horas al Socorro, Barichara y a Curití; un día a La Robada, a Zapatoca y a Guane; tres días a Girón, la ciudad más cercana, y a Tunja cinco días. Desde la villa del Socorro y hacia Simacota tres horas; a Chima, Oiba y el Valle cuatro horas, y a Charalá un día. MORENO y ESCANDÓN, Francisco Antonio. *Op. cit.*, pp. 124-125.

3 AGN. Sección Colonia, *Miscelánea,* Tomo VI, ff. 525v-526r.

4 AGN. Sección Colonia, *Juicios Criminales*, Tomo 60, Doc. 6, f. 434r. ("Bartholomé Lázaro de la Cadena contra Pedro Sarmiento y consortes sobre castigarles sus excesos y ajamientos como alcalde de la Hermandad de la villa de San Gil", 1758). Este es el expediente del que se trató parte en la Audiencia, pero la causa original contra los cuatreros está en: AGN. Sección Colonia, *Juicios Criminales*, Tomo. 46, Doc. 9, ff. 634r-695. ("Criminales contra doña Rosa Flórez por haber herido con un puñal a don Bartholomé de la Cadena alcalde de la Hermandad de la villa de San Gil en compañía de Pedro Sarmiento, Fernando Domingo, Antonio y Manuel Sarmiento sus hijos sobre estorbar

En cuanto a los alcaldes pedáneos, estos fueron los de mayor número y extensión por todo el virreinato. San Gil fue una de esas jurisdicciones donde los partidarios se establecieron tempranamente en el siglo XVIII e hicieron presencia en parroquias y sitios rurales. Esto tuvo sus matices según el grado de jurisdicción que tuviera determinado alcalde partidario, como en Barichara. En otras parroquias, como Simacota, Oiba y Charalá, las causas que empezaran a conocer tales jueces debían ser remitidas al Socorro o San Gil para que las siguieran los alcaldes ordinarios o, incluso, el teniente de corregidor. Lógicamente, esto causaba demoras, pues no se resolvían los casos en los lugares donde ocurrieron. En ocasiones, los solicitantes de justicia abrían y continuaban sus querellas en distintos sitios.

En 1770, por ejemplo, Juan José Gómez abrió una causa ante el teniente de corregidor para declarar a sus hijos exentos de pagar tributos[5]. Las cosas no quedaron del todo claras y por ello uno de sus hijos, Salvador José Gómez, solicitó en 1794 ante el alcalde partidario de Barichara que se le recibiera información para comprobar su calidad. Las declaraciones de testigos se hicieron en Barichara, pero Salvador continuó el proceso ante el teniente de corregidor de San Gil y Socorro, don Antonio José de Silva[6]. Este, después de haber visto las informaciones, comprobó y declaró a Salvador Gómez como mestizo, hijo legítimo y que se lo exceptuara de pagar demora al igual que a sus hijos, conforme a una instrucción de gobierno del virrey[7].

De lo dicho líneas atrás se puede inferir que, entonces, la justicia era impartida principalmente en la villa de San Gil y en el Socorro, como sede de los alcaldes ordinarios y del teniente de corregidor, como lo demuestran los registros judiciales. La mayoría de las demandas civiles registran a San Gil o el Socorro como el lugar en el que se llevaron a cabo. Esto pudo deberse a la buena articulación comercial

---

la prisión de don Francisco del Basto, Francisco Millán y Juan Francisco Delgado. Hombres de entregada vida", 1757).

5 AGMSG. *Tribunal Superior,* Caja 007, Doc. Sin No., f. 5r. (Salvador Gómez pide se le reciba información para comprobar su calidad, 1794).

6 *Ibid*., f. 8r-v.

7 *Ibid*., ff. 10r-v. El teniente de corregidor mencionó que decretaba tales cosas

"en fuerza del capítulo diez y seis de la instrucción que gobierna este ramo, en que se hallan insertos los superiores decretos del excelentísimo señor virrey don Pedro Messía de la Zerda declarando: que los hijos legítimos de india con blanco, o mestizo no deben tributar; cuya superior providencia se ha mandado por los señores ministros de Real Hacienda en oficio de veinte y siete de agosto de setecientos novente y tres, que me ciño a ella".

que tenían tales lugares y a que, en últimas, las zonas rurales no estaban tan alejadas de uno u otro poblado importante. Así, no se les haría difícil desplazarse a San Gil o al Socorro para imponer una demanda o para contestarla. En reiteradas ocasiones, los jueces mandaban a comparecer a demandantes, demandados y testigos, como estos finalmente lo cumplían. No obstante, esto les representaba inversión de tiempo y esfuerzos.

Los casos son variados, pero destacaremos uno ejemplar donde el demandado se quejó porque debía ir a la villa. En mayo de 1741, Antonia de Mendoza Benavente demandó a Lucas Pérez Palermo por haberle quitado a sus hijos y unas vacas[8]. Esta demanda fue interpuesta en la villa de San Gil ante su alcalde ordinario más antiguo, don Manuel de Vargas Sotomayor. El recibimiento de los testigos se realizó en la villa, al igual que la comparecencia de Pérez Palermo. No obstante, este sujeto solicitó al corregidor de Tunja, don Juan Bautista Machinbarrera, quien se encontraba por esos días en San Gil, que decretara que la demandante siguiera la causa en el Socorro y ante el alcalde ordinario que allí residía. Fundaba su petición en que el alcalde ordinario de San Gil "en varias instancias me ha llamado a ella donde he venido con el quebranto de dejar mi casa mujer e hijos siguiéndome los costos y perjuicios"[9]. Además solicitaba que se remitieran los autos al Socorro. Todo fue aprobado por el corregidor y Vargas Sotomayor lo ejecutó.

En muchos otros momentos, algunos pleitos o diligencias judiciales debían ser realizados en un sitio determinado fuera del poblado. En 1744 el maestre de campo don Miguel Antonio Meléndez de Valdéz, quien por entonces era alcalde ordinario y corregidor de naturales, atendió una causa por emancipación en el pueblo de indios de Guane[10]. Cecilia y Feliciana Páez solicitaron que su padre, Gregorio Páez, las declarara por emancipadas y que les repartiera lo correspondiente de la herencia que les había dejado su madre. Todas las diligencias de esta causa fueron hechas por el alcalde en el pueblo de Guane y "ante testigos por no haber escribano". No creemos que el alcalde se haya movilizado desde San Gil (a un día de distancia) para atender solo esta causa. Es previsible que lo hubiera hecho para cobrar los tributos y atender las demandas que se requirieran allí.

---

[8] AGMSG. *Alcaldía de San Gil,* Caja 002, AGM 024 ("Antonia Mendosa demanda á Juan Lucas Peres por dos hijos y cuatro vacas", 1741).

[9] *Ibid.*, f. 5v.

[10] AGMSG. *Alcaldía de San Gil,* Caja 002, AGM 036, f. 1v. (Cecilia Páez y Feliciana Páez pidiendo su emancipación. 1744).

Entre las diligencias que tenían que hacerse fuera de la villa o de las parroquias, se destacan las notificaciones a los demandantes, demandados y testigos. Podían ser traslados, comparecencias o embargos. Normalmente las realizaba el escribano, mientras lo hubiera, si no, le correspondía al juez de la causa o a un juez de comisión. Don Miguel Meléndez de Valdéz, uno de los vecinos más renombrados de San Gil, solicitaba en julio de 1768 que se embargaran los bienes de Ambrosio de Porras, pues no le había pagado una deuda que tenía con él[11]. En primera medida se había comisionado al alguacil mayor don Ignacio José Uribe para la ejecución del embargo, pero al excusarse se comisionó al alcalde pedáneo de la parroquia del Valle don Leonardo Rangel[12]. En lo que siguió, las diligencias, comparecencias y notificaciones o bien se hicieron en el sitio del Carrisal, lugar donde el demandado tenía una propiedad, o en la parroquia del Valle de San José, la más cercana al sitio. Posteriormente, a finales del mes, el alcalde partidario debió ir hasta la morada de Ambrosio de Porras, la cual estaba en la demarcación de la parroquia de Charalá. Allí, junto con peritos, hicieron el reconocimiento de otros bienes para luego sacarlos a pregón en la parroquia del Valle[13].

En otro caso, esta vez por certificación de calidad, en agosto de 1763, Isidro Afanador, quien era vecino de San Gil, solicitaba se le recibiera información para comprobar que su familia estaba libre de pagar tributo. Lo solicitaba ante el alcalde partidario y juez ordinario de Barichara[14]. Allí se le recibieron varios testigos, aunque esto no bastó pues Afanador fue en diciembre de ese año hasta la villa de San Gil y ante el teniente de corregidor solicitó la ratificación de los tres testigos presentados. Dos de ellos comparecieron en San Gil, pero para la ratificación del tercero el escribano debió ir al sitio de Agua Blanca[15]. El resto del proceso se desarrolló en la villa de San Gil.

El regidor y fiel ejecutor, don Juan José Enríquez, estableció una demanda por pesos contra doña Bernarda de Remolina y Manuel Niño, a inicios de julio de

---

[11] AGMSG. *Tribunal Superior,* Caja 004, Doc. Sin No. (Embargo a los bienes de Ambrocio de Porras por pedimento de Miguel Meléndez, 1768).

[12] *Ibid*., f. 1r.

[13] *Ibid*., ff. 4v y ss.

[14] AGMSG. *Alcaldía de San Gil,* Caja 004, AGM 051, f. 1r. (Isidro Afanador, para que él y su familia sean declarados libres de pagar tributo por ser mestizos, 1763).

[15] *Ibid*., f. 5v.

1764[16]. Argumentaba que ya se había dado carta de comparendo a los deudores, pero ellos no la habían acatado y por tal razón pedía proceder ejecutivamente por los 200 pesos que le adeudaban. El alcalde ordinario don Miguel Vicente Pradilla comisionó a don José Simón de Silva, alcalde de la Santa Hermandad, para notificar a los demandados que comparecieran en San Gil, y de no hacerlo proceder al embargo de los bienes hipotecados. Silva pasó al sitio denominado Gachas para recoger los autos del pleito el 9 de julio. Dos días después estaba en el sitio de Palo Cortado, donde notificó a los demandados y procedió a embargar los bienes que ellos tenían hipotecados[17]. De las diligencias de la villa se encargó el escribano de cabildo don Nicolás Ignacio de Rueda Rosales. El pleito se extendió al siguiente año en que lo atendió el alcalde ordinario Roque María Estengo, aunque este ya con testigos por "suspensión del escribano"[18].

Como se observa en los casos expuestos y por medio de otros datos dispersos, los jueces o sus comisionados se movilizaban por distintos poblados y zonas rurales para el cumplimiento de las diligencias judiciales. Entre todas ellas destacan los inventarios y avalúos, así como las que necesariamente debían efectuarse en el domicilio del demandado. Esto era más que obvio, aunque no sobra decirlo, si tenemos en cuenta que los bienes raíces eran los de mayor precio, junto con las cosechas y edificios que pudieran tener[19]. Sucedía con los avalúos que se hacían para los embargos, diligencia para la cual era requisito que el pleito haya sido por deudas o una sucesión.

Ahora bien, ¿diferían en algo una justicia rural y una más "urbana"? Sí, aunque en pocos aspectos. Debemos empezar por decir que en el ámbito regional no había mucha diferencia entre lo que podría ser considerado urbano y rural. Las fronteras eran muy difusas, pues poblaciones como San Gil y Socorro no eran comparables con ciudades de la Nueva España o Perú, por ejemplo, o incluso con Santa Fe, la capital virreinal. Por lo tanto, tales poblados no tenían un casco urbano muy amplio. Su población a pesar de ser bastante numerosa era, en su mayoría, dispersa.

---

16 AGMSG, *Alcaldía de San Gil,* Caja 004, AGM 059 (Civil entre don Juan Joseph Enrique, Fiel ejecutor, contra doña Bernarda de Remolina y Manuel Niño por cantidad de pesos, 1763).

17 *Ibid.*, f. 5r.

18 *Ibid.*, f. 9v.

19 Para conocer algunos aspectos de la cultura material y de las propiedades que tenían diferentes sectores sociales en zonas rurales de San Gil, ver: SALAZAR CARREÑO, Robinson. *Tierra y mercados...*, pp. 85, 106 y ss, 138 y 139.

La principal diferencia, o el eje de ellas, radicaba en el tipo de jueces que conocían de las causas. Aunque trataremos este aspecto en la segunda parte de este capítulo, es necesario introducir algunos comentarios. Podían diferir demandas llevadas a cabo por jueces rurales (de la Santa Hermandad o pedáneos) de los alcaldes ordinarios o tenientes de corregidor. En realidad, esto dependía de la experiencia que cada juez tuviera en los asuntos de la justicia, así como de la preparación que hayan podido adquirir por diferentes medios –lo cual trataremos más adelante. Sin embargo, no consideramos que haya habido una diferencia radical entre unos jueces y otros, pues la cultura jurídica de fondo era la misma y los códigos culturales que tenían que ver con la justicia y el proceso eran compartidos, aunque no necesariamente iguales en sus expresiones. Esta opinión ya ha sido pronunciada por Alejandro Agüero para una jurisdicción del Río de la Plata, sobre la cual profundizaremos en lo sucesivo.

Aunque requiere una tratamiento más minucioso, podemos decir que una distinción entre los pleitos llevados por alcaldes de la Hermandad y partidarios frente a los conocidos por los tenientes de corregidor radicaba en el carácter sumario, rápido y móvil que debían tener en la justicia impartida por los primeros, a comparación de los segundos, donde los juicios tanto ejecutivos como ordinarios se llevaban con más y mayores formalidades.

5.1.2. Hacedores de la justicia: notas sobre escribanos

Naturalmente, alguien debía escribir los procesos. Esta tarea les correspondía a los escribanos en primera medida y al juez que llevara el pleito. Los escribanos fueron fundamentales para el funcionamiento de todo el aparato de gobierno de la monarquía, como lo demuestran algunos estudios[20]. Los había, incluso, desde los poblados más pequeños, hasta las instancias más altas en la metrópoli. Estaban presentes donde hubiera que hacer registros[21], en instituciones (Audiencia, Consejo de Indias, cabildos) o para asuntos particulares (visitas, hipotecas) en una gran variedad de títulos y de especialización[22]. Por lo tanto, eran piezas fundamentales en la operatividad del complejo aparato de gobierno de la monarquía.

---

[20] Herzog, Tamar. *Mediación, archivos y ejercicio: los escribanos de Quito (siglo XVII)*. Frankfurt am Main: Klostermann, 1996; Luján Muñoz, Jorge. *Los escribanos en las Indias Occidentales*. México: UNAM, Instituto de Estudios y Documentos Históricos, 1982.

[21] Bayle, Constantino. *Op. cit.*, p. 254.

[22] Para un panorama general e introductorio, ver: Luján Muñoz, Jorge. *Op. cit.*, pp. 29-44 y 113-124.

Su función esencial y primerísima era la de consignar por escrito las acciones gubernativas, judiciales y de negocios privados[23]. Los documentos que expedían validaban jurídicamente distintos actos y negocios entre particulares y tenían fuerza probatoria en cualquier tribunal. Era una formalización arreglada a derecho de la voluntad de las partes[24] por medio de un instrumento público[25]. Para garantizar su registro y utilización futura se guardaba una matriz del instrumento en libros de protocolos y estos, a su vez, en un archivo. Los escribanos, además, tenían la obligación de intervenir en las múltiples partes de los procesos civiles y criminales[26]. Allí hacían las veces de "secretario", pues llevaba todo el papeleo[27] que se requería.

No solo estaban capacitados para la redacción de los documentos, sino que, en opinión de algunos autores, llegaron a "desempeñar el papel de verdaderos asesores jurídicos de los alcaldes, que muchas veces se hallaban poco familiarizados con los mecanismos procesales"[28]. Al ser los oficiales de la fe pública su testimonio

---

23 Mijarez Ramírez, Ivonne. *Escribanos y escrituras públicas en el siglo xvi: el caso de la Ciudad de* México. México: unam, 1997, p. 45.

24 Había una gran variedad de deseos que las personas querían legalizar y que se concretaban en diversidad de documentos: compra-ventas de diverso tipo, poderes, cartas de dote, testamentos, fianzas, capellanías, entre otros.

25 Mijarez Ramírez, Ivonne. *Op. cit.*, p. 46.

26 *Ibid.*

27 Para una introducción al tema y tener a la mano una instrucción de escribanos que permite ver sus tareas y el modo en que debía ejecutarlas, ver: Jiménez Gómez, Juan Ricardo. *Un formulario notarial mexicano del siglo xviii: la instrucción de escribanos de Juan Elías Ortiz de Logroño*. México: Universidad Autónoma de Querétaro, Miguel Ángel Porrúa, 2005.

28 Luján Muñoz, Jorge. *Op. cit.*, pp. 71-72. Citado por: *Ibid.* Siguiendo a Alejandro Agüero y según hemos visto en nuestra investigación, podemos diferir de esta tajante opinión. Si bien los escribanos pudieron muchas veces ser los versados en derecho, así como asesores de los jueces, no eran imprescindibles. La cantidad de procesos llevados por los jueces sin presencia de escribano ya nos dice algo sobre que el dominio de la escritura y de las formas procesales no era exclusivo de los escribanos. En su estudio Agüero argumenta:

> Es posible sugerir que quizás esta lectura historiográfica se esté dando demasiado peso a la idea de una separación nítida entre las prácticas de justicia impuestas por el estamento letrado y aquellas que seguían en manos de hombres legos. En teoría, dicha separación sería sólo superada por la presencia de asesores y técnicos notariales que funcionarían a modo de puentes entre un espacio y otro, difundiendo el derecho oficial en los ambientes periféricos. Sin embargo, los testimonios sobre los que trabajamos parecen indicar que, a pesar del carácter lego, de la falta de asesores y, eventualmente, de escribanos, la justicia criminal de la periferia indiana aspiraba y, por momentos conseguía, desenvolverse con arreglo a los cánones del discurso jurídico oficial,

era muy apreciado y en esa lógica podían y tenían gran peso las certificaciones o "fe de escribano" por medio de las cuales se avalaba la existencia o no de algunas cosas, circunstancias o acciones[29]. Como personas hábiles en la pluma, eran una especie de custodios de la memoria local, institucional y de particulares mediante su labor de registro y conservación de la documentación.

Los escribanos eran *reales* o *del número*. Dentro de los primeros se engloban los escribanos de cámara, de gobierno, de provincia, de cabildo, de visita y de audiencia[30]. Los del número eran los escribanos que tenían un territorio asignado para su desempeño[31]. Había otra distinción: una cosa era tener título de *escribano real* y otra poseer una escribanía. Lo primero se refería a que todo aquel que quisiera desempeñar, en su momento o en un futuro, un cargo de escribano debía obtener del rey el título de "escribano real". Esto quería decir que había llenado una serie de requisitos y había obtenido el *fiat* o autorización regia. Tal título era condición indispensable para desempeñar una escribanía, la cual se le pedía también al rey, solo que al ser un cargo vendible y renunciable se hacía como compra del oficio. Entre las escribanías[32] a nivel local estaban la de cabildo, encargada de los registros de esta institución, y la escribanía del número. Estas dos fueron las que existieron en San Gil durante el siglo XVIII.

En el ámbito local, el escribano si bien no era parte del cabildo, cumplía para él un rol esencial[33]. Como era su función, el escribano público de cabildo era quien llevaba el registro de todas las sesiones capitulares, sus acciones, registro de diversa documentación y la copia y custodia de las reales cédulas que llegaran a la localidad[34]. Sin embargo, con el avance del tiempo y un correspondiente aumento de los negocios notariales apareció la escribanía del número en San Gil.

---

como reflejo de un saber jurídico asumido por los hombres que dirigían las repúblicas y que imponían una conciencia pública sobre los modos de actuar en justicia.

AGÜERO, Alejandro. *Castigar y perdonar*..., p. 311. Afirmación que podemos parafrasear en nuestro caso, el de la justicia civil.

29 HERZOG, Tamar. *Mediación, archivos y ejercicio*..., p. 15.

30 *Ibid*., p. 9.

31 *Ibid*; LUJÁN MUÑOZ, Jorge. *Op. cit.*

32 Para ver la multiplicidad de escribanías que existieron, ver: LUJÁN MUÑOZ, Jorge. *Op. cit*., Caps. 1 y 2; *Recopilación*..., Lib. 2, Tít. 10, L. 23; Lib. 4, Tít. 4; Lib. 5, Tít. 8.

33 GUERRERO, Amado. *Op. cit*., p. 97.

34 A cargo del escribano estaba asistir a las juntas, recibir los votos en las elecciones, escribir las actas y firmarlas después de los cabildantes, ser notario en los requerimientos e intimaciones, transcribir

Estas y las demás escribanías eran parte del régimen de oficios vendibles *y* renunciables. Como tales, la tramitación de su adquisición era similar a la de otros oficios. Lo primero era que una plaza estuviera a punto de ser renunciada o que estuviera vacía. Con ello, uno o más postulantes realizaban propuestas al oficio de escribano. En una junta de real hacienda en Santa Fe se elegía al mejor postor, aunque normalmente solo una persona aspiró a la escribanía. Se mandaban hacer pregones tanto en Santa Fe como en la villa de San Gil para que fuera de conocimiento de todos y con el fin de que alguien más pudiera hacer postura al oficio. Del mejor postor se revisaba una serie de requisitos y en una junta de la real hacienda se le escogía.

Con ello ya se le expedía título y con este el postulante pedía que se le hiciera examen por la real audiencia para certificar sus capacidades[35]. Cuando se las comprobaba se le tomaba juramento de cumplir con sus deberes. Una parte de ese juramento nos ayuda a entender las múltiples labores de un escribano. En 1777, cuando don Jorge Nieto de Paz había terminado todos los trámites para obtener la escribanía de cabildo de San Gil y pasó el examen correspondiente, se consignaba que juraba:

> de no llevar derechos al real fisco, ni pobres de solemnidad, a lo que le correspondiesen por tasación; y que no los exigirá excesivos a las partes; guardará secreto en los casos que se requiera, y en derecho de las partes; y no extenderá contratos por los cuales someta al lego a la orden [¿?] eclesiástica, ni los pondrá con juramento, sino en los casos que por derecho se requiera; no negará su oficio; y finalmente cumplirá con lo que por leyes ordenanzas y pragmáticas se ordena a los que usan y ejercen semejantes oficios con cuyo motivo le fue dicho[36].

A cada escribano se le asignaba un símbolo único que debía poner en todos los documentos que realizara.

---

en sus libros las Reales Cédulas referentes a la vida capitular, los nombramientos reales o gubernativos para oficios presentados al Consejo, actuar de secretaria en las causas que la ciudad seguí por su procurador, ordenar y custodiar el archivo, cuyos papeles había de tener inventariado y cosidos. BAYLE, Constantino. *Op. cit.*, p. 257.

35 LUJÁN MUÑOZ, Jorge. *Op. cit.*

36 AGN. Sección Colonia, *Empleados Públicos de Santander*, Tomo II, Doc. 33, f. 652v. ("Don Jorge Nieto de Paz sobre que se le examine de escribano público de San Gil", 1777).

El primer[37] escribano de la villa de San Gil fue don Custodio Peláez, aunque él aparece solo hasta 1701[38], doce años después de erigida. Era escribano público y de cabildo y le correspondió también realizar instrumentos públicos por diferentes lugares de la jurisdicción. La movilidad que debió tener le valió una demanda por parte de Juan Gómez Rubio[39], pues este creía que Peláez al registrar negocios fuera de la villa le restaba lustre al oficio. El escribano contestó argumentando que administraba en el Socorro y San Gil, pero que no faltaba a sus obligaciones[40]. Mientras que apareció ese primer escribano, el registro de procesos judiciales y documentos notariales fue solventado por distintas autoridades con jurisdicción. Así lo indican las compraventas de tierras que realizó el alcalde de la Santa Hermandad Bartolomé de Vesga Santiago en 1695[41]; o al siguiente año el capitán Tomás del Río Santellises, quien era alcalde ordinario de San Gil y corregidor de naturales y forajidos de Vélez y San Gil[42]; y el capitán José de Rueda Sarmiento, alcalde ordinario en 1699[43].

Los escribanos vivieron en una situación algo cambiante. Mientras que al principio el escribano de cabildo debió sustentar muchos requerimientos, pues realizaba las escrituras en San Gil y en la parroquia del Socorro, luego esto varió. Durante buena parte del siglo XVIII en la villa de San Gil fue inestable la presencia de los escribanos. En varias ocasiones el oficio estuvo vaco por varios años, correspondiendo las labores notariales o las de cabildo al otro escribano, si lo había, o a los distintos jueces. Como acabamos de señalar, distintos alcaldes cumplieron las labores de la escribanía si no había o estaba ausente el escribano, aunque siempre con testigos para dar "fe pública". Como vimos en un capítulo anterior, los alcaldes partidarios también tuvieron esa facultad a medida que fueron apareciendo en las distintas parroquias.

---

37 Para una lista de los escribanos de San Gil en el siglo XVIII, ver Anexo 5.

38 ANS. *Notaría Primera*, Tomo 1, ff. 36r-37r.

39 AGN. Sección Colonia, *Empleados públicos de Santander*, Tomo III, f. 789r. (Peláez de Estrada Custodio, escribano público de San Gil, contra cuya trashumancia, en desempeño de su oficio, representa Juan Gómez Rubio, 1705).

40 *Ibid*., ff. 791r-v.

41 AGMSG. *Fondo Notarial*, Paquete 1, Doc. 7. ff. 10v-11v, 46r-46v, 50r-52v.

42 *Ibid*., Doc. 7, ff. 38r-39v, 44r-45v, 56r-57v, 67r-69v.

43 *Ibid*., Doc. 29, ff. 03r-57r.

La situación de los escribanos de San Gil se hace más llamativa si tenemos en cuenta que en la parroquia del Socorro desde 1721 había un escribano del número, que parecía privativo para aquel lugar[44]. Este nunca faltó y siempre despachaba allí. La parroquia del Socorro tenía una vida económica y social más agitada que San Gil y es apenas lógico pensar en una mayor necesidad de un escribano desde finales del siglo XVII[45]. Con seguridad este fue el motivo de que allí residiera un escribano del número hasta su separación de San Gil, lo que solo confirmó los requerimientos notariales del Socorro. Cuando esta población fue ciudad entre 1711 y 1716, y tuvo un cabildo propio, también tuvo su escribano de cabildo, Sebastián Antonio Ruiz Álvarez[46].

En ciertos periodos alguna de las escribanías estuvo vaca. Lo que puede inferirse, en parte, es una relativa escasez de personajes que pudieran desempeñar el oficio, la demora en la tramitación del cargo y su entrada en ejercicio, así como cierta poca apetencia del mismo. Los oficios de elección de los variados alcaldes nunca estuvieron vacos, lo que nos podría indicar que eran bastante deseados. En cambio, el oficio de escribano de San Gil no tenía muchos concurrentes por la poca rentabilidad que debió haber generado. De ello es evidencia lo que ocurrió a comienzos del siglo XVIII cuando el escribano de San Gil debía movilizarse por toda la jurisdicción para percibir más pagos por sus servicios[47]. Sin embargo, las costas procesales y los emolumentos propios de la labor notarial eran percibidos igualmente por los jueces que se encargaban de los negocios notariales, lo que pudo también haber influido en la poca apetencia de las escribanías.

A decir verdad y aparte del margen de tiempo de la tramitación, en muy pocos años parece que haya faltado escribano. Por ello es curioso notar en muchas ocasiones que diversas autoridades se encargaron de registrar los instrumentos públicos y los procesos judiciales. En cuanto a lo primero esto parece notarse más en el caso de la villa de San Gil, donde se registraron más protocolos notariales

---

44 Incluso en un documento aparecía en ocasiones como escribano de la parroquia del Socorro. AGN, Sección Colonia, *Empleados Públicos de Santander*, Tomo XI, Doc. 11, ff. 745r-878v. ("Contra Felipe Santiago Esparza sobre excesos en su oficio de escribano de la parroquia del Socorro", 1772).

45 Los autos de gobierno dictados por el corregidor y justicia mayor de Tunja evidencian que en el Socorro vivían más vecinos y de mayor renombre, que la población era mucho más numerosa y que la vida "urbana" y social eran mucho más dinámicas que en la villa de San Gil.

46 ANS. *Notaría Primera*, Tomo 2, f. 36r y ss, f. 370r y ss. AGMSG. *Fondo Notarial*, Paquete 3, f. 02v y ss.

47 Ver el capítulo 3, apartado 3.2.2.

bajo alguna autoridad, mientras que en la parroquia del Socorro se hacía ante el escribano del número.

Para las décadas de 1770 y 1780 esta situación había cambiado. Desde 1771 la nueva villa del Socorro tendría derecho a tener sus propios escribanos, como así lo hizo. Por su parte, San Gil tuvo en la sede de la villa tanto un escribano de cabildo como uno del número, entre los cuales se repartieron los pleitos judiciales. Destaca el escribano del número, pues parece que hubo la tendencia a que se tramitaran más procesos ante él que ante el de cabildo. No obstante, este último atendía las causas de oficio.

Por sus tareas los escribanos tenían algunos ingresos. En principio, percibían pagos por los instrumentos que registraran y por los documentos y diligencias en los procesos judiciales. Esto estaba regulado por tasas que con el correr del tiempo se consignaron en aranceles cada vez más organizados y puntuales. No poseemos estudios que nos permitan hablar mucho sobre la regulación arancelaria de jueces y escribanos en el distrito de la Audiencia de Santa Fe. Sin embargo, esta materia pudo representar un problema de cuidado para distintas autoridades. La importancia del asunto se demostró en 1771, cuando el escribano del número fue acusado por exceso en la tasa calculada en las costas de un pleito[48].

Sobre la cuestión arancelaria el cabildo sangileño no tenía mucha claridad. En pleitos revisados, solo en un par de ocasiones se encontraron el registro de las costas. La falta de conocimiento, o al menos interrogantes sobre ello, se sustenta si se tiene en cuenta que, en 1766, el tasador y repartidor general de la audiencia elaboró un informe, a petición del cabildo de la villa de San Gil, sobre los aranceles que debían cobrar los jueces cartularios –es decir, los que actuaban con testigos a falta de escribano– y los regidores cuando se les designara en comisión para diligencias. Permítasenos poner una cita extensa sobre lo dicho por el tasador:

> Está en costumbre, que estos jueces con nombre de cartularios, porque actúan con testigos, y no con escribano por carecerse de él en el lugar donde se actúa, hayan de percibir los mismos emolumentos que se previenen por arancel, se les paguen a los receptores y escribanos: Y a los jueces, que actúan con escribano dentro del lugar de su domicilio, se halla en práctica, se les satisfagan por la parte a cuyo pedimento se actúa, o a la que fuere condenada en costas

48 AGN. Sección Colonia, *Empleados públicos de Santander*, Tomo XI, Doc. 11, ff. 745r-878v. ("Contra Felipe Santiago Esparza sobre excesos en su oficio de escribano de la parroquia del Socorro", 1772).

> 272 maravedís, por la firma de cualquiera despacho que se libra, y por la que extienden entera en los procesos 136 por media 68 y por la rúbrica 34= Yten cuanto a los salarios que deben percibir los alcaldes ordinarios, corregidores u otros jueces de esta clase, cuando salen de comisionarios se ha acostumbrado y está en práctica que si la tierra a donde van a la comisión fuere fría, lleven mil ochenta y ocho maravedís, y si cálida mil setecientos treinta y dos: Y si el tal comisionario residiere en el lugar cálido, pasando a otros que sean del mismo temperie, no lleve más que los dichos mil ochenta y ocho maravedís por cada un día de sus salarios. Y por lo que respecta al punto de los regidores que son [ilegible] por jueces comisionarios; se ordena [ilegible] citado arancel, hayan de percibir [...] cinco pesos de oro de a veinte quilates por cada un día de los que impendieren siendo tierra cálida y que si fuere fría al de dos pesos de dicho oro[49].

El fiscal recomendaba seguir lo dicho en el informe por el tasador, excepto con lo referido a los regidores. Decía que "sólo se le podrá satisfacer del ramo de propios alguna ayuda de costa tasada a su precisa manutención y precisos e indispensables costos"[50]. Al parecer, algunos de esos elementos se aplicaron, pero no puede afirmarse mayor cosa al respecto por la precariedad de la información. No obstante, lo que sí se puede argumentar es que cada figura procesal –firmas, diligencias, comisiones, pregones y todas las utilizadas– tenía un costo que se tasaba y se repartía entre quienes habían participado en la elaboración del pleito y en llevar a cabo las diligencias ejecutivas.

Un ejemplo es la querella de 1772 que sostuvo el doctor José Velázquez de Suvillaga en Barichara contra don Joaquín Gómez por deuda de 300 pesos[51]. Se tasaron algunas figuras, así: decreto sencillo a 10 maravedíes, la diligencia a 60, autos interlocutorios a 60, pregones a 37, entre otros. Todas las costas sumaban 6102 maravedíes, que el escribano contabilizó en 22 pesos y tres y medio reales. Se agregaron ocho pesos y dos reales por "la asesoría del chasqui, y porte de correo".

---

49 AGN. Sección Colonia, *Impuestos Varios*, Tomo IX, ff. 11v-12r. ("Autos sobre que se libre real provisión al Cabildo de la villa de San Gil con inserción del real arancel para que se observe en aquella jurisdicción por los jueces, escribanos y demás ministros de ella", 1766).

50 *Ibid.*, f. 13r.

51 AGMSG. *Alcaldía de San Gil*, Caja 004, AGM 058, ff. 1r-16v. (Pleito del doctor don Joseph Velázquez de Suvillaga contra don Joaquín Gómez por 300 pesos, 1772).

En total, sumaron 30 pesos y cinco y medio reales de los cuales el escribano de la causa, Ignacio José González, tasó lo que le correspondía en seis pesos, tres reales y un cuartillo[52]. En otro caso, en 1771, el pleito entre María Bautista de los Reyes contra Policarpo Selis y Salvadora González por deuda monetaria, resultó tasado en 17 pesos, dos reales y cuartillo. Al mismo escribano de la causa que citamos anteriormente le correspondieron seis pesos, cinco reales y tres cuartillos[53].

Ahora bien, los escribanos de cabildo[54] de San Gil tenían una asignación de 25 pesos como salario por sus labores en el ayuntamiento[55]. Sin embargo, en 1784, el escribano de cabildo don Jorge Nieto de Paz solicitó al cabildo que su asignación aumentara a la cantidad de 100 pesos[56], cosa que venía manifestando años atrás. En los distintos testimonios se consignó que los 25 pesos no eran suficientes para la cantidad de trabajo que tenía en el ayuntamiento, pues realizaba causas de oficio y se veía limitado el pago de amanuenses. La solicitud fue aprobada por los capitulares e, incluso, por el corregidor de Tunja. Años después la petición fue continuada por Pedro José Cortés, nuevo escribano de cabildo[57]. La petición llegó a Santa Fe para que el virrey la aprobara, pero

---

52 *Ibid*., f. 16v.

53 AGMSG. *Alcaldía de San Gil*, Caja 004, AGM 071, f. 9v. (Civil entre María Bautista de los Reyes contra Policarpio Selis y Salvadora González, 1771).

54 Solo para efectos comparativos: al escribano de cabildo de la ciudad de Santa Marta se le daba de "gratificación" 75 pesos de los propios (1789), el de la ciudad de Tunja no tenía sueldo asignado (1787), el de la ciudad de Vélez tenía asignados 30 pesos, el de la ciudad de Pamplona recibía emolumentos según el arancel, igual que el de la villa de Leyva, y el de la villa del Socorro recibía 25 pesos.

55 Para 1787 el oficio estaba vaco y los 25 pesos los recibía el escribano del número por asistir al cabildo en tales requerimientos. AGI, *Santa Fe*, leg. 561 ("Principal. Relación de empleados de la Provincia de Tunja", 1787).

56 AGN. Sección Colonia, *Empleados Públicos de Santander*, Tomo 7, Doc. 27, ff. 731r. ("Don Pedro José Cortés, escribano de cabildo de San Gil. Que se apruebe la asignación de cien pesos que de los propios le hace el cabildo y corregidor de la provincia por las ocupaciones que tiene en los asuntos de oficio", 1792).

57 Él reforzó y amplió la información cuando declaró ante el cabildo

> que a Vsa es bien constante el crecido trabajo, y continua asistencia que tengo para desempeñar cumplidamente mi ministerio; pues de él depende el obedecimiento y despacho de todas las órdenes superiores, y su correspondencia, el de las providencias del mismo cabildo para la construcción de obras públicas; los pregones, y remates de cabuya, y demás en que están fincados los propios; la intervención precisa en cuanto toca a la junta municipal de propios, el seguimiento de varias causas criminales de oficio que por ante mi se siguen [...], con otros infinitos quehaceres

Ibid., f. 740r.

pasaron varios años hasta que se aprobara en 1798, aunque con una asignación de 50 pesos al año[58].

Algunos ejemplos permiten afirmar que el precio de las escribanías disminuyó con el tiempo. Para los inicios de la década de 1730, Gaspar Álvarez consiguió el oficio de escribano del número en 750 pesos, aunque la real hacienda estaba pidiendo un poco más[59]. En la década de 1770 Jorge Nieto de Paz obtuvo el oficio de escribano de cabildo por 210 pesos[60]. Son solo dos ejemplos de una tendencia general que parece deberse a la división de la jurisdicción de San Gil, lo cual también dividiría el trabajo de los escribanos y por lo tanto sus ingresos. Ello también representaba que si antes habría solo dos escribanos para San Gil y Socorro, después de 1771 habría dos para cada una. Seguramente esto influyó en la apetencia de las escribanías. Además, pudo suceder que la escribanía del número rentara más emolumentos que la de cabildo.

También se evidencia que muchos de los procesos no tenían a un escribano presente o que realizara las diligencias, a pesar de que hubiera alguien en el cargo. De una pequeña muestra de los pleitos establecidos entre 1771 y 1795, 38 casos tan solo en uno de los fondos consultados, 23 se llevaron a cabo con la presencia de un escribano y los demás ante al juez y testigos. Con el correr del tiempo los escribanos hicieron mayor presencia en la elaboración de los procesos judiciales, teniendo un predominio muy fuerte en la década de 1790. Para estos años parecía ya haberse dado un mayor rigor con la escritura de los procesos y la forma de registrarlos de manera que se facilitara su lectura.

Los escribanos de San Gil en el siglo XVIII no provenían, en su mayoría, de familias importantes. Todo parece indicar que casi todos los oficiales de pluma, si bien tenían nexos con miembros de las parentelas más renombradas, provenían de apellidos de mediana alcurnia. La excepción podría representarla Pedro Gómez Rubio y Nicolás de Rueda Rosales, cuyas familias tuvieron relativa importancia en el gobierno local y en el ámbito social. Muchos de quienes ocuparon escribanías

---

58 *Ibid.*, f. 773r. En el proceso intervinieron opiniones de otro corregidor de Tunja, del fiscal de la Audiencia y del administrador de la renta de propios, lo cual retrasó la aprobación.

59 AGN. *Empleados públicos de Santander*, Tomo IV, Doc. 5, f. 267v. (Moller Álvarez Gaspar, remata el empleo do escribano público y del cabildo de San Gil, vacante por óbito de Pedro Santos Girón, 1731).

60 AGN. *Empleados públicos de Santander*, Tomo II, Doc. 33, ff. 650r-652v. ("Don Jorge Nieto de Paz sobre que se le examine de escribano público de San Gil", 1777).

no venían de familias con apellidos en otros cargos. Asimismo, muchos escribanos no ocuparon otros oficios previa ni posteriormente al desempeño de la pluma. De cuatro ejemplos[61] solo destaca uno: don Gaspar Álvarez Moller desempeñó la escribanía del número entre los años de 1733 y 1738. Posteriormente fue alcalde ordinario en 1741 y regidor depositario general entre 1758 y 1764, además de destacarse en actividades económicas[62].

Esta información solo da lugar a ciertas hipótesis. En general, podríamos suponer que quienes llegaron a ser escribanos de San Gil se prepararon como ayudantes o amanuenses de escribanos previos. Esto les daría la destreza y práctica del oficio que requería tal labor. Los exámenes a los que eran sometidos confirmarían sus capacidades, que también pudieron haber obtenido en el día a día de los negocios y pleitos de familiares, amigos u autoridades que los solicitaran como testigos, como bien pudo ser el caso de Nicolás de Rueda Rosales, quien antes de figurar como escribano participó como testigo en múltiples pleitos.

Esto también posibilita un replanteamiento de la idea de que los escribanos eran, en estos contextos, los versados en derecho y asistían a los jueces. Se supondría que ellos eran quienes manejaban el conocimiento sobre el curso procesal de los pleitos y de los criterios jurídicos para impartir justicia. En contraste, y siguiendo nuestro caso, los escribanos no parecen haber desempeñado un papel primordial en cuanto al saber jurídico y en la elaboración de los juicios. Que fueran pocos y que los jueces llevaran a cabo pleitos en su ausencia y con toda normalidad son muestras de ello. Compartiendo la opinión de Alejandro Agüero, los jueces impartían justicia acorde a la cultura jurídica de aquellos tiempos. No requerían formación jurídica, sino que en ese ámbito se manejaban los códigos culturales sobre la justicia, la equidad, los derechos y todo lo referente a la tramitación judicial.

Si planteamos la cuestión en términos de quiénes sabían sobre derecho formal, diríamos que prácticamente o casi ninguno. Lo importante aquí es que los jueces

---

61 Los otros tres son Sebastián Antonio Ruiz Álvarez, quien fue escribano de cabildo de la ciudad del Socorro, en 1711-1716, y posteriormente escribano de San Gil, entre 1719-1720; Pedro de los Santos Girón, quien mientras era escribano, entre 1729-1730, también fungía como alférez real, o al menos eso indican los registros; y Andrés Justino Berbeo, quien fue escribano, al menos de 1740 a 1746, y que anteriormente solo había desempeñado, en 1736, la vara de alcalde de la Santa Hermandad.

62 Entre otras actividades, figuró como uno de los más importantes vendedores y compradores de tierras en San Gil. Salazar Carreño, Robinson. *Tierra y mercados...*, Anexo 5, p. 202 y Anexo 6, p. 204.

lo eran no por conocimientos jurídicos formales, sino porque eran los vecinos reconocidos socialmente y por sus relaciones sociales, pero sobre todo considerados dotados de virtudes que los facultaban para desempeñar una magistratura[63]. De esto es sintomático el testimonio que citamos en el capítulo anterior, en el que se certificaba a Ignacio José Uribe y Mantilla, alguacil mayor, como idóneo para tener jurisdicción ordinaria: "buenas circunstancias de *idóneo, capaz* para los negocios judiciales e *íntegro en sus determinaciones* como generalmente *estimado de este vecindario*"[64]. También debe tenerse en cuenta que algunos vecinos habían estudiado en Santa Fe, otros poseían conocimientos prácticos sobre variadas cuestiones jurídicas, algunos curas de la jurisdicción eran doctores y otros llegaron a ser asesores letrados.

5.2. El saber judicial: ¿entre rústicos, legos y letrados?

Variados aspectos del conocimiento judicial y de la impartición de justicia se han planteado en términos de oposiciones binarias. De esta forma, solemos encontrar en la historiografía las combinaciones de alta/baja justicia, justicia/infrajusticia, legos/letrados, *community law/state law* y justicia negociada/hegemónica[65]. En realidad, tales conceptos no nos ayudan mucho a entender el funcionamiento de la justicia y menos la forma en que operaban jueces y litigantes y sus propios conceptos sobre la justicia, la equidad y la ley[66].

Se hace mucho más útil, acorde con la realidad histórica y con la cultura jurídica tradicional de ese mundo, rastrear los indicios y argumentos utilizados en la administración de justicia. Lo correspondiente a los litigantes será tratado, en parte, en el último capítulo del presente estudio. Por ahora, nos concentraremos en el "conocimiento" o saber judicial de los jueces, aunque esto sería preferible plantearlo en los términos de las expresiones en la administración de justicia de la cultura de aquellos tiempos. Entender la justicia en esta clave cultural ha sido ya

---

63 Vallejo, Jesús. "Acerca del fruto del árbol...". *Passim* y especialmente p. 34.

64 AGN. Sección Colonia, *Empleados Públicos de Santander*, Tomo XV, ff. 610r-v. ("El Cabildo de la villa de San Gil sobre que a Don Ygnacio Joseph de Uribe Alguacil mayor de ella se le confiera jurisdicción ordinaria", 1769).

65 Agüero, Alejandro. "El testimonio procesal...", p. 43.

66 No obstante esta crítica, la historiografía reciente a pesar de seguir con tales esquema ha hecho importantes avances. Ver capítulo 1 del presente estudio.

ampliamente planteado por varios autores[67] a partir de los cuales se puede entender que todas las expresiones institucionales, jurídicas y discursivas son expresión muy particular de una cultura jurídica muy diferente a la de los tiempos actuales.

5.2.1. Sobre el saber judicial

Mucho se habla sobre un saber más formalizado de jueces y asesores letrados frente a los jueces legos o una cultura popular. En aquella cultura no cabe hacer distinciones tan tajantes, pues todos comparten los criterios esenciales de lo que se entendía por justicia. De esta forma, el primer punto a tener en cuenta sobre un saber judicial es que este era parte misma de la dinámica cultural y social. Al ser constitutivo de esa cultura se transmitía por la reproducción de los patrones culturales y mediante los mecanismos sociales de transmisión de ese conocimiento. Es bien complicada la tarea de poder dar cuenta de estos aspectos y solo podemos tomar este postulado como un punto de partida[68].

Pasando a un segundo aspecto, cabe señalar la formación y relaciones sociales de los jueces de San Gil en el siglo XVIII. En cuanto al primer punto, empezaremos por decir que la información que hemos utilizado para observar esos elementos pertenece a los registros del Colegio del Rosario[69] en Santa Fe, institución donde estudiaron la mayoría de sangileños que tuvieron una formación[70]. De los registros se infiere que 34 personajes nacidos en la jurisdicción de San Gil estudiaron en Santa Fe hasta 1795, de los cuales con seguridad tan solo tres ocuparon alguna vez un cargo con jurisdicción. Por supuesto, pertenecieron a las familias más renombradas de San Gil. Algunos que avanzaron bastante en los estudios llegaron a ser catedráticos en el colegio u ocuparon algún cargo allí, como lo hicieron Pedro

---

67 Carlos Garriga, Jesús Vallejo, Bartolomé Clavero, António Manuel Hespanha y Paolo Grossi. Ver capítulo 2.

68 Para algunas obras de referencia sobre los postulados de esta afirmación y sus fundamento: HESPANHA, António Manuel. *Cultura jurídica*....; AGÜERO, Alejandro. "Las categorías básicas...". Para estudios en contextos específicos: AGÜERO, Alejandro. *Castigar y perdonar*...; CUTTER, Charles R. *The legal culture of Northern New Spain, 1700-1810*. Albuquerque: University of New Mexico Press, 1995, Partes 1 y 2.

69 GUILLEN DE IRIARTE, María Clara. *Nobleza e hidalguía en el Nuevo Reino de Granada: Colegio Mayor de Nuestra Señora del Rosario, 1651-1820*. (2 tomos). Bogotá: Ediciones Rosaristas, 1994.

70 El Colegio Mayor de Nuestra Señora del Rosario, establecido en 1653, fue una de las pocas instituciones educativas del Nuevo Reino de Granada. Junto al Colegio Mayor de San Bartolomé, fueron las instituciones que formaron a santafereños y estudiantes de las provincias.

Antonio de Pradilla y Silva[71] y Miguel Tadeo Gómez y Durán[72]. Ante la pequeña cantidad de jueces que fueron colegiales no es posible establecer, como todavía se piensa que debió haber sido, una relación directa entre los estudios y la labor de juez. Solo destaca Miguel Vicente de Pradilla y de la Parra, quien presentó informaciones en el Colegio en 1740, fue procurador general, alcalde ordinario en dos ocasiones y alcalde provincial, entre 1779 y 1783, de la villa de San Gil[73].

Al respecto, llama la atención que en las informaciones del Colegio del Rosario la mayoría de padres de los colegiales ocuparon cargos de jueces en San Gil. Los ejemplos son insignes: Francisco Javier Lineros vistió una beca en 1754 y su padre, José Lineros, fue alcalde ordinario de San Gil. Pedro José Navarro y Pradilla lo hizo en 1775[74] y su padre, Pedro José Navarro y Murillo, fue alcalde ordinario de San Gil y de Socorro y teniente de corregidor por varios años. Por su parte, Juan Bernardo Plata de Acevedo fue en varias ocasiones alcalde ordinario de San Gil y fue padre del colegial porcionista[75] José Ignacio Plata de Obregón[76].

Se perfilaron algunas trayectorias familiares donde padres, hijos y parientes fueron ocupantes de cargos de jueces y algunos miembros de la familia fueron colegiales. Las familias de Rueda, Fernández Saavedra, Meléndez de Valdéz, Pradilla, Ferreira, Silva, Otero y Tavera de Acuña son los ejemplos más sobresalientes. Entre ellas se hace necesario extender algunos comentarios sobre la familia que tuvo como núcleo principal el apellido Pradilla. Con varios otros apellidos importantes que se vincularon con ella, la familia Pradilla fue una de las más renombradas en la villa de San Gil durante todo el siglo XVIII, destacándose en ella varios colegiales, jueces de San Gil y de la parroquia de Barichara.

El arraigo de la familia Pradilla comenzó con la llegada de un peninsular, el capitán Francisco Pradilla y Ayerbe. Había sido bautizado en Borja, en el reino de Aragón, en 1673. A su llegada a San Gil contrajo nupcias con la sangileña Bárbara de la Parra y Amaya, quien era hija de don Antonio Tomás de la Parra, encomendero de Charalá y uno de los fundadores de San Gil, además de alcalde

---

71 *Ibid.*, pp. 456-457. Fue catedrático de Derecho Civil.

72 *Ibid.*, pp. 529-530. Fue maestro de Gramática.

73 *Ibid.*, p. 268.

74 *Ibid.*, p. 441.

75 Los colegiales porcionistas eran los que estudiaban con el financiamiento de una institución o de algún particular.

76 *Ibid.*, p. 657.

ordinario y de la Santa Hermandad de ella. Francisco fue alcalde ordinario, procurador general y juez de arbitramento. De la unión con Bárbara nacieron doce hijos. De ellos destacaron Miguel Vicente y José Martín. El primero de estos presentó informaciones en el Colegio del Rosario en 1740 y, como ya lo dijimos, fue procurador general, dos veces alcalde ordinario y alcalde provincial de San Gil. El segundo fue colegial porcionista, también procurador general y además fundó una beca para que estudiaran los hijos de su hermano.

Una de las hijas, Margarita, contrajo matrimonio con Francisco Díaz de Aranda y Ortega, quien era peninsular y provenía de una familia de gran alcurnia, demostrada por un escudo de armas[77]. De allí uno de sus hijos, Ignacio Javier Díaz de Aranda y Pradilla, vistió beca en el Rosario en 1761, se graduó como colegial de filosofía y entró a teología. Uno de sus tíos maternos, José Julián Acevedo de la Parra fue su padrino para el Colegio. Otra de las hijas, Isabel Ana, se casó con el ilustre Pedro José Navarro y Murillo, personaje muy activo en la política local. De este matrimonio destacó Pedro José Navarro y Pradilla, colegial de filosofía y luego de jurisprudencia.

Miguel Vicente Pradilla y de la Parra también tuvo su descendencia. Se enlazó con la familia de los Silva, otra familia importante de la localidad, por medio del vínculo con María Teresa de Silva de los Reyes. Varios miembros de esta familia ocuparon puestos en el cabildo de San Gil: Gabriel José de Silva y Velasco, como procurador general en 1747; don Miguel Gregorio de Silva, como alcalde provincial interino en 1787 y 1789; don José Simón de Silva, como alcalde ordinario en 1770; don Antonio José de Silva, como regidor fiel ejecutor al menos entre 1787 y 1789; don Agustín de Silva, como alcalde partidario de Curití en 1789; y don Andrés de Silva, como alcalde ordinario en 1760.

Si bien no hubo un predominio de familias en los cargos de cabildo, las breves menciones que hemos hecho y otros datos de las vinculaciones de los apellidos permiten aseverar que las familias prestigiosas y poderosas estuvieron vinculadas entre sí de alguna forma. Las familias socorranas parecían componer un núcleo de apellidos poco vinculados con los de San Gil[78]. Lo que nos interesa mencionar

---

77 *Ibid.*, p. 364. El padre de Francisco Díaz fue alcalde ordinario y procurador general de Sevilla.

78 Algunas consideraciones a manera de hipótesis: el conflicto entre San Gil y Socorro, así como la pertenencia de unos apellidos a uno u otro lugar, conduciría también a una división de las élites regionales entre cada uno de los poblados. Así, hubo apellidos socorranos y sangileños, entre los cuales debieron repartirse los cargos de cabildo mientras el Socorro estuvo bajo la jurisdicción de

es que en estas relaciones se pudieron compartir conocimientos, experiencia y opiniones sobre la labor de juez y la justicia. Que un familiar cercano o lejano participara como testigo de un juicio o de sus diligencias ya lo introducía en las triquiñuelas del foro.

En las localidades existieron algunos personajes que llamaban "prácticos". Eran sujetos que, sin ninguna formación jurídica formal y más bien por medio de la experiencia vital y en distintos oficios, conocían el "teje y maneje" de la justicia, aunque también las principales citas y argumentos de la dogmática y las recopilaciones jurídicas[79]. Es engorroso poder identificar a estos personajes plenamente con sus acciones y con nombres y apellidos. Podemos aventurar algunos nombres basados en las trayectorias de algunos cargos y otras pistas. Por otra parte, es posible dar testimonio de algunos indicios en los pleitos judiciales donde se podría ver la mano de algún asesor práctico de algún pleiteante.

Podemos citar varios individuos que fueron jueces en más de una ocasión. El ya citado capitán don Francisco Pradilla y Ayerbe, el maestre de campo don Manuel Meléndez de Valdéz (alcalde ordinario en 1694, 1695, 1701, y en 1715 del Socorro)[80], don Pedro Bautista de los Reyes (procurador general en 1714 y alcalde ordinario en 1720, 1722, 1728 y 1734) y Manuel Ruiz de Cote (alférez real 1746-1751, teniente de corregidor 1758-1764) eran vecinos de renombrado prestigio y de notable experiencia judicial. Seguro la peripecia adquirida en el foro la transmitieron a sus familiares y amigos que posteriormente llegarían a ser magistrados.

No solo estos vecinos importantes y versados en el foro eran "prácticos". Se tienen indicios de que hubo otra serie de sujetos que, por tener la habilidad de leer y escribir y en ciertos rudimentos judiciales, estaban disponibles para ayudar a elaborar escritos, peticiones y otros documentos para interponer demandas. En algunos pleitos los declarantes comentaron que habían mandado a elaborar algunas peticiones y otros escritos. Pero hay muestras más dicientes, como las asesorías que podía hacer alguien externo al litigio. En el caso que a continuación

---

San Gil. La creación de una nueva villa daría la oportunidad a que las familias socorranas tuvieran su representación política y participación en un cabildo propio.

79 Agüero, Alejandro. *Castigar y perdonar*..., pp. 305-306. Cutter, Charles R. *The legal culture*..., Caps. 2 y 4.

80 Velasco, Julian Andrei. "La Jura de Carlos III en la villa de San Gil: un aporte documental". En: *Anuario de Historia Regional y de las Fronteras*, Vol. XIII, 2008, p. 213.

comentaremos veremos una serie de indicios de una posible asesoría a una señora en un pleito por tierras.

El 2 de julio de 1771 doña Josefa de Rueda, vecina de San Gil y viuda de Blas Ramírez, recurría a la justicia ordinaria. Declaró que en su matrimonio había tenido una hija a quien su difunto marido le había dejado un pedazo de tierra en el sitio llamado Roncancio, en la feligresía de Simacota. Para evitar un litigio con don Juan Javier Ramírez, había hecho con él un acuerdo para venderle la propiedad. Debía asegurarle la tierra por medio de una escritura, pero no podía hacerlo pues los hermanos de su marido estaban alegando derechos sobre ese bien. Por ello, solicitaba al alcalde que mandara a alguno de los alcaldes partidarios para que ellos manifestaran el derecho que tuvieran para impedir la venta que ya tenía hecha "como tutora por derecho de mi referida hija"[81].

El alcalde ordinario, Juan Bernardo Plata, mandó ejecutar lo pedido. Así se notificó, por parte del alcalde partidario "y juez ordinario" de Simacota, Domingo José Berbeo, a nueve personas para que pasaran a la villa de San Gil a comparecer ante el alcalde ordinario, en ochos días y bajo la pena de 25 pesos si incumplían. Sin embargo, "a una voz todos juntos dijeron que no tienen que reproducir derecho alguno sobre el pedazo de tierra [...] ahora ni en ningún tiempo porque la dicha doña Josefa la vendió como suya propia"[82]. Por esto decían no tener qué alegar más que lo dicho, agregando la mención de ser pobres. Todos eran herederos de Nicolás Ramírez Bustamante, hermano del finado Blas. El juez del caso, viendo las diligencias hechas, así como la venta que se había realizado según escritura que se presentó el 3 de agosto de 1768, mandaba que dicho documento se corroborara por parte del padre de menores, lo que luego se debía agregar al registro. Para el 15 de julio doña Josefa de Rueda ya se había enterado de que se había mandado a librar un despacho a favor suyo que certificaba la posesión de la propiedad en litigio y por tal motivo la venta ya no corría.

La cuestión no estaba resuelta. Dos días después y estando ya enterada la otra parte de todas las diligencias, doña Josefa volvió a declarar. El testimonio no es muy claro en algunos puntos, pero mencionaba que el padre de menores había conseguido un escrito de posesión, al parecer, para Juan Javier Ramírez. Primero, este último personaje lo había conseguido con el engaño que le había hecho

---

81 AGMSG. *Tribunal Superior*, Caja 005, Doc. sin No. f. 1r. ("Entre Josefa Rueda i Javier Ramires sobre tierras", 1771).

82 *Ibid.,* f. 2v.

a la declarante, con amenazas de seguirle el *litis* a pesar de que ya se encontraba el pleito hecho a favor de su difunto marido. No obstante, "y temiendo yo el no perder el pleito por ser señora pobrísima, no tener persona que pudiera litigar por mi y ser yo de ninguna inteligencia en estas cosas; por esto cedí libremente de mi derecho y nos compusimos en [125 pesos] a pagármelos dentro de seis meses"[83]. Todo lo había hecho sin asegurar la tutela de su hija, y de forma ignorante, decía, le otorgó escritura ante un alcalde ordinario, quien debió pero no le hizo advertencia de su error.

Como segunda consideración afirmaba la enorme lesión que su parte (¿su hija?) había padecido en la venta. Nadie le compraba la tierra por 325 pesos, que consideraba su precio justo, sino solo el susodicho Ramírez le daba 125 pesos. Este, después de tres años todavía no le había dado el dinero y mediante el pleito esperaba que se le devolviera la tierra y recibir los réditos correspondientes. En seguida hizo una argumentación muy interesante, pues pedía al alcalde que se declarara por nula la venta hecha según la ley "2. C. [¿?] de resendenda venditione"[84], diciendo que era equitativo, según decía el emperador Justiniano en esa ley, que se restituyera el fundo o que se resarciera el mayor valor correspondiente[85]. Agregó que se debía declarar conforme a la ley 56, título 5 de la quinta Partida[86].

> Asimismo corresponde a mi parte el que se le restituya in integrum, fundada en las leyes 135 intendum y la otra quod si minor & non sim [ilegible] ff. De minoribus. Entiendese siempre que en sus contratos o en los que sobre sus bienes hubieren hecho sus tutores o curadores se halle considerablemente dañado. Y puede usar de este derecho contra los que poseen los dichos bienes muebles o raíces[87].

---

83 *Ibid.,* f. 6r.

84 Parece referirse a la Ley 2, del título 44 *De rescidenda venditione*, libro IV del *Codex Justinianus*.

85 *Ibid.,* f. 6v.

86 Esta ley tiene por título "Del ome que por miedo, o por fuerça compra, o vende alguna cosa, por menos del precio justo". Allí se contemplaban varios casos para anular una venta, entre los cuales nos interesa señalar que se hiciera por fuerza o miedo, pues así no tenía validez y debía deshacerse; o también que se hiciera por menos de la mitad del precio justo. En estos dos casos se sustentaba la cita hecha en el pleito. *Las Siete Partidas...* P. V. Tit. V. L. 56. P. 122.

87 AGMSG. *Tribunal Superior*, Caja 005, Doc. Sin No. f. 6v. ("Entre Josefa Rueda i Javier Ramires sobre tierras", 1771.)

Como si hubiera sido poco mencionar estas citas jurídicas, las comentó. Decía que de ellas infería que a pesar de haber vendido la propiedad como tutora de su hija, si de la venta esta salía perjudicada, era conveniente que se le restituyera la parte afectada y si no era posible la propiedad, al menos sus frutos o arrendamientos. "Y es la razón", proseguía, ya que, según algunos autores como Antonio Gómez, no estaba obligado a los frutos el poseedor "esto se entiende, cuando en tiempo exhibió el precio convenido en el contrato; pero no cuando lo retiene, que en este caso es obligado a todo"; y como Ramírez pretendía quedarse con la tierra y el dinero, era de justicia que se le condenara en los arrendamientos.

> Todo es favorable a dicho menor; y no el que estén las dichas tierras en el poseedor que ningún derecho tiene disfrutándolas con grave perjuicio de ellas, y mi parte es a saber de mi hija, y mía, a quienes en fuerza de su oficio y juramento que fecho tiene debe favorecernos (y reiteramos nuestra súplica) a la una como a menor y a la otra como a viuda que así es justicia ella mediante[88].

De las declaraciones de doña Josefa se le dio noticia a la otra parte. La respuesta de este es ilegible, por lo que no podemos analizarla. Tampoco se puede constatar una resolución del juez, a pesar de que el pleito se cierra con la tasación de las costas. Todo parece indicar que el acusado desistió de sus intereses y devolvió la propiedad.

El caso que acabamos de narrar no es tan especial como pudiera parecer. Si bien no son tan abundantes este tipo de citas en la mayoría de pleitos, no era insólito que esto ocurriera. Las referencias tan puntuales, expresas y hasta comentadas seguramente provenían de alguien en buena forma versado en rudimentos jurídicos. Si bien en estos contextos locales muchas personas manejaban modos de hacer las cosas, argumentos judiciales conocidos por todos, costumbres en la resolución de pleitos, manejo de algunos criterios y principios que sabían que podían ser esgrimidos, las citas expuestas debieron ser proporcionadas por una especie de asesor. Se requiere una revisión más detallada de todos los procesos con el fin de hallar este tipo de referencias y otros indicios similares con el fin de poder dar más evidencias de la circulación de saberes y de sus usos.

---

[88] *Ibid.,* f. 7r.

Ahora bien, en un nivel más formal, estaban los pareceres de letrados. Estos eran las consideraciones de versados en derecho cuando el juez de una causa pedía su opinión para resolver alguna duda. Esta tarea les correspondió a abogados[89] certificados por la audiencia o a titulados en derecho. Pocos abogados hubo durante buena parte del siglo XVIII. El *Estado general del virreinato* de 1794 muestra que para ese año había en el distrito, fuera de la ciudad de Santa Fe, 66 abogados certificados por la real audiencia, de los cuales solo 4 se encontraban entre las jurisdicciones de San Gil y de Socorro[90]. A pesar de este dato, también podemos destacar que hacia 1780 se observa que los curas beneficiados de las parroquias de esas villas en su mayoría eran doctores[91]. De aproximadamente 14 párrocos que había en 1780 en San Gil y Socorro, al menos 9 poseían el máximo grado de estudio[92]. Con seguridad muchos de ellos desempeñaron algún papel en la transmisión de saberes judiciales, pero también en el asesoramiento letrado de las causas o de algunos pleiteantes sin la necesidad de intervenir formalmente.

De algunas causas que registraron asesoramiento letrado podemos inferir que dependía de la disponibilidad de abogados certificados por la real audiencia. Los motivos por los que eran consultados fueron las dudas que a los jueces generaban algunas situaciones problemáticas en los procesos. Podían ser una sola duda o varias. Los asesores letrados definían su "sentir" sobre lo consultado, pudiendo o no basarse en citas específicas de los cuerpos normativos. La asesoría podía pedirse tanto a un letrado local o de las cercanías, como a uno en otra ciudad. En un documento incompleto de 1780, se consigna la asesoría letrada que pidió el alcalde ordinario de San Gil, don Juan Manuel Martínez Nieto, en una demanda

89 Escriche definía al abogado como: "En general es el que defiende causa ó pleito suyo ó ajeno, demandando ó respondiendo; pero según el estado de nuestra legislación, es el profesor de jurisprudencia que con título legítimo se dedica á defender en juicio por escrito ó de palabra los intereses ó causas de los litigantes". ESCRICHE, Joaquín. *Op. cit.*, Tomo I, p. 60.

90 Don Antonio Fiallo, cura de la parroquia de Cincelada; don Andrés Rosillo, vicario de San Gil y Socorro; don Esmaragdo Tavera en el Socorro; y don Pedro Pradilla en San Gil. *Estado general...*, pp. 44-49.

91 El título de "doctor" indicaba el grado máximo de estudios que se podía obtener. Por otro lado, el de "abogado de la real audiencia" indicaba que alguien había pasado una serie de pruebas de conocimiento para que la audiencia lo certificara para actuar como asesor letrado. Por ello alguien podía ser abogado de la real audiencia sin necesidad de título de doctor.

92 AGN. Sección Colonia, *Curas y obispos*, T. 9, doc. 173; T. 10, doc. 8; T. 22, doc. 9; T. 33, doc. 15; T. 37, doc. 21; T. 41, doc. 21; T. 46, doc. 16; T. 46, doc. 26; T. 49, doc. 19; T.49, doc. 28. Ver tabla 2, Cap. 3.

sobre el reparto de una herencia. El parecer letrado fue realizado por el doctor don Miguel de la Rocha, vicario de San Gil[93]. Allí aclaró cinco dudas que tenía el alcalde sobre el modo de repartir la herencia, ya que se involucraban deudas, gastos de entierro y montos ya asignados. Solo una de las soluciones la sustentó con una cita jurídica de la *Recopilación castellana*[94].

Siete años después, en una causa por tierras, se consultó a un asesor en la capital virreinal. Ya bien avanzado el litigio entre don Antonio Martínez y don Francisco Gómez sobre el precio de una tierra, el alcalde ordinario de segundo voto, don Jorge Nieto de Paz, con el objetivo de concluir la causa remitió los autos a don Manuel Fernández Saavedra[95]. Él argumentó, basado en las leyes de Toro y un comentarista[96], que la venta se había hecho de manera correcta por el precio que el vendedor la había comprado anteriormente y por ello debía darle la escritura correspondiente al comprador, don Francisco Gómez.

5.2.2. Entre lo escrito y lo oral

Fundamentalmente hemos dado cuenta de todas las cuestiones tratadas por medio de registros escritos. Sin embargo, gran parte de la justicia se hacía en arreglos informales entre los litigantes o ante el juez, quien debía procurar la solución del conflicto en la inmediatez y sin tener que llegar a un proceso escrito. Esto representaba tanto un costo para los litigantes como una demora en la resolución de la contienda. Tampoco hay que descartar que uno que otro juez se aprovechara de las costas que podía obtener al llevar el pleito a su oficina y seguirlo por vía ordinaria. Así pues, varias dimensiones de la justicia se nos escapan por ese carácter verbal que hubo antes de pasar al proceso o que nunca llegó a él.

---

93 AGMSG. *Alcaldía de San Gil*, Caja 005, AGM 078, f. 1r. (Esta no es la foliación original). (Fragmento de demanda por sucesión y reparto de herencia con parecer letrado, 1780).

94 A la tercera soy de parecer, que los derechos del entierro, funeral, exequias, fábrica, y misas se deben sacar del quinto de los bienes del maestro Rueda, según lo disponen las leyes, y entre ellas expresamente la 13. Lib. 5 tit. 6. de la Recopilación Castellana, que a la letra dice así: La cera, misas, y gastos del entierro se saquen con las otras mandas graciosas del quinto de la hacienda del testador, y no del cuerpo de la hacienda, aunque el testador mande lo contrario.

95 AGMSG. *Tribunal Superior*, Caja 006, Doc. sin No, ff. 35r-v. (Fragmento de un pleito por tierras entre don Antonio Martínez a don Francisco Gómez, 1787).

96 Se consigna en el documento: "así lo siento en fuerza de lo dispuesto por las leyes 18-19-20, tu [roto] y lo que sobre ellas, y la 52-y 53 de Toro trae A [roto] Gómez en sus comentarios al n° 44".

Sin embargo, no es imposible dar cuenta de algunos rastros de lo oral a través de registros escritos[97]. En muchísimas ocasiones en los pleitos quedaron consignadas situaciones o diligencias judiciales que se hicieron de manera verbal. Por ejemplo, procesos que no lograron resolverse en un acuerdo o en un primer llamado verbal y tuvieron que pasarse al litigio formal y escrito. Así se hizo en el citado caso del regidor y fiel ejecutor don Juan José Enríquez, pues declaró "que en su juzgado demandé algunos días y ser verbalmente por cantidad de pesos a Bárbara Remolina a la que habiéndosele librado por vuestra merced carta de comparendo que recibió en su mano"[98]. La demandada no había obedecido el comparendo y por ello Enríquez representó, entonces, que le eran deudores de 200 pesos.

En más de una ocasión se encuentran indicios de que hubo "demandas verbales". Estas parecen haber sido comunes y como una solución intermedia entre la inmediatez de un arreglo de las partes al que no se podía llegar, y el establecimiento del litigio[99]. En un conflicto de competencia se acusó a un alcalde provincial de conocer demandas civiles cuando no era de su competencia[100]. Entre las acusaciones se le imputaba ejercer jurisdicción ordinaria "administrándola *en oír demandas verbales*, tanto en esta villa como en los campos, y sean o no de la cantidad que se fueren"[101], cosa que fue sustentada por varios testigos. En 1772 el alcalde ordinario Juan Bernardo Plata daba una certificación donde constaba que el cura de la villa, el doctor don José Velázquez de Suvillaga, interpuso "demanda verbal por si podía excusar costos y costas contra Don Joachin Gomes por trescientos pesos"[102].

---

97 GONZÁLEZ UNDURRAGA, Carolina. "Lo verbal en lo letrado. Una reflexión a partir de los procedimientos judiciales (Chile, fines de la colonia y principios de la república)". En: *Nuevo Mundo Mundos Nuevos* [En línea], Coloquios, puesto en línea el 02 de julio de 2012, consultado el 30 de abril de 2014. URL: http://nuevomundo.revues.org/63570.

98 AGMSG. *Alcaldía de San* Gil, Caja 004, AGM 059, f. 3r. (Civil entre Don Juan Joseph Enrique, Fiel ejecutor, contra doña Bernarda de Remolina y Manuel Niño por cantidad de pesos, 1766).

99 En 1801 el alcalde partidario de la parroquia Pinchote, que era de la jurisdicción de San Gil, formó un documento en el que se consigna: "Libro de demandas vervales que formó el alcalde Felix Moreno de Pinchote". AGMSG, *Tribunal Superior*, Caja 009, Doc. Sin No. Aunque sea un testimonio posterior, evidencia la existencia e importancia de las demandas verbales.

100 AGN. Sección Colonia, *Competencias Santander*, Tomo 6, Doc. 19, ff. 397r-414v. ("Autos contra Manuel Antonio Otero, alcalde provincial de la villa de San Gil sobre meterse a oír demandas civiles y criminales hechas por los alcaldes ordinarios de la villa de Santa Cruz y San Gil", 1773). Para mayores detalles, se puede consultar el último apartado del siguiente capítulo.

101 *Ibid.*, f. 397v. Las cursivas son nuestras.

102 AGMSG. *Alcaldía de San* Gil, Caja 004, AGM 058, f. 3r. (Causa contra Don Juan Antonio Joaquin

Un gran número y tipo de pedimentos, diligencias o reconvenciones se efectuaban verbalmente a los jueces y de estos a los litigantes. En una demanda por tierras entre don Nicolás Díaz del Castillo y don Juan de Vesga Santiago en 1766, el teniente de corregidor y justicia mayor don Pedro José Navarro y Murillo aseveraba en un auto que le había notificado verbalmente a Vesga Santiago que presentara una escritura que decía tener[103]. En un pleito ya citado por embargo de bienes a Ambrosio de Porras, el alcalde partidario del valle de San José citaba al acusado para el pregón de sus bienes: "cuya citación le hice verbal ante testigos por no haber habido allí providencia de asentarla en escrito"[104].

Todos estos indicios evidencian los mecanismos cotidianos de la justicia. Vistos fragmentariamente podrían parecernos bastantes insignificantes, pero observados en conjunto muestran que eran recursos bastante utilizados para la impartición de justicia. Podría esto significar un nivel de poca formalización en la ejecución de las diligencias judiciales, y en cierta medida lo es, pero también las condiciones de realización de la justicia ejecutando lo debido como fuera posible. Uno que otro litigante recurriría a mecanismos verbales para evitar costas procesales y para hacer más ágil algún proceso.

5.2.3. Otras prácticas: representar y perdonar

Como enunciamos páginas atrás, había mecanismos sociales y culturales constitutivos para la transmisión de conocimientos jurídicos. Esta cuestión ha sido ya un poco explorada para el caso de los esclavos en Chile. Los saberes judiciales tenían variadas formas de transmisión como los párrocos, la convivencia en prisiones, con los agentes de justicia, la experiencia cotidiana en las diligencias[105].

Gómez Romano (deudor) y Manuel Masías por deuda de 300 pesos al Señor Doctor don Joseph Antonio Velázquez, 1772).

103 AGMSG. *Alcaldía de San* Gil, Caja 004, AGM 046, f. 4v. (Don Nicolás Díaz del Castillo contra don Juan Manuel Vesga Santiago por un pedazo de tierra, 1766).

104 AGMSG. *Tribunal Superior*, Caja 004, Doc. sin No., f. 4v. (Embargo a los bienes de Ambrocio de Porras por pedimento de Miguel Meléndez, 1768).

105 González Undurraga, Carolina. "Las posibilidades del registro judicial para rastrear la recepción de saberes sobre justicia y gobierno". En: *Nuevo Mundo Mundos Nuevos* [En línea]. Coloquios, puesto en línea el 20 enero de 2012, consultado el 30 de abril de 2014. URL: http://nuevomundo.revues.org/62418. De la misma autora. *Esclavos y esclavas litigantes: justicia, esclavitud y prácticas judiciales en Santiago de Chile (1770-1823)*. Tesis de grado (Doctora en Historia). México: El Colegio de México, 2013, p. 162 y ss.

De este ejemplo, así como de otros estudiados para el Río de la Plata[106], puede inferirse que los mismos litigantes adquirían experiencia durante los litigios. El conocimiento o su vivencia en los juzgados eran transmitidos a sus amigos o conocidos por la simple palabra o el consejo en una situación particular. Las mismas relaciones sociales daban lugar a distintas formas de representación judicial o a la transmisión de sus códigos. Una de las más comunes era la representación mediante un poder general para ello. También podía ocurrir que una familia o un grupo de sujetos[107] que se involucraban en el mismo litigio dieran su poder (certificado o no) a alguien para que los representara en un litigio o para que les gestionara todo lo referente a él en San Gil o en la ciudad de Santa Fe. Así se puede inferir de la causa interpuesta por Juan de Siero Cantillada a su tío Bartolomé Serrano por un adeudo[108].

El monto se debía por los costos que asumió Siero en una gestión judicial en Santa Fe. A la muerte de su abuelo, Pedro Serrano, debieron hacerse varias diligencias en la capital. Para ello, su abuela y dos tíos suyos, uno de los cuales era Bartolomé, le dieron poder para que los representara en el proceso de concurso de acreedores y recaudo de los bienes del difunto. Para ayudarle con todos los costos, sus familiares se comprometieron a darle dinero, que en el momento solo le dio su abuela. Siero partió a Santa Fe con su madre donde estuvo dos años pleiteando[109]. Después de volver, Bartolomé era el único que le adeudaba lo prometido y por ello estaban inmiscuidos en el litigio.

En la justicia criminal las pruebas de las acusaciones se realizaban con las confesiones de los reos y especialmente con los testimonios de testigos. En los pleitos civiles esto era diferente. A decir verdad la confesión no era parte del orden procesal de la materia civil, sino en este se usaban las ratificaciones de las acusaciones por parte de declarantes. Por supuesto los testimonios de los testigos eran una de las pruebas a tener en cuenta y que solicitaron mucho los demandados y demandantes con el fin de reforzar sus argumentos o con el fin de dar detalles sobre algún particular.

---

106 Especialmente los estudios contenidos en FRADKIN, Rául O. (Comp.). *"La ley es tela de araña"*...

107 De esto da evidencia para representaciones comunitarias de vecindarios o de comunidades de indios el trabajo de: GARRIDO, Margarita. *Reclamos y representaciones*...

108 AGMSG. *Alcaldía de San Gil*, Caja 001, AGM 009. ("Civil e para Juan de Siero contra Bartolomé Serrano", 1707).

109 *Ibid.*, f. 10r.

No obstante, era prueba de especial consideración los documentos de varios tipos. Podían ser partidas de bautizo, escrituras, poderes generales o particulares, testamentos, partes o copias de otros procesos o documentos "informales" es decir, los que no tenían una certificación de una autoridad propiamente dicha. Entre estos últimos estaban vales de obligación que se hacían entre dos personas en contraste con la dependencia notarial que se hacía ante escribano y con fiadores; y también se encontraban recibos de pagos que se hacían de puño y letra del acreedor.

Eran mecanismos que muchas veces se regulaban por los mismos actores antes que por las autoridades. Como veremos en la parte final del último capítulo, los arreglos extrajudiciales se daban con el fin de evitar costos y tiempo perdido. Esto respondía a ese sentido práctico, aunque también a criterios religiosos con sustento en el perdón y el amor al prójimo. Esto era más evidente en las causas criminales, donde en ciertas ocasiones se evidenciaban expresamente el amor y concordia que debía haber entre las personas. En tales contextos las formas de perdón adquirían especial relevancia. Muestra de ello es que se utilizaban en distintos niveles, desde el rey mismo cuando daba indultos, hasta los involucrados en un simple caso criminal.

El alcalde de la Santa Hermandad de San Gil Mateo Ortiz Galeano, recibió una inesperada visita la noche del 24 de enero de 1711. Eugenio del Rincón, vecino de San Gil, tocó a su puerta para entregarle una carta cerrada de parte de Francisco Rodríguez en la que este contaba que yendo de su morada al sitio de las Morras, en casa de Juan Díaz apareció Bárbara Díaz con un palo "y le perdió el respeto"[110]. El maltrato recibido también le había sido impartido por un tal Francisco Patiño. Al enterarse de ella el alcalde fue a la casa del denunciante, donde lo encontró aquejado y acompañado de tres sujetos más. Ortiz decidió poner la susodicha carta como cabeza de auto y llevó consigo a los presentes para averiguar lo ocurrido.

Al día siguiente el alcalde de la Hermandad tomó confesión a Bárbara Díaz. A las preguntas del juez respondió que tenía entre 25 y 26 años y que había atacado a Rodríguez porque este había difundido algunos chismes (que estaba "en mal estado" con un yerno de Rodríguez) sobre ella quitándole su honra. La confesante declaró que fue a preguntarle a Rodríguez que cuál era el motivo para quitársela. Su respuesta fue asir un machete, ante lo cual Bárbara tomó un pedazo de caña para enfrentarlo ayudada por Francisco Patiño. En la confusión generada los tres

110 AGMSG. *Alcaldía de San Gil*, Caja 001, AGM 010, f. 1r. ("Criminal contra Barbara Dias", 1711).

cayeron al suelo, decía, y que las heridas que tenía el demandante se debieron a la caída y no por algún golpe de ella o de Patiño. El mismo día el alcalde tomaría declaración de este último, quien se encontraba encarcelado. Mencionó que en el altercado Rodríguez y Bárbara cruzaron palabras y esta lo empujó, ante lo cual fue a auxiliarlo[111].

Rodríguez, después de haber recibido traslado de las confesiones volvió a pronunciarse. Comentaba que se había querellado contra ellos pero viendo los autos y "como cristiano católico que soi me desisto y aparto de todo aquello en que me hubieren perjudicado en mi persona con palabras y obra"[112], y que por culpa suya no padecieran nada por razón de su querella. Así, la daba por "ninguna y de ningún valor", pidiendo al alcalde de la Hermandad que los dejara libres. El juez lo consideró conveniente dando por desistida a la parte de Rodríguez y traslado a la otra para que también se diera por desistida y así dar sentencia definitiva. Esta la hizo diciendo que, "conforme a derecho consintiendo en la paz y urbanidad que deben observar los cristianos", mandaba que los involucrados se trataran como vecinos y coterráneos no dando lugar a nuevas quejas bajo la pena de 20 pesos[113].

[111] *Ibid.*, f. 2v.

[112] *Ibid.*, f. 4r.

[113] *Ibid.*, f. 5r.

Capítulo 6
Problemas jurisdiccionales en San Gil

Por cuanto en cumplimiento de mi obligación, se me hace preciso defender el fuero, y jurisdicción ordinaria, que obtengo por mi empleo sin permitir que ninguna persona ose introducirse en ella, con vilipendio, e inobservancia de las leyes reales, y superiores mandatos, que tanto encargan la defensa, amparo, y seria mantención de los tales empleos, como el que actual poseo[1].

En la administración de justicia confluían varias jurisdicciones con múltiples oficiales que las ejercían. De esto ya hemos dado cuenta en el capítulo cuarto donde hemos explicado las jurisdicciones y cargos que hicieron presencia en San Gil en el siglo XVIII. Sin embargo, las relaciones entre los oficiales y sus correspondientes potestades no eran siempre armónicas. Si bien en los procesos judiciales podía darse una colaboración entre alcaldes de la Hermandad y los partidarios, o entre estos y los ordinarios, por mencionar un par de ejemplos, muchos pleitos suscitaron contiendas por definir quién debía adjudicarse un caso para conocerlo, es decir, a quién le era competente llevarlo a cabo. Esta relación conflictiva es definida como *conflicto por competencia*, objeto del presente capítulo. Aquí también daremos cuenta de dos problemas más en cuanto a la cuestión jurisdiccional.

Para tener claro el eje de este capítulo debemos precisar el concepto de *competencia*. Por una parte, podemos considerar la *competencia jurisdiccional* como el derecho o potestad que tenía un juez o un tribunal para conocer una causa fuera

---

1 AGN. Sección Colonia, *Competencias Santander*, Tomo 6, Doc. 19, f. 397r. ("Autos contra Manuel Antonio Otero, alcalde provincial de la villa de San Gil sobre meterse a oír demandas civiles y criminales hechas por los alcaldes ordinarios de la villa de Santa Cruz y San Gil", 1773).

por materia, cuantía, grado o territorio. Por otra, también se entendía por esta la disputa entre dos o más jurisdicciones por ese derecho[2]. Este tipo de querellas han sido objeto de interés en años recientes. En México y Argentina se han venido estudiando a través de obras colectivas que evidencian la multiplicidad de causas que podían producirlos y sus respectivos devenires. A partir del arcoíris de estudios, pues difieren en profundidad de análisis y el tipo de casos estudiados, puede observarse que los conflictos de competencias son una vía privilegiada para conocer los problemas y argumentos medulares que podía suscitar una querella judicial. Con este tipo de casos puede desentrañarse una radiografía de la justicia porque en ellos las acciones de los actores y sus retóricas evidencian mucho de cómo se definían, en un nivel práctico, judicial y jurídico –que no eran antónimos–, su competencia o jurisdicción. Esto significaba la potestad y el lugar, además del papel de la misma, en el entramado de la estructura de la administración de justicia.

En efecto, la historiografía sobre la temática ha mostrado cómo las jurisdicciones de los jueces y tribunales se podían cruzar, con una frontera muchas veces difusa. Esto se relacionaba con el celo que un oficial podía tener sobre lo que creía o se establecía que le correspondía en la defensa de su jurisdicción y que no dudaba en hacerlo[3]. Era propio de este orden político la presencia de múltiples jurisdicciones en un mismo territorio, donde se yuxtaponían y entraban en juego, no siendo necesariamente excluyentes entre sí[4]. Los altercados no se dieron solo en el interior del gobierno secular, también fueron continuas las discusiones entre los representantes del brazo temporal con el del espiritual de la monarquía por el conocimiento de un asunto que consideraban secular, o bien, espiritual.

Para nuestro caso, nos interesa destacar que en el siglo XVIII los conflictos jurisdiccionales fueron más numerosos que en el XVI y XVII. El aumento de la complejidad en la estructura del gobierno en las Indias se vio pronunciado cuando los borbones implementaron nuevas políticas para lograr una mayor rentabilidad de sus dominios americanos, así como un mejor control sobre los mismos.

---

2 ESCRICHE, Joaquín. *Op. cit.*, Tomo II, pp. 361 y 373. Además, a pesar de que el *Diccionario de autoridades* (1726-1739) definía la *competencia* en un sentido más general de solo disputa, utiliza entre sus ejemplos dos que se refieren a disputas entre jueces.

3 ROJAS, Beatriz. "Gobiernos provincial y local...". En: GAYOL, Víctor y DIEGO-FERNÁNDEZ SOTELO, Rafael. *Op. cit.*, p. 279.

4 GAYOL, Víctor. "Política local y gobierno provincial. Las disputas por el poder en los pueblos de indios y el gobierno y administración de justicia provincial. (San Bernardino Contla, Tlaxcala, 1780-1804)". En: *Ibid.*, p. 137.

En esa medida, fue común la intervención de oficiales regalistas, muchas veces españoles, en los asuntos de gobierno[5] para ocupar algunos cargos existentes o de nueva creación. En este contexto, la constelación de jurisdicciones que era propia de este gobierno se vio aumentada y muchos no aceptaban fácilmente tal transformación. Al orden jurisdiccional que permanecía con dos siglos de vida, se sumó el de los borbones (intendencias), por lo que fue usual que aparecieran roces jurisdiccionales entre oficiales militares y autoridades locales[6], por ejemplo. Mayor complejidad se presentó con el orden jurisdiccional que agregó la constitución de Cádiz[7].

A pesar de lo dicho hasta aquí, los pocos conflictos de competencias que hubo en San Gil, o que al menos quedaron registrados, no tuvieron ninguna de las causas aludidas. En efecto, los cuatro casos que compone buena parte de este capítulo se dieron entre los jueces del orden local y rural de la jurisdicción. Lo que ocurrió fue la defensa de la competencia jurisdiccional que a cada cargo le correspondía –sobre todo en el tipo de materia–, lo que mostraremos a través de cuatro episodios, en los cuales la obligación de cumplir con la justicia del rey llegaba a mezclarse con intereses personales. Su expresión se dio siempre en el lenguaje de la justicia. Este tipo de altercados, a pesar de su importancia para entender la justicia y el gobierno, no han sido estudiados para el caso del distrito de la Audiencia de Santa Fe, precariedad que se acentúa si tenemos en cuenta que en el Archivo General de la Nación existe un fondo compuesto completamente por conflictos de competencias[8].

Aunque el conjunto medular del capítulo sean esos conflictos, también se abordarán dos problemas relacionados con la jurisdicción. En primer lugar, daremos cuenta de ejemplos de recusación que vetaba a un juez para conocer una causa. Tal situación era implorada por aquellos que sintieron que el juez no era imparcial por beneficiar a amigos, familiares u otros favoritos. Era parte de los

---

5 Para las tendencias generales y análisis particulares en la Nueva España se pueden ver los estudios contenidos en: García Ayluardo, Clara (Coord.). *Op. cit.*

6 Algunos ejemplos de esto: Polimene, María Paula. *Op. cit.* En: Polimene, María Paula. (Coord.). *Op. cit.*, pp. 77-92; Y Rustán, María Elizabeth. "Jurisdicciones en cuestión. Cabildos y autoridades militares en la administración borbónica. Gobernación Intendencia de Córdoba a finales del siglo xviii". En: *Ibid.*, pp. 139-156.

7 Diego-Fernández Sotelo, Rafael. "Estudio introductorio". En: Gayol, Víctor y Diego-Fernández Sotelo, Rafael. *Op. cit.* p. 31 y ss.

8 agn. Sección Colonia, *Competencias* (8 tomos).

recursos de control de los jueces de los que disponían los vasallos para una buena impartición de justicia, como veremos en la primera parte. En segundo lugar, algunos jueces que tenían una jurisdicción limitada u oficiales que no la tenían solicitaron la jurisdicción ordinaria. Aunque también se ha señalado esta cuestión en acápites anteriores, entraremos un poco más en detalle en la segunda parte de este capítulo. La última sección está conformada por cuatro casos de competencias.

Pero antes de entrar en detalles hay que recordar algunos elementos que permiten entender los conflictos jurisdiccionales. No dejemos de tener en cuenta que jurisdicción significaba *iurisdictio*[9], es decir, la facultad de declarar el derecho, lo que era la mayor prerrogativa del poder político. En esa medida, disputarse la jurisdicción era controvertir sobre la cuota[10] jurisdiccional o de potestad que le correspondía a una autoridad[11]. Ese marco de pluralidad de jurisdicciones también se caracterizaba por el conflicto de las mismas y era el rey quien debía ser el garante de la armonía de las distintas potestades.

Tanto la jurisdicción secular del rey como la espiritual de la Iglesia teóricamente se habían separado desde siglos atrás, aunque la división nunca ocurrió totalmente[12], a lo que se le sumaba que coexistían con las jurisdicciones de otras corporaciones. Si a esto le añadimos las prerrogativas que con el tiempo el rey de la monarquía católica va adquiriendo sobre distintos asuntos eclesiásticos con el Patronato Regio, entendemos mejor las continuas pugnas entre los representantes del rey y los de la Iglesia, a pesar de que ambos constituían partes integrales del poder político[13].

Esta conflictividad no debe hacernos recrear una imagen desordenada del gobierno. Sin negar las continuas confusiones, ambigüedades, querellas y demás asuntos polémicos, es necesario, y aún de mayor importancia, considerar que el gobierno en todos sus niveles estaba compuesto por una *convivencia de*

---

9 Para mayores detalles, ver el capítulo 2, numeral 2.2.

10 Ver Gayol, Víctor. “Colofón”. En: Rojas, Beatriz (Coord.). *Cuerpo político y pluralidad*..., p. 289.

11 Diego-Fernández Sotelo, Rafael. “Estudio introductorio”. En: Gayol, Víctor y Diego-Fernández Sotelo, Rafael. *Op. cit.*, p. 29.

12 Ver Berman, Harold. *Op. cit.*, Cap. II; Evans, G. R. *Law and theology in the Middle Ages.* London, New York: Routledge, 2002, Cap. I

13 Mazín, Óscar. “Clero secular y orden social en la Nueva España de los siglos xvi y xvii”. En: Menegus, Margarita, *et al. La secularización de las doctrinas en la Nueva España. La pugna entre las dos iglesias.* México: Iisue-Bonilla Artigas Editores, 2010, p. 139.

potestades[14] –léase *jurisdicciones*–. En tal medida no todo era conflicto, o en otros términos, en el conflicto se buscaba constante e imperativamente una resolución equitativa[15]. Por esto, el conflicto puede ser considerado parte fundamental del gobierno, pues allí no se detenía[16], sino que era cuando se ponían en funcionamiento la estructura de tribunales que estaba diseñada para mantener el orden.

En el nivel institucional[17] o de los oficios de la administración de justicia, la cuestión se volvía más compleja. Lo que nos puede parecer nimiedades de orden local, podía causar una contienda jurisdiccional, aunque para los involucrados era la defensa de su potestad y las prerrogativas del oficio, incluso del honor que concedía el mismo. Claramente, así se expresa y se evidencia en el epígrafe de este capítulo. Veremos, entonces, cómo ocurrieron los conflictos por competencia en la villa de San Gil.

6.1. Las denuncias contra "las justicias"[18]

Diferentes estudios[19] han dado cuenta de que las rencillas personales, los problemas sociales o la falta de confianza, y en ocasiones un claro abuso del poder, eran motivo para las denuncias contra las autoridades. En la villa de San Gil no faltaron tales circunstancias. Las causas de ello respondían a una pluralidad de situaciones sociales de las que a continuación se mostrarán algunos casos en donde la raíz principal de las acusaciones estuvo dada por la utilización de la autoridad para beneficio personal de los jueces y sus allegados. El recurso al que los afectados apelaron fue la recusación[20] por medio de la denuncia a los procederes de

---

14 Traslosheros H., Jorge E. "Armonía de voluntades. Potestades eclesiástica y secular en la Nueva España en el siglo xvii, a propósito de San Miguel el Grande". En: *Iberoamericana. América Latina-España-Portugal*, Nueva Época, No. 3, septiembre de 2001, p. 42, ver también 55 y ss.

15 Tal como vimos en el capítulo 2, *equidad* significaba darle a cada quien según su derecho en un sociedad diferenciada por calidades.

16 Diego-Fernández Sotelo, Rafael y Gutiérrez Lorenzo, María Pilar. "El aparato de gobierno...". En: Gayol, Víctor y Diego-Fernández Sotelo, Rafael. *Op. cit.* p. 180.

17 Por ejemplo, en: Machuca, Paulina. "Colima, encrucijada de dos reinos". En: *Ibid.*, pp. 81-104.

18 Bajo el término "justicias" se designaba el conjunto de jueces, sin distinción alguna.

19 Herzog, Tamar. *La administración...*; Phelan, John Leddy. *El Reino de Quito...*, y Garrido, Margarita. *Reclamos y representaciones...*

20 Para profundizar en esta figura, ver: Garriga, Carlos. "*Contra iudicii improbitatem remedia*. La recusación judicial como garantía de la justicia en la corona de Castilla". En: *Initum*, No. 11, 2006, pp. 157-382.

las autoridades. Entre otros motivos, la declaración de que un juez tenía injustos procederes como encarcelamientos sin motivación alguna, se hacía con la esperanza de remediar su situación desfavorable.

Recusar a un juez era privarlo del conocimiento de una causa que podía llegar a conocer (incluso por sospecha de futura injusticia) o que ya estaba llevando a cabo[21]. Es decir, se hacía antes de la sentencia pues el recurso para después de esta era la apelación. En otros términos, podía anularse la competencia del juez en un determinado caso. Esta figura era parte de los recursos, entre otros, de garantía de justicia que los vasallos tenían a su disposición. No se quedaba en el papel, pues los vecinos sangileños implementaron tal recurso jurídico.

Don Pedro Santos, vecino de San Gil y feligrés del Socorro, en 1771 y a través de Juan Vicente Pérez de Paramo, procurador del número de la audiencia, denunciaba los excesos que las justicias de San Gil habían tenido con él[22]. Acusaba que a su padre, don Isidro Santos, se le había seguido causa por "amistad ilícita" que se le atribuía, y que a él, Pedro, se le había metido en la causa pidiéndole forzadamente que declarara contra su progenitor. Por haberse negado, el juez de la causa, que en ningún momento se nombra, le había obligado a pagar las costas, por lo cual pidió testimonio de todo ya que le era perjudicial, lo que también le fue rechazado "quedando honra, crédito, y fama pendiente y difamado y contra dicho mi padre hallándome exento, y libre de todo, sin haber entendido, en cosa alguna, sino por atropellarme"[23]. Pedía, así, una provisión compulsoria en forma ordinaria, para que el alcalde ordinario de San Gil remitiera los autos que se habían realizado para que fueran vistos en la audiencia.

Una vez que el procurador del número se encontraba realizando la solicitud en la audiencia, puntualizó varios aspectos. Cuando los jueces estaban formando los autos recurrieron a Pedro Santos por no haber conseguido testigos; la asignación de las costas no tenía lugar porque con ello se daba a entender que se le consideraba un reo; y que debido a la repetición de agravios al negársele los autos debía mandar un compulsoria cometida al teniente de corregidor para que recogiera los mismos "del poder de las mencionadas justicias y lo remita originales [...]

---

21 Ver ESCRICHE, Joaquín. *Op. cit.*, Tomo IV, p. 836. Según este jurista, también se podía recusar a asesores, relatores y escribanos.

22 AGN. Sección Colonia, *Empleados Públicos de Santander*, Tomo IX. Doc. 11, ff. 403r-405v. ("Don Pedro de los Santos, sobre injurias recibidas de las Justicias de la Villa de San Gil", 1771).

23 *Ibid.*, f. 404v.

precediendo sacar testimonio de ellos para en guarda [?] de aquel archivo cuyos justos derechos satisfara [*sic*] mi parte y en su vista protesta a su nombre exponer latamente los agravios que le han irrogado"[24].

Podía darse también que la administración de justicia –incluyéndose los mecanismos de hacerla cumplir– era utilizada para intereses particulares de algún grupo de personas y no solo para el beneficio individual del juez. Esto fue evidente en la denuncia que en 1762 estableció don José Lineros ante la real audiencia[25]. Este vecino de San Gil contaba que había ido a residir a Santa Fe con su esposa, quien al poco tiempo había muerto. Por esto y para cuidar de su familia, decía, había decidido regresar a su hacienda de campo en la jurisdicción de San Gil. Una vez allí, se encontró con la sorpresa de que una de sus hijas casadas solicitaba la partición de los bienes para recibir lo que le correspondía por parte materna, para lo cual ya se había presentado ante el alcalde de segundo voto. Lineros, para evitarles costas y "con el amor y respeto de padre" se comprometió a darle la parte que se merecía; pero al enterarse el alcalde de ese acuerdo extrajudicial, que por lo demás no era para nada ilegítimo,

> comenzó a vociferar lo necesario, que era la formación del inventario, comprendiéndolo como cargo indispensable del oficio, que *no tenía otro respeto, que aprovecharse de costas, y salarios con cuyo movimiento nacido de la hambre diabólica del interés, arrojó en mis tres yernos una centella tan viva*, que luego no más trataron de continuar sus primeros intentos pidiendo el predicho inventario de mis bienes; con lo que quedó frustrada la extrajudicial partija[26].

Sus hijas y yernos estuvieron prestos a seguir el inventario. Hicieron que el juez pasara a la hacienda de Lineros con escribano para formar todas las diligencias de la repartición de los bienes maternos, los cuales eran los gananciales del matrimonio[27]. El padre no soportó esto y tildó de "injurídico" ese inventario sosteniendo que no estaba obligado a ello, "pues antes bien es constante doctrina

---

24 *Ibid.*, 405r.

25 AGN. Sección Colonia, *Empleados Públicos de Santander*, Tomo XX. Doc. 22, ff. 633r-636r. ("Don Josef Lineros sobre que el alcalde de segundo voto de San Gil no conozca de sus causas y sobre agravios co[n] el mismo alcalde", 1762).

26 *Ibid.*, f. 634v. Las cursivas en esta y las siguientes citas son nuestras.

27 Son los bienes que se ganan o se adquieren durante el matrimonio.

con el que mejor escribió de partición". No obstante, su representación no fue oída y antes despreciada, ya que el juez realizó las diligencias y repartió los bienes. La situación no terminó allí. Lineros había decidido no manifestar algunos bienes debido a su enfermedad y como prevención para sus últimos días, pero su amor de padre, reiteraba, lo empujó a querer repartirles a sus hijos los bienes restantes. A pesar de su buena voluntad, "ha sido un nuevo incendio para que los referidos mis yernos pretendan judicialmente despojarme de dichos bienes"[28].

José Lineros agregaba que los bienes le pertenecían, la mitad por ser lucro adquirido durante el matrimonio y la otra mitad por su administración,

> todo lo cual pretenden conseguir mediante la *paliación*[29], *que con el alcalde actual mantienen, pues como emparentados con la mayor parte de aquel vecindario todos ellos* conspiran a mi ruina, lo que se hace ver; porque apenas se ha puesto la demanda contra mí en aquel juzgado quedó ya me tiene emplazado, *y actuada información a pedimento de los expresados mis yernos*, vociferando el despojo que me han de ser[30].

El alcalde que actuaba a favor de sus yernos, Antonio de Uribe, también había apresado y llevado a la cárcel a un hijo menor de Lineros, bajo la acusación de que lo ocultaba cuando él había ido a buscarlo a su hacienda. Al final de todos estos detalles, José pidió al virrey que la causa fuera conocida por el teniente de corregidor o en su defecto por el otro alcalde ordinario, el de primer voto, ya que preveía que tal vez, como el actual alcalde de segundo voto, el del siguiente año "*sea de la facción* de dichos mis yernos a causa de *hallarse emparentados con los más vecinos del Socorro*; concur[r]iendo igualmente mantener estos, cierto director oculto"[31]. El 15 de diciembre del mismo año, un acuerdo de la audiencia le concedía la petición a José Lineros. Allí se consignó escuchar a la parte en su representación, sustanciar y determinar la causa con asesor, dar apelación donde se interpusiese, así como ser caso de recusación; además, el juez involucrado debía acompañarse del teniente de corregidor y liberar al menor apresado[32].

---

[28] *Ibid.*, f. 635r.

[29] Disimular, encubrir, cohonestar.

[30] *Ibid.*, f. 635r.

[31] *Ibid.*, f. 635v.

[32] *Ibid.*, ff. 635v-636r.

Otra acusación sobre procedimientos indebidos de los jueces se encuentra en el caso citado sobre el alcalde provincial visto en el cuarto capítulo. Don Agustín Blanco, procurador de la real audiencia y apoderado de Salvador de Rueda, el 3 de marzo de 1746, pedía librar provisión compulsoria y citatoria a don Ignacio Martín Nieto, alcalde provincial de la Santa Hermandad, para que remitiera los autos de la causa en que había causado agravios a Salvador de Rueda con la denuncia interpuesta por don Pedro Manuel Sarmiento de Olvera, de la cual Rueda había resultado acusado de cuatrero[33].

El procurador aclaraba lo que parecía ser el trasfondo del asunto. El alcalde provincial expresaba "encono y odio" hacia Rueda, ya que este había obtenido en pregón público el remate del paso real[34] del sitio de Sube "que pretendía dicho alcalde indirectamente por mano de otro". Esto había motivado la denuncia de cuatrero y se había procedido al secuestro de bienes del acusado, quien se había presentado en la cárcel pública de la villa y ante los alcaldes ordinarios "en cuyo juzgado no ha podido conseguir el referido mi parte el que querellante que lo fue don Pedro Manuel Sarmiento lo haya comparecido a seguir la causa; y como en ella media la honrra del citado mi parte me presento"[35].

Este caso evidenciaba una cuestión de honor para Rueda. No solo se le acusaba de criminal, sino que se había procedido ejecutivamente contra sus bienes. En todo el asunto también se observa el uso de la administración y de la autoridad judicial como mecanismo de venganza o hasta cierto punto de conflicto personal. Por supuesto, el juez vestía de ropaje judicial sus procederes y argumentos. Al final de cuentas, el asunto pareció no resolverse, o al menos no quedó evidencia de ello.

Los casos por recusaciones no eran extraños. Si bien son pocos comparados con la gran cantidad de juicios criminales, y en mucho mayor número los civiles, no podemos desconocer que son significativos. Que algún litigante haya recusado un juez habla de los recursos que estaban a disposición para llevar un justo proceso, de que en el horizonte jurídico estaba tal posibilidad y, más importante aún, que se hacía uso de ellos y que los tribunales garantizaban y hacían efectivos tales derechos.

---

33 AGN. Sección Colonia, *Empleados Públicos de Santander*, Tomo. XXIX. No. 61, ff. 800v. (Ignacio Martín Nieto, alcalde de San Gil, a quien Salvador de Rueda demanda por agravios, 1746).

34 Se refería a la cabuya de este sitio.

35 *Ibid.*, f. 800v.

6.2. El aumento de las facultades jurisdiccionales

El aumento de la población y la proliferación de parroquias en el siglo XVIII hicieron de San Gil una jurisdicción que requirió continua atención para la impartición de justicia. En esa medida, las autoridades se preocuparon su distribución y se aplicaron distintas soluciones para tal fin[36]. Una de estas fue la implementación de alcaldes partidarios para las parroquias, como ya lo hemos tratado detenidamente. Otra de las estrategias fue solicitar el aumento de una jurisdicción limitada o conceder la jurisdicción ordinaria con el fin de tener más oficiales que pudieran sentenciar juicios.

Tal fue el caso del alcalde partidario de Barichara, que ya hemos citado pero que debemos recapitular. Debido a las continuas necesidades de administración de justicia y de "negocios" notariales, el virrey había concedido que en cada ocasión de la elección de alcalde partidario para esa parroquia, el favorecido debía pedir la confirmación de la facultad para ejercer jurisdicción ordinaria (aunque ya estaba concedida) y el derecho a realizar protocolos notariales en su demarcación. Así lo efectuó don Marcos Gómez de la Parra, quien había sido electo para el oficio en el año de 1757[37]. Esto le fue concedido como prerrogativa y privilegio conforme a autos acordados sobre el asunto con el fin de "distribuir justicia a aquellos leales vasallos".

Pasando a otro ejemplo, volvemos sobre el caso abordado en el que se hablaba de la petición de jurisdicción ordinaria para el alguacil mayor[38]. Como se decía, paralelamente a la petición del alcalde ordinario, el teniente de corregidor y corregidor de naturales y forajidos de San Gil, el doctor don José Ignacio de Angulo y Olarte, en 1769, hizo la misma petición para asignar jurisdicción ordinaria a don Ignacio de Uribe y Mantilla[39]. El teniente sustentaba su solicitud

---

36 VELASCO, Julián Andrei. "Distribuir justicia en beneficio de aquellos leales vasallos": la estructura de la administración judicial en la villa de San Gil, 1739-1771". En: BONNETT, Diana, GONZÁLEZ, Nelson e HINESTROZA, Carlos (Coords.). *Entre el poder, el cambio y el orden social en la Nueva Granada colonial. Estudios de caso*. Colección de Estudios Interdisciplinarios sobre la Conquista y la Colonia de América. Vol. 6. Bogotá: Universidad de los Andes, CESO, 2013, p. 162.

37 AGN. Sección Colonia, *Empleados Públicos de Santander*, Tomo XXIX, Doc. 32, f. 384r. (Ternas para alcaldes pedáneos de San Gil del año 1757 y petición del alcalde de Barichara para que se le conceda la jurisdicción ordinaria como a su antecesor, 1757).

38 Ver capítulo 4, acápite sobre el alguacil mayor.

39 AGN. Sección Colonia, *Empleados Públicos de Santander*, Tomo XV, f. 612r. ("El Cabildo de la villa de San Gil sobre que a Don Ygnacio Joseph de Uribe Alguacil mayor de ella se le confiera jurisdicción ordinaria", 1769).

con argumentos (similares a los del alcalde ordinario) que sostenían que desde que había entrado a sus empleos reconoció lo vasto de la jurisdicción de la villa y la "muchedumbre" de delitos que en ella se cometían. Aducía que buen número de esos casos quedaban impunes "a causa de la morosidad de algunas justicias y especialmente en las que han obtenido jurisdicción ordinaria" y porque solo servían un año en sus empleos. Lo anterior traía como consecuencia que no se procedía con "aquella eficacia y distributiva" que encargaba su majestad, lo que era suficiente justificación para la solicitud de la jurisdicción ordinaria para el alivio y buena administración de justicia[40].

Además de los dos oficiales realizando la misma solicitud, se unía a dicha petición el cabildo de la villa. La institución capitular manifestaba:

> que lo *basto de esta jurisdicción* y *crecido número de gentes* que la habitan necesita de una persona más que obtenga jurisdicción ordinaria para el *alivio y buena administración*, así por ser muchos los negocios que ocurren como por la multitud de delitos que se cometen *a que no pueden dar pronto y eficaz dispendio el teniente de corregidor y los dos Alcaldes Ordinarios* que son los que la obtienen meramente. Por lo que si fuere de la superior gratitud de Vuestra Excelencia el conferirle esta jurisdicción a don Ignacio Joseph de Uribe[41].

Con todo, en las tres peticiones no se menciona, o por lo menos no explícitamente, la capacidad de los alcaldes partidarios para cumplir con las obligaciones judiciales. En efecto, ese fue el alegato del fiscal de la real audiencia cuando la solicitud pasó a su vista, en la cual puntualizó que la petición no tenía lugar porque para entender las demandas del crecido vecindario existía en cada parroquia un alcalde pedáneo, aunque no mencionó a los de la Hermandad. Su negativa se reforzaba con el presupuesto de que si las justicias de San Gil no se mezclaran a oír las demandas de las parroquias y lugares alejados, y si se dejara tal labor a los partidarios, "serían menos los negocios y causas que ocurrieran a que concurre el que la creación de nuevos jueces a más de ser odiosa *solo sirve de fomentar competencias*"[42], como una que ocurría entre el alguacil mayor y el alcalde pedáneo de Cepitá sobre construcción de cárcel, decía el fiscal. En el documento no

[40] *Ibid.*, f. 612v.

[41] *Ibid.*, f. 614r.

[42] *Ibid.*, f. 614v.

aparece el acuerdo donde se aprueba o se niega la solicitud, aunque presuponemos que no se autorizó.

A pesar de lo que aseveraba el fiscal, no era necesaria la multiplicación de jurisdicciones para que se presentaran conflictos de competencia, como explicaremos en el siguiente acápite. No tenía en cuenta la jurisdicción limitada de los alcaldes partidarios, pues solo podían llevar a cabo causas hasta cierto punto para remitirla a los alcaldes ordinarios. Ciertamente, el teniente de corregidor y los alcaldes ordinarios tuvieron bastantes procesos qué resolver por la extensión de la jurisdicción y su gran número de habitantes, como se deja claro en la cita de arriba. Tal vez el fiscal se preocupaba por un orden armónico entre los distintos jueces, mientras algunos jueces y el cabildo buscaban dar una solución a las necesidades del orden social.

6.3. Conflictos por competencias: cuatro episodios

6.3.1. Uno: contra el teniente de corregidor

El 28 de diciembre de 1762, el alcalde ordinario de San Gil residente en el Socorro, Antonio José de Uribe Salazar, denunciaba los excesos del teniente de corregidor don Manuel Ruiz de Cote[43]. Todo había comenzado por un auto de buen gobierno que el teniente había expedido, pero que el cabildo, y en especial los alcaldes ordinarios, no aceptaron. Uribe había denunciado los excesos de Ruiz, acusación que por distintas circunstancias no prosperó –en parte por la ausencia del virrey en la audiencia y la imposibilidad de notificar el decreto que en primera medida se le había hecho al teniente para que compareciera a la demanda–, y por lo cual reiteraba que los excesos que había hecho presentes eran verídicos y podía justificarlos. Agregaba: "los tome para que su justificada equidad le removiese del empleo y quedasen remediados otros más graves que ya hoy con harto dolor mío y bajo la confianza con que los inferiores deben pedir a los superiores el remedio de hechos que trascienden la ruina de muchos"[44]. A continuación pasaba a detallarlos.

La primera imputación a Ruiz de Cote era estar "en público concubinato" con doña Manuela de Baños, una señora casada con don Félix Ramírez de Arellano.

---

43 AGN. Sección Colonia, *Empleados Públicos de Santander*. Tomo XVI, No. 29-31, ff, 754r-780v. (Antonio José de Uribe Salazar, alcalde de San Gil, su acusación contra Manuel Ruiz de Cote, corregidor de Tunja, por varios delitos, 1762).

44 *Ibid*., f. 754v.

Con la usencia de este de la parroquia del Socorro para estar en Mompox y luego en Santa Fe, se pensaba que dos mellizas que había tenido Manuela eran del teniente, ya que este las había dado a criar. Las neonatas murieron, cuya pompa en los entierros había provocado *escándalo* en el lugar. Adicionalmente, el teniente se resguardaba en su empleo: "y abrigado de la dominación de su empleo vive públicamente con la precitada y los jueces con las manos ligadas por respeto del matrimonio, y a sus facultades no podemos remediar este exceso"[45].

El segundo cargo era de la misma índole. Manuel Ruiz de Cote se había casado con doña Feliciana de Molina y al morir esta, había llevado a su casa a la hermana de la difunta, su cuñada, con el pretexto de cuidar a sus hijas. Sin embargo, decía el alcalde acusador que con una mayor libertad y desenvoltura vivían juntos en público concubinato, del cual había resultado una hija. Por esas dos razones, que iban en detrimento de la ley divina, Antonio de Uribe pedía que se hiciera la información correspondiente, estando listo a presentar testigos de los hechos.

Unos seis meses después, ante don Antonio José Plata se continuó el proceso. El 18 de junio de 1763 se recibió el traslado del decreto para que Uribe, ya sin su investidura judicial, presentara testigos. Entre el 20 y el 25 de junio se presentaron 11 testigos que ratificaron las acusaciones que se le imputaban al teniente de corregidor. Lo testimonios dan más detalles de la situación. Por ejemplo, el primer declarante, Juan Bernardo Villegas, mencionaba que en varias ocasiones había visto salir y entrar a la casa de doña Manuela al teniente, y viceversa. En el segundo punto decía que el concubinato llegó al punto que el cura de la parroquia había excomulgado a Ruiz de Cote hasta que no sacara de su casa a su cuñada. Entre los otros testigos se encontraban distintas personas de relativa cercanía con los implicados. Fue el caso de Melchora de Rivera, quien fue partera de dos hijas de Manuela, y que aseguraba que las dos criaturas eran hijas de Manuel Ruiz de Cote[46].

Con los demás testigos[47] parecía quedar justificado el embrollo del asunto. La situación tenía las características de "público escándalo" y "público y notorio", lo que indica que el hecho no estaba para nada oculto y los detalles de la vida personal del acusado circulaban por toda la parroquia haciendo parte de la comidilla. Esto se confirma al constatar que algunas declaraciones se realizaron en base a noticias llegadas por "oídas", como era muy común. No obstante, fueron varios

---

45 *Ibid.*, f. 755r.

46 *Ibid.*, f. 758v.

47 *Ibid.*, f. 759r y ss.

los hechos sobre los que daban cuenta los declarantes por haber sido testigos[48] oculares: 1) del embarazo en que había quedado doña Manuela en ausencia de su marido y la cercanía que tenía con el teniente; 2) la continua entrada y salida del teniente de la casa de doña Manuela; 3) los hijos que habían tenido los dos; 4) que la cuñada de Ruiz vivía con él. Incluso un testigo declaró: "y que un sujeto se lo gritó públicamente en la plaza de esta parroquia al dicho teniente a muy pocos días, y que muchos lo oyeron porque muy recio se lo gritó"[49].

En resumen, las declaraciones reforzaban la condena del comportamiento moral de Ruiz de Cote. Hasta aquí podemos dar cuenta de lo acontecido con esa denuncia, ya que el documento no da cuenta de lo hecho por el teniente en el proceso. Lo curioso del caso es que lo narrado hasta el momento era la segunda parte de una historia que se había tejido en el año de 1762 y que había desembocado en el terreno de la denuncia moral al siguiente año. Como se mencionó al principio, el conflicto había iniciado por un auto de buen gobierno, que el documento citado apenas menciona. No obstante, en otro testimonio hallado encontramos la raíz del lío.

El embrollo se generó porque el teniente de corregidor había expedido un auto de buen gobierno que iba en contra de las costumbres económicas que se llevaban en la jurisdicción de San Gil y en la parroquia del Socorro[50]. En aquella ocasión don Antonio de Uribe Salazar, alcalde ordinario, también había comenzado con la querella el 27 de mayo de 1762 argumentando que el teniente de corregidor hizo:

> publicar (en la parroquia del Socorro donde yo administro justicia) el auto de buen gobierno que tuvo por bien figurar a su antojo, *excediendo a la costumbre de aquel país*, y a lo mandado de ante mano por los señores alcaldes ordinarios para el bien público; y en atención a que de lo mandado por dicho teniente se han seguido graves inconvenientes en dicho país, he tenido por bien ocurrir ante vuestra señorías y respectivo Ayuntamiento para que en vista del auto de buen gobierno por mí proveído que en dicho país hice; y de los más instrumentos que solemnemente presento se sirvan vuestras señorías determinar lo que hallaren por conveniente, *pues como lo distributivo al buen gobierno me*

48 Uno de los testigos era el notario eclesiástico de la parroquia, Cristóbal Gómez Rubio.

49 *Ibid.*, f. 762r.

50 AGN. Sección de Colonia, *Impuestos Varios*. Tomo XIII, Doc. 9, ff. 304r-647v. ("El cabildo de la villa de San Gil sobre propios", 1768).

parece pertenecer a este ilustre Cabildo y subdelegados alcaldes ordinarios y no a dicho teniente quien tiene aquella república del Socorro, con varias confusiones con sus nuevos impuestos de marcar palitos, de medir maíz, turmas, frijoles, &a marcando varas de castilla, y de la tierra, y como el hilo delgado, y gordo es allí el mayor trato, y que los pobres con ello se mantienen[51].

Era una defensa muy clara de la potestad y autonomía que tenían los cabildos y los jueces capitulares para el gobierno de su jurisdicción. Ese mismo día el cabildo le dio apoyo al alcalde, pues acordó remitir todo al virrey para que proveyera lo más conveniente. Después de eso el teniente de corregidor entró en acción para su defensa. Pidió a diferentes autoridades certificaciones sobre si había interferido en alguna competencia o invadido jurisdicción de otro con la pretensión de quitarle alguna causa pendiente al alcalde ordinario o a los partidarios, o alguna otra cosa en detrimento de la justicia[52]. Las certificaciones le fueron favorables. Por ejemplo, el alcalde ordinario residente en San Gil, Miguel Meléndez de Valdéz, afirmó la correspondencia que tenía con el teniente en los "negocios de justicia". Por su parte, el alcalde partidario de Oiba aseveraba que el teniente no se había "entrometido en causa alguna mía ni estorbándome en modo alguno la administración de justicia"[53]. Los curas de la parroquia de Barichara y el de los pueblos de indios de Guane y Curití certificaron que el teniente de corregidor había usado bien y con toda la honra del caso de los empleos de alférez real, alcalde ordinario y el de teniente de justicia mayor, este ya por segunda ocasión. Además, el mismo alcalde partidario de Barichara, don Juan de Acevedo, declaró que el teniente no le había causado impedimentos en la administración de justicia, antes lo había auxiliado, y que el auto de buen gobierno era a favor de la jurisdicción.

Puesto que el conflicto se extiende por más de 300 folios es bastante complicado dar cuenta de todo. Lo que interesa destacar es que Uribe realizaba una defensa de la potestad del cabildo para las gestiones de los asuntos gubernativos de su jurisdicción, del regimiento. En el fondo, todo se traducía en un lenguaje judicial y jurisdiccional, puesto que argumentó que no le era propio al oficio de teniente decretar autos de buen gobierno, prerrogativa que tenían los alcaldes ordinarios de San Gil y por la cual el teniente quería pasar por encima. Además, se señalaba una

---

51 *Ibid.*, ff. 362r-v.

52 *Ibid.*, f. 369v.

53 *Ibid.*, f. 373r.

alteración de las costumbres del lugar, al orden que hasta el momento se llevaba. Por su parte, el teniente de corregidor se defendía con una cuestión más judicial tratando de comprobar la rectitud en el desempeño de su oficio y en la armonía que llevaba con las otras justicias de San Gil, ideal que veremos expresado en el siguiente caso. Parece que el alcalde ordinario no logró ganar la contienda con el teniente de corregidor y por ello pasó a una denuncia moral contra él, pidiendo incluso su destitución.

6.3.2. Dos: versiones y defensa de la real jurisdicción

El segundo episodio de querella jurisdiccional es también muy interesante. Enfrentó dos autoridades del orden local y que eran piezas fundamentales de la justicia: el alcalde ordinario y el alcalde de la Santa Hermandad. Este tipo de enfrentamientos de autoridades capitulares no ha sido estudiado por la historiografía que ha tratado el tema y posee importancia para ver que el fenómeno tenía una expresión al interior de un mismo ámbito institucional local. Ahora bien, a pesar de que en el fondo de las tensiones llegó a haber cierto resentimiento y una cuestión de ayuda a un pariente, el caso expone una serie de argumentaciones de los implicados sobre las jurisdicciones correspondientes de cada quien. Se trató de dos versiones de la real jurisdicción, cuando la defendía un alcalde ordinario y cuando la usaba el de la Santa Hermandad.

Resultó que en 1761 entró en la real audiencia una querella sobre jurisdicciones encontradas. El procurador del número Domingo Ortiz, a nombre del alcalde ordinario de la villa de San Gil, estableció pleito porque había discrepancia entre aquél y un alcalde de la Santa Hermandad por quién debía adjudicarse el conocimiento de una causa criminal[54]. Antes de entrar en las argumentaciones en sí, debemos tener presente una síntesis de los hechos: estando en la parroquia de Barichara ese mismo año, don Francisco de Vesga Santiago había sido capturado por el alcalde partidario de esa parroquia, don Isidro de la Parra. Los cargos que motivaron su encarcelamiento fueron el haber propinado heridas a Francisco de Aranda e injurias a Francisca Pedraza, una mujer casada.

Como el alcalde partidario del lugar apenas estaba electo y no se había recibido en su oficio, el caso pasó a ser llevado por el alcalde de la Santa Hermandad

---

54 AGN. Sección Colonia, *Competencias Santander*, Tomo 6, Doc. 22, f. 516r. ("Competencia del alcalde ordinario don Pedro Velázquez, y don Juan de Dios de los Reyes alcalde de la hermandad, ambos de [San Gil] sobre el conocimiento de la causa criminal de don Francisco Vesga", 1761).

de San Gil, don Juan de Dios de los Reyes. Debido a que Pedro de Vesga fue maltratado por los jueces en Barichara y sometido a deshonor público, decidió recusar a Reyes y pedir que el alcalde ordinario de San Gil conociera de su causa, lo cual no se le concedió. Al ver esto, Vesga se fugó de la casa donde lo mantenían encerrado y se presentó ante Pedro Velázquez para que se le llevara juicio ante el juzgado ordinario. Este alcalde aceptó la causa y remitió una carta al de la Hermandad para avisarle que el reo estaba en San Gil y que le remitieran los autos del proceso para continuarlo él. La lucha por la competencia entre los dos jueces se inició una vez que Juan de Dios de los Reyes se negó a esto, ya que defendía el conocimiento de lo que ya había iniciado.

Ante tal afrenta, el procurador de Velázquez solicitaba en la audiencia, el 27 de junio, que se resolviera si había de entregarse el reo o retenerlo para seguirle la causa. Asimismo, que se aclarara la jurisdicción que debía usar el alcalde de la Hermandad, "pues siendo tan ilimitada esta el conservar los fueros de la jurisdicción ordinaria, y que no se excedan los de la Hermandad"[55]. La parte contraria, Juan de Dios de los Reyes, presentó su alegato sin contar con procurador. En su argumentación del caso, afirmó que Vesga recurrió a Velázquez por ser pariente suyo[56], tener consanguinidad con sus hijos y que por ello resistía la entrega del reo; y así pretendía atropellar su persona y la *real jurisdicción* que en él residía para el conocimiento de causas criminales del caso y que tal era caso de Hermandad[57]. Por ello, pedía que se le tuviera como el juez que debía llevar el proceso de Pedro de Vesga y que se le diera traslado del mismo para conocer lo que había informado su parte contraria[58].

Días antes, desde el 21 de junio, el acusado realizó un extenso alegato desde la cárcel donde se encontraba. Empezaba por decir que Francisco de Aranda se había quejado por un altercado que tuvieron el 10 de mayo, por lo que el alcalde de la Hermandad lo había encarcelado y le había puesto grillos, guardias y varias veces en el cepo, además de que lo había trasladado de casa en casa como cambiándolo de prisión. Después de varios días solicitó que se le procesara en San Gil y por no

---

55 *Ibid.*, f. 516v.

56 Tal vez las vinculaciones con el alcalde ordinario le venían por miembros de su familia, Tomás Santiago, José Antonio y Bartolomé de Vesga Santiago, quienes en distintos años fueron miembros del cabildo.

57 Ver en el capítulo 4 el apartado de los alcaldes de la Santa Hermandad (numeral 4.1.3, ítem b).

58 *Ibid.*, f. 518r.

haberle concedido esto recusó a Reyes para que no conociera su caso a partir de la confesión que ya se le había tomado. Por solicitud de Aranda, le hicieron segunda confesión, por lo que volvió a recusar al juez, pero este, apoyado en el alcalde partidario y en don Pablo Gómez Romano (que siempre aparece en el caso como "juez acompañado") , no aceptó la petición. Si a esto se le sumaba que Reyes procedía con pasión, pues le adjudicaba otra causa a Vesga (la de Francisca Pedraza) que ya había sido determinada ante el justicia mayor de Tunja tiempo atrás, el reo decidió fugarse para San Gil, donde estaba domiciliado, y presentarse ante el alcalde ordinario. Consideraba que su caso pertenecía a la *real justicia ordinaria*.

Ya se había enterado de que el alcalde de Hermandad había llevado alegatos a la audiencia, lo que demostraba su "saña pasión y mal querencia" con él, por lo que daba poder a uno de los procuradores para que se determinara si la suya era causa de Hermandad, que se expusieran las nulidades que eran evidentes y que en caso de ser de Hermandad el suyo, se lo revisara[59]. Francisco Calixto, quien fue el procurador del acusado, declaraba que la causa no era de Hermandad, sino que pertenecía a la justicia ordinaria. Como Reyes se encontraba en Santa Fe, la capital del virreinato, se solicitaba que se le notificara que entregara los autos en la secretaría.

A Juan de Dios de los Reyes, el alcalde de la Santa Hermandad, se le envió el traslado del caso y a partir de ello realizó un escrito propio el 15 de julio. Solicitaba continuar con el conocimiento de la causa, pues era injusta la recusación que se le había puesto y que con opinión de asesor letrado se condenara al alcalde ordinario en costas de la causa por haber procedido "sin guardar la armonía, y buena correspondencia tan prevenida, y encargada por las leyes"[60]. Para reforzar su argumento decía que era caso de herida, que no había otro juez en aquella parroquia, ya que el partidario no había jurado la vara, y que capturó el reo en despoblado, o sea en un sitio[61] de la parroquia. Mencionaba que el reo se había fugado para auxiliarse en el alcalde ordinario "bien satisfecho que en él, como en su pariente encontraría todo abrigo y los delitos se quedarían impunidos [*sic*], la república, y los actores de las causas que constan de dichos procesos agraviados, y la real jurisdicción que en el suplicante residen burlada, como en efecto se ha verificado"[62].

59 *Ibid.*, f. 521r.

60 *Ibid.*, f. 524v.

61 Lugar rural.

62 *Ibid.*, f. 524v.

Reyes también refería otro episodio que no había salido a la luz hasta ese momento. Junto a sus ayudantes debió pasar a la villa de San Gil a solicitarle al alcalde ordinario que le entregara al reo Vesga a lo que se negó aquel, y no solo esto, sino que este mismo había hecho "tumultuar a los vecinos de la villa". Los hechos son bastante curiosos, pues el alcalde ordinario Velázquez era padre del vicario de la villa, que tal vez por petición suya hizo tañer las campanas a las once de la noche con el fin de convocar distintas personas, seguramente, con el propósito de ejercer presión sobre Reyes y sus acompañantes. De este curioso episodio daría cuenta más adelante el mismo vicario, el doctor don José Velázquez de Suvillaga.

El siguiente argumento que esgrimió el alcalde de la Santa Hermandad fue que lo que pretendía el reo era diametralmente opuesto a lo que establecía una ley recopilada que prevenía que en las causas que conocían los alcaldes de la Hermandad "y hubieren prevenido, y comentado a conocer otro jueces algunos mayores, ni menores no se entrometan a conocer, ni conozcan de su oficio, ni a pedimento de parte por simple querella, ni por vía de apelación o nulidad, o presentación ni en otra manera alguna"[63]. A pesar de defensas, mandamientos e inhibiciones, debía proceder y ejecutar las sentencias con el fin de evitar luengas dilaciones que procuraban los que habían cometido robos y otros casos de Hermandad para librarse de las penas "y si a esto diera lugar la justicia de la Hermandad no sería temida, ni ejecutada, como dicha ley".

El acusado remataba con un último argumento. Afirmaba que así a Velázquez no le constara la inhabilidad que pesaba sobre él y que la causa no estuviera prevenida por el declarante, era obligación del ordinario haber entregado y remitido al reo para que se lo juzgara en el lugar donde había cometido en el delito porque

> *a la república le conviene que los delitos públicamente se castiguen en el lugar en que fueron cometidos* así por el ejemplo, y que otros se abstengan de los mismos crímenes, como por la especial injuria que se le hace al lugar por el escándalo, que se origina del mal ejemplo, y del menosprecio de los jueces del territorio; pues si se diera lugar a la pretensión contraria ya quedaría viciado aquel lugar en ocurrir los reos escalando las cárceles, y prisiones a otros jueces, *dejando burlados, y menospreciados los que tenían el preciso conocimiento de las causas* y a los del territorio, y lugar en que se cometió el delito, o delitos, quedando

---

[63] *Ibid.*, f. 525v.

> estos todos los días impunidos [*sic*] no sin grandes daños de los habitadores de aquellos lugares, y territorios, y se seguirían otros gravísimos inconvenientes[64].

Cerraba diciendo que no procedía con " malicia", sino tan solo con el ánimo de defender su propio fuero y la real jurisdicción.

Corría ya el 26 de agosto cuando Juan Francisco Calixto arremetió contra la declaración anterior con argumentos propios, pidiendo que se declarara por nulo todo lo que había realizado el alcalde de la Santa Hermandad y que le tocaran las costas judiciales. Primero, aseguraba que Vesga se había dado a la fuga por los continuos maltratos y porque se notaba que las peticiones de la parte contraria se atendían y las del acusado no. Segundo, según la ley que contempla los casos de Hermandad, el caso no lo era, pues se trataba de un lugar poblado de más de 200 vecinos y así hubiera sido alevosa la acción no sería caso de Hermandad, ya que lo exceptuaba "la ley en los lugares poblados con 300 vecinos y siendo el defecto de jurisdicción insanable vicio de nulidad no teniéndola en este caso, y no habiendo consentido mi parte, y exencionándola expresamente luego que se le entregó el proceso, es legal la condenación de costas, y declaración de la declinatoria como la nulidad de lo actuado"[65]. Finalmente, se demostraba la pasión del juez al ver que en la causa se notaba que quería complacer a Aranda, con quien tenía querella el reo, así como también se le había tomado confesión de una causa que había puesto varios años atrás el marido de Francisca Braza[66] ante el corregidor de Tunja, la cual él mismo había determinado, y así, con la pretensión de continuar esta causa, se vulneraba la jurisdicción del juez superior que ya la había conocido[67].

Al revisar estas dos largas defensas, el fiscal se pronunció. Conforme a una de las razones aludidas por el alcalde de la Hermandad, recomendó declarar que este podía conocer de la causa porque no hubo en ese lugar otro juez ante el cual haberse puesto demanda, habiendo peligro de dilatarse el proceso por acudir a San Gil, y que antes de él ningún otro juez se había atribuido la causa. También afirmaba que la negación del juez ordinario a entregar al preso era motivo para que la *vindicta pública* quedara sin remedio, pareciendo más "abrigo de delincuentes" que celo en la defensa de la jurisdicción. Por otra parte, Velázquez no debió haber

---

64 *Ibid.*, ff. 526r-v.

65 *Ibid.*, f. 531r.

66 En la primera mención apareció Pedraza y no Braza.

67 *Ibid.*, f. 531v.

aceptado la causa por impedimento de parentesco. Para terminar, el fiscal apelaba a uno de los ideales de la justicia: "se le prevendrá a dicho alcalde ordinario procure *guardar en lo de adelante la buena armonía y correspondencia que los jueces deben practicar unos con otros, evitando competencias e inquietudes, para que de este modo no se embarace la recta administración de justicia*"[68]. Con mejores palabras no pudo haberlo expresado.

La decisión del real acuerdo del 9 de septiembre no favoreció a ninguna de las partes: se remitió el conocimiento de la causa al alcalde ordinario de San Gil que residía en la parroquia del Socorro, quien viendo los autos, y con parecer de asesor, determinaría las apelaciones interpuestas conforme a derecho. Parece que el asunto principal había quedado resuelto, pero apareció en escena otra cuestión a resolver y que introducimos por incluir la copia de un exhorto del alcalde de la Hermandad, que nos da más información sobre las opiniones de los oficiales involucrados en esta competencia.

Como se había mencionado líneas arriba, en los hechos del pleito estuvo involucrado el doctor don José Velázquez Suvillaga, quien por entonces era cura y vicario de San Gil, además de hijo del referenciado Velázquez. Este personaje intervino en el proceso que se llevaba en la audiencia para quitar la "mácula" que había caído sobre la iglesia de San Gil, ya que el alcalde de la Hermandad había utilizado expresiones denigratorias e infamatorias contra ella[69]. Esto nos interesa, pues entre sus razones incluyó una copia del primer exhorto del alcalde de la Hermandad para que se le devolviera el preso que se había fugado. Tal copia se incluyó hacia inicios del mes de noviembre y solo destacamos algunos argumentos esgrimidos por don Juan de Dios de los Reyes.

En ese documento, que pudieron haber presentado desde inicios del pleito, se aducían otras razones en contra de Velázquez. La primera era que había expresado voracidad e irrespeto, expresión de la burla que quería hacerle a la real jurisdicción. Luego declaró que, "en fuerza" de la jurisdicción ordinaria, estaba obligado a que le prestaran favor y auxilio, y no que se le impidiera la administración de justicia:

> sin jurisdicción para ello lo primero por no ser juez superior para admitir la presentación del reo, y advocarse la causa ni pedir los autos ni menos para revocar suplir ni enmendar los proveídos míos, lo segundo como juez criado

[68] *Ibid*., f. 532v. Las cursivas son nuestras.

[69] *Ibid*., f. 546r.

> por este ilustre cabildo debo tener franca la cárcel de esta villa y las más de toda la jurisdicción para poner y sacar los reos que me pertenezcan, sin tener para ello necesidad de pedir venía a los demás jueces y en el caso presente Vmd desatendiendo a todo y con menosprecio y ultraje de la real jurisdicción criminal que en mi reside ha pretendido y pretende usurparme la jurisdicción[70].

La argumentación se cerraba pidiendo que se le entregara el reo. Así, declaraba que se determinara lo conveniente para evitar competencias escandalosas que eran mal ejemplo para el público, ya que viéndose así embarazada la administración de justicia a los jueces por los mismos jueces, debía ser defendida por todos ellos a nombre de su majestad como patrimonio de su dominio y soberanía. Después de que se incluyera ese documento no se hizo acción otra alguna en el proceso, por lo que desconocemos su desenlace.

Lo interesante de lo anterior es que el alcalde de la Hermandad ponía las piezas en su lugar. Recalcaba la armonía que debían tener los magistrados, y en parte para ello cada quien debía respetar su posición en el entramado jurisdiccional de la villa, guardando lo que les competía por sus potestades. Así, él defendió que el caso era de Hermandad y explicó por qué. Por otra parte, definía dónde no podía involucrarse la jurisdicción ordinaria, además de poner en duda las virtudes de juez que tenía Velázquez, pues procedía con pasión, voracidad e irrespeto. Adicionalmente, en los argumentos de Reyes estaba presente que el desconocimiento de una jurisdicción, a parte del escándalo de no castigar los delitos, iría en detrimento de la autoridad.

En un sentido estricto, y basados en lo que hemos dicho en capítulos anteriores sobre las jurisdicciones de los oficios y sobre los casos referentes a la extensión de la autoridad judicial, el caso pudo conocerlo el alcalde partidario de Barichara. Recordemos que este tenía la prerrogativa de la jurisdicción ordinaria, por lo que, teóricamente, pudo haber llevado el caso hasta sentenciarlo. En ese caso, poseía jurisdicción preventiva junto con el teniente de corregidor y con los alcaldes ordinarios. No sabemos, después del caso aludido de 1757, si otros alcaldes de Barichara siguieron pidiendo la jurisdicción ordinaria. Cabe la posibilidad de que el alcalde partidario hubiera ya jurado el oficio –sin recibirse en él no podía ejercerlo de ninguna forma[71]– y, así, de que haya podido conocer de

---

[70] *Ibid.*, f. 543r-v.

[71] Bravo Lira, Bernardino. *Op. cit.*, pp. 224-225.

la causa hasta cierto momento procesal, para luego pasarla a un juez con mayor peso jurisdiccional. Precisamente, este es al asunto de las líneas que vienen en el tercer conflicto jurisdiccional.

6.3.3. Tres: la jurisdicción limitada de los alcaldes partidarios

El tercer episodio al que nos referiremos se generó en la parroquia de Simacota en el año de 1770[72]. El 2 de marzo de este año Juan Aniceto de Mora llevaba una querella criminal contra Joaquín Sánchez, al parecer por honor. En resumidos términos: declaraba que se había pasado el plazo de probanzas y pedía que se le pusieran grillos a su contrario, lo que ya se debía haber hecho, además de la solicitud de dar por acusada tres veces la rebeldía de Sánchez. La causa se llevaba ante don Pedro Ortiz, "alcalde foráneo y juez ordinario" de Simacota. El proceso de la causa como tal fue dejado a un lado para pasar al terreno de las competencias cuando Sánchez contestó en su propia defensa.

Estando en la cárcel, y "sin atribuirle más jurisdicción que la que por derecho le compete", realizó una interesantísima argumentación, que en realidad ya había hecho desde antes y a través del pleito. Comenzaba con contundencia al decir que por un escrito pasado había propuesto que la causa no debió ni podía asignársele al alcalde partidario, por ser de materia criminal. Declaraba injustificada su aprehensión y seguimiento del proceso recalcándole al juez que él no ignoraba que la jurisdicción de los jueces partidarios era limitada, "y más en causas criminales", como se lo debió haber hecho saber el cabildo sangileño al momento del recibimiento del oficio. Proseguía a resaltar que el escrito había manifestado un exceso de jurisdicción y que estaba comprendido para remitir la causa al alcalde de la Santa Hermandad o a quien correspondiera conforme a que no tenía jurisdicción para conocerla en la instancia en que se encontraba[73].

Joaquín Sánchez admitía poseer y no querer devolver los autos del proceso, pues consideraba que tenía el derecho de quedárselos para llevarlos ante un juez competente. De tal forma, solicitaba ser puesto en libertad y que se remitiera el pleito a otro juez. Además, no contribuiría a las costas por considerarse *miserable* y por no ser eso justo. En una declaración posterior, donde respondía a la acusación

---

72 AGN. Sección Colonia, *Competencias Cauca, Magdalena, Tolima, Santander, Panamá, Ecuador*, Tomo 8, Doc. 27, ff. 776r-793v. ("Los alcaldes pedáneos de Simacota con el cabildo de la villa de San Gil: Competencia sobre el conocimiento de una causa criminal", 1770).

73 *Ibid.*, f. 780r.

de rebeldía, argumentaba su pobreza y la de su mujer, quien se encontraba sola por su ausencia, además de las dos recusaciones que ya le había hecho al partidario. En su retórica, también aludió a la *simonía* o simulacro que contra él profería el juez al negarle la justicia: "y ahora valiéndome de los derechos que su majestad ha dado y gozamos los litigantes digo que para mis legales y justas defensas necesito que en mérito de justicia se sirva de prolongarme cuarenta y ocho horas de término que necesito para poder yo dar entero cumplimiento y presentarme ante vmd"[74].

El plazo le fue concedido por Nicolás Ortiz. No obstante, él y su compañero, el otro alcalde partidario de Simacota don Juan Ignacio Mejía, seguro se sorprendieron cuando el 14 de marzo recibieron del alcalde ordinario residente en el Socorro una carta de comparendo para notificarles lo que se había proveído por el cabildo en la causa que seguían. Ortiz y Mejía respondieron cuatro días después. "Temerosos" del mal que resultaría por comparecer, pedían que se sacara copia de la carta de respuesta que daban al alcalde del Socorro. En ella argumentaban, que tal vez por haber errores en el proceso (pues no había abogado en la parroquia) "nosotros ser profesores del derecho, pudiéramos, tener algún disimulo, corrigiendo el, ilustre cabildo, y enmendando dichos yerros, sin que para esto fuese necesario el comparendo de nuestras personas"[75]. Que seguramente no incurrían en delito y que no se justificaba hacer presencia en el Socorro, por lo que pedían se les remitiera lo dictado por el cabildo, pues estaban prontos a obedecerlo. De lo contrario, suplicarían el comparendo ante los señores de la real audiencia. Por último, decían que todavía no se le había dado castigo al reo y como no quería entregar los autos, no era bien visto que se les desautorizara.

El alcalde del Socorro, Antonio José de Uribe Salazar, fue más veloz en contestar. El mismo día que recibió la carta envió otra con un tono más autoritario, comentando que por el recurso interpuesto él estaba conociendo de la causa por mandato del cabildo, ya que le tocaba privativamente. Por ello les imputaba a los dos partidarios cierta resistencia e inobediencia con la orden del cabildo y por ello los citaba a comparecer por segunda vez en su juzgado para que obedecieran lo declarado. Esto debía hacerse en el término ordinario y de no ejecutarse así, el mismo alcalde ordinario pasaría personalmente a costa de los implicados y con un escribano a ejecutarlo en Simacota.

---

74 *Ibid.*, f. 781r.

75 *Ibid.*, f. 785v.

Esto tenía sus argumentos:

> por tenerlo por insustancial en el presente caso, pues si atenderá a ello sería necesario ser muy difuso en esta, y declararles por menudo lo que comprende su jurisdicción aunque bien creo no lo ignorarán por haberles hecho saber las dos reales provisiones de su alteza, que se hallan en el ilustre cabildo a efecto de hacérseles saber a los alcaldes partidarios para que no se excedan en su jurisdicción y esto bajo la multa que vms saben, y el ilustre cabildo no les declaró incursos en ella por conmiseración y tuvo por conveniente sólo el declarar por nulas sus actuaciones por falta de jurisdicción y porque los espero no soy más largo[76].

De seguro los alcaldes partidarios de Simacota se sintieron constreñidos por tales advertencias y dieron poder, el 20 de marzo, a uno de los procuradores del número de la audiencia para que los representara en las vejaciones que les había hecho el cabildo. Consideraban que debían recibir el desagravio correspondiente y que se declarara si tenían jurisdicción ordinaria para seguir cualesquiera causas, tanto civiles como criminales, a los vecinos que estuvieran en su demarcación hasta dictar sentencia; decían también enviar una instrucción[77]. Dos semanas después, el procurador Juan Vicente Pérez de Páramos ya los estaba representando en el máximo tribunal de Santa Fe.

Una vez que Pérez realizó una síntesis de lo ocurrido hasta el momento, se pronunciaba sobre que el hecho sustancial era hacerles saber la providencia del cabildo y por ello los alcaldes de Simacota pretendían que no se les compeliera a ir al Socorro. El procurador dio razones interesantes. En primer lugar, señaló que no habían cometido "exceso criminal", pues consideraba ese caso como civil, "mayormente cuando de él no se sigue sentencia definitiva u otra que infiera algún gravamen corporal, infamia "[78]. Por otra parte, añadió que si hubo exceso fue en el traslado para el reo para su defensa, porque en cuanto se refería a la aprehensión, a la confección de la sumaria y al recibimiento de confesiones, estaba declarado por un auto acordado de la audiencia que lo podían hacer los alcaldes partidarios, además de que no le habían dado la sumaria al reo, sino tan solo el traslado.

---

76 *Ibid.*, ff. 787v-788r.

77 En esta parte del documento hay una nota vertical que dice: "Es bastante para la causa que expresa Doctor Saavedra".

78 *Ibid.*, f. 790v.

Por ello, el cabildo sangileño no podía anular lo actuado hasta ese momento y no podía citarlos para hacerles saber la providencia que había emitido.

Para darle mayor corroboración a lo expuesto, proponía una situación hipotética. Si se consideraba que los alcaldes partidarios no tenían ninguna jurisdicción en lo criminal, no debió el alcalde ordinario constreñirlos, ya que primariamente debían atender la grave molestia del crimen, si no sentirían vergüenza de que las personas del lugar observaran aquella desatención, se daría lugar a habladurías y

> se seguía el gravísimo inconveniente de que en adelante *sería muy corto el poder y mando, que en ejecución de sus providencia tendría los preinsinuados alcaldes* por la razón de que siendo para esta tan connatural, y necesario el temor respecto, y buen comedimiento de los súbditos, remoto, y separado este por el bajo y apocado concepto, que harían ya de ellos, *se hallarían con las manos ligadas y en sola representación de alcaldes sin poder administrar la justicia con la expedición y libertad conveniente*[79].

Lo que decía tal vez era exagerado, pero lo hacía considerando la experiencia que tenía de la "gente vulgar", para quienes bastaba un leve indicio para establecer varias consecuencias, una de las cuales era de mayor temeridad: que podían llegar a dar muerte a los jueces. Por ello no se debía realizar nada que fuera en menosprecio de su autoridad debido a que se causaba vilipendio y ultraje de la *jurisdicción real*. Esto sustentaría que los partidarios no habían incurrido en inobediencia, pues ellos mismos afirmaron estar dispuestos a ejecutar todo lo que se les mandara tan solo eximiéndolos de comparecer, porque en su ausencia se podían presentar delitos y los criminales darse a la fuga, lo que significaba que quedarían sin castigo. También decía el procurador que la única pretensión del alcalde ordinario era molestar a sus representados

> pues pidiéndole estos una copia autorizada (pagando ellos el costo) de la providencia del cabildo para obedecerla, y quedar en su inteligencia como de su carta respuesta aparece; se denegó a ello enteramente por conseguir su intento sin reflexionar que no solo era contra derecho por todo lo expuesto, si[no] también contra la praxis de este superior tribunal que no se libran provisiones

---

[79] *Ibid.*, ff. 790v-791r.

> de comparendo por causas tan leves, y de ningún momento; por lo que debiendo los inferiores arreglarse en todo lo posible al ejemplo, y norma que se les da por los superiores; no hay duda, que no debió aquel cabildo ni alcalde ordinario librar ni compelerá semejante comparendo[80].

Por todo lo expresado, el cabildo sangileño no podía declarar por nulo lo actuado por los alcaldes partidarios hasta el estado del traslado que se le dio al reo. Tampoco debió constreñirles al comparendo así hubieran carecido de toda jurisdicción en lo criminal. Habría sido suficiente que se los hubiera dado a entender sin sacarlos de su jurisdicción "con violencia y vejación". Esto demostraba el exceso del proceder del cabildo y del alcalde ordinario residente en el Socorro, siendo legítimo que se les condenara en costas por la pasión con que había actuado. Para cerrar su alegato, el procurador Pérez solicitaba que se les devolviera la causa para que la finiquitaran al menos hasta el estado de sentencia, o que la determinaran con el parecer de asesor "atento a la pobreza así del actor como del reo". Si los sacaban de su lugar de residencia perecería la justicia de uno y otro por no serles posible adelantarla si estaban en otro lugar.

Vino el parecer del fiscal. Con base en los documentos presentados y teniendo en cuenta los argumentos referidos por el procurador Pérez, el fiscal aseveró que la causa se hallaba seguida y en estado de publicación de probanzas, con lo que se veía la intención de concluirla. Como solo debían conformar el sumario, recibir confesión y remitir las diligencias a la justicia ordinaria de San Gil, se comprobaba un exceso de jurisdicción por la intención de seguir con el proceso. Tal acción debía corregirla el cabildo haciendo ir a los alcaldes pedáneos al Socorro, pues era "más decente" que ir a la parroquia el alcalde ordinario.

Dos días después, corría ya el 4 de mayo, el virrey y los oidores sentenciaron que los alcaldes pedáneos de Simacota solo tenían facultades en las causas criminales para formar la sumaria, y una vez que el reo hubiese confesado debían remitirla a "las justicias de la jurisdicción". Por esto declaraban por nulo todo lo actuado por los pedáneos reponiéndose la causa al estado de confesión y sumaria para que los ordinarios la siguieran, sustanciaran y determinaran conforme a derecho. Finalmente, agregaban que los susodichos alcaldes ordinarios no tenían "facultad para hacer comparecer en sus juzgados a dichos pedáneos a efecto de

---

80 *Ibid.*, ff. 791r-v.

notificarles, y que en caso de ofrecerse cosa que haber de intimar a estos, pase al lugar de su residencia la persona que para el efecto comisionaren"[81].

Tenemos, entonces, que el caso criminal en el que se presentó recusación pasó a ser uno de *competencia jurisdiccional*. Aunque no fue precisamente un caso de enfrentamiento de jurisdicciones, sí entrañó la definición de la potestad de una jurisdicción específica en el momento en que se consideró que rebasó sus facultades. Al parecer no había completa claridad sobre si los alcaldes partidarios tenían o no jurisdicción ordinaria, es decir, capacidad para sentenciar. No era tampoco imposible que lo hicieran, como vimos para el caso de Barichara, donde a sus alcaldes se les había concedido tal privilegio. Otra posibilidad era que la constante presencia de alcaldes partidarios y las necesidades judiciales obligaran a llevar a cabo los pleitos; esto es lo que daría a pensar la designación de "juez ordinario" que se citó al inicio de este caso. Sea lo que haya sido, lo importante es el énfasis que se hizo en los límites de autoridad que tenían los partidarios y en evitar su detrimento desconociéndola.

6.3.4. Cuatro: "Excesos de jurisdicción". Un alcalde provincial de la Santa Hermandad conoce querellas civiles

El último episodio de combate jurisdiccional refleja el recelo y defensa por conocer pleitos civiles por parte de la jurisdicción ordinaria contra la de Hermandad en donde se puntualizó lo privativo de cada una. Es decir, ofrece otro ejemplo de la preocupación por la clara definición de la *competencia jurisdiccional*. Uno de los alcaldes ordinarios de San Gil, don Pedro Alejandro de Vargas, como obligación propia de su empleo, realizó un rotunda defensa "del fuero y jurisdicción ordinaria" en 1773. Tales eran sus primeras palabras, para pasar a mencionar que debía impedir cualquier intromisión en esta potestad, ya que iba en contra de las leyes reales y los superiores mandatos. Siendo ya *público y notorio* y *pública voz y fama*, aseveraba que el alcalde provincial y mayor de la Santa Hermandad, el señor don Manuel Antonio de Otero[82], estaba oyendo demandas civiles sobre deudas y demás asuntos, tanto en el campo como en la villa "a vista, ciencia y presencia, de los alcaldes ordinarios"[83].

---

81 *Ibid.*, f. 793r.

82 Había sido alcalde de la Santa Hermandad en 1770 y alcalde provincial de la Santa Hermandad al menos hasta 1775. Provenía de un linaje prestigioso de la villa.

83 AGN. Sección Colonia, *Competencias Santander*, Tomo 6, Doc. 19, f. 397r. ("Autos contra Manuel

Vargas ya le había hecho reconvenciones a Otero, pero este no las acataba. Por ello mandó que el referido cesara y se abstuviera de conocer juicios civiles y criminales que estrictamente no pertenecieran a los casos de Hermandad[84]. De lo contrario, le sería preciso tomar "la más acertada providencia" para impedir cualquier intromisión que por derecho y jurisdicción no le tocara al alcalde provincial, pues esto significaba la usurpación de la real jurisdicción ordinaria. También argumentaba que resultaba en perjuicio de la vindicta pública, ya que los alcaldes ordinarios eran suficientes para administrar las demandas que les correspondían. Como si fuera poco, también afirmó que era conocida la falta que hacía el provincial en los campos para controlar los cinco casos de Hermandad.

Para certificar todo esto pidió que se le recibieran testigos para que declararan según varios puntos. 1) Si era cierto, público y notorio que Manuel Antonio de Otero se entrometía en la jurisdicción ordinaria "administrándola en oír demandas verbales, tanto en esta villa como en los campos, y sean o no de la cantidad que se fueren, arrestando a la cárcel pública a los tales demandados juzgándolas, y determinándolas"[85]. 2) Que si en los casos que no eran de Hermandad concertaba a las personas en "sujeción servil", considerándose juez competente, dando y autorizando cartas de concierto con las que percibía derechos e intereses "que se rebaja del valor que va a ganar el tal concertado". 3) Si habían oído decir que desde San Gil libraba papeles de justicia como comparendos y embargos en causas civiles y que, si por estas razones, dos alcaldes ordinarios lo habían reprendido para contenerlo en sus excesos, además que si persistía en ello, darían cuenta a las autoridades superiores.

Además, solicitaba que el alférez real, que fungía como alcalde ordinario, pusiera por cabeza del sumario una certificación de lo que supiera o hubiera oído del auto interrogatorio. Que después hiciera igual el regidor decano don Félix Martínez[86] para pasar a recibir testigos. Concluida la sumaria, que el escribano, "en virtud de la administración de justicia", expusiera también certificación jurada de lo que supiera. Con todo concluido se daría citación a don Manuel Antonio de Otero y, agregándose otros documentos que tenían la firma del acusado, se comprobarían "los referidos excesos de jurisdicción, y con unos y otro se dará

Antonio Otero, alcalde provincial de la villa de San Gil sobre meterse a oír demandas civiles y criminales hechas por los alcaldes ordinarios de la villa de Santa Cruz y San Gil", 1773).

84 Ver capítulo 4 y el episodio dos de este apartado.

85 *Ibid.*, f. 397v.

86 Fue regidor decano al menos hasta 1777.

cuenta al superior tribunal correspondiente"[87]. Otero fue citado y dijo que si no se le daba traslado del sumario no se daría por notificado.

La sumaria del pleito se realizó con las certificaciones de varias autoridades y con las declaraciones de algunos testigos. La primera certificación la realizó don Cristóbal José Suárez[88], quien ostentaba ser alférez real y familiar del Santo Oficio. Respondía a la primera pregunta señalando que una vez que tomó "en depósito de vara" el cargo de alcalde ordinario había escuchado que Otero oía demandas civiles de todo tipo y que concertaba personas sabiendo que eran actos que "puramente pertenecían a la jurisdicción ordinaria"[89] y no a los casos de Hermandad. Por ello, aquel año (1772) le había solicitado en múltiples ocasiones no introducirse en la dicha jurisdicción y proceder solo en casos de crimen y correspondientes a la naturaleza de su oficio. Ya para el año siguiente continuaba escuchando que el alcalde provincial seguía administrando casos que no debía "en perjuicio de la jurisdicción ordinaria"[90].

A la segunda pregunta respondió que había oído decir que Otero ponía en "sujeción servil" a quienes concertaba, les autorizaba cartas de concierto y cobraba por ello. Que le constaba que Vargas lo amonestó para que se detuviera en tales procederes. Por último, Suárez afirmaba un tercer grado de afinidad con Vargas.

Por su parte, don Felipe Sáenz de la Peña[91], otro vecino reconocido de San Gil, compareció ante el tribunal para dar su declaración. Aseveraba como público, notorio, de pública voz y fama que desde que Manuel de Otero era provincial oía, juzgaba y determinaba demandas civiles, las cuales le pertenecían a la justicia ordinaria. Un sutil detalle remarcaba la invasión de jurisdicción: Otero juzgaba en la misma villa, donde estaban siempre los alcaldes ordinarios y que no era ámbito suyo. También reafirmaba "que concierta y sujeta a servidumbre a la gente plebeya autorizándoles y dándoles cartas de justicia del tal concierto y llenándoles derechos por ellas"[92].

Posteriormente, el regidor decano don Félix Martínez, dio su certificación donde hizo constar lo que las autoridades anteriores habían dicho. Pero a esto le

---

87 *Ibid.*, f. 398v.

88 Alférez real al menos hasta 1781.

89 *Ibid.*, f. 399r.

90 *Ibid.*, f. 399v.

91 Había sido alcalde ordinario en 1767 y 1778 y procurador general en 1772.

92 *Ibid.*, f. 400r.

sumó que él había visto dos papeles de justicia librados por el alcalde provincial, uno de embargo y otro de comparendo en causas civiles. También juraba que Pedro de Vargas amonestó a Otero para que se detuviera en procederes civiles[93]. A continuación vinieron otros testimonios. Ignacio Martín Nieto de Paz afirmaba que Otero durante el año de 1770 había oído, administrado y determinado causas civiles[94]. Martín Martínez, quien había sido alcalde ordinario en 1772, declaró que el acusado había encarcelado a varios individuos pero que no sabía por qué motivos; a continuación que oyó decir que Otero conocía de todo tipo de demandas.

Don Juan de la Cruz Rueda, quien a la sazón era alcalde ordinario no dio declaración diferente, pero ofrecía algunos detalles sobre el asunto. Mencionaba que el alcalde provincial conocía pleitos civiles en la villa y en los campos, y que por estas arrestaba y encarcelaba a distintas personas "y que el día cinco del corriente [septiembre] encontró en el cepo de esta cárcel a un vecino nombrado Pedro de Galviz por causa civil que lo arrestó dicho señor provincial y lo mandó soltar, a vista y presencia de los señores alcaldes ordinarios, sin darles parte de ello"[95]. Como si fuera poco, afirmaba que varios sujetos pobres se habían quejado ante él, con demandas verbales, por los excesos de Otero. Una vez hecha esta última declaración, el alcalde ordinario Alejandro de Vargas remitió todas las informaciones a la real audiencia el 10 de septiembre[96].

Como si las declaraciones de las que hemos dado evidencia hasta el momento no hubieran sido suficientes, la justicia ordinaria de San Gil se esmeró por presentar evidencias documentales. Primero, y antes que todo, el escribano de turno, Ignacio José González, certificó que los documentos que se anexaban (carta de concierto y boletas) llevaban la firma de don Manuel Antonio de Otero, la misma que el escribano había visto que acostumbraba en sus escritos judiciales y extrajudiciales[97]. Los documentos que se insertaron son seis pequeñas hojas[98] donde con

---

93 *Ibid.*, f. 401r.

94 *Ibid.*, f. 401v.

95 *Ibid.*, f. 402v.

96 *Ibid.*, f. 404r.

97 *Ibid.*, f. 404v.

98 Transcribimos literalmente dos de ellas:

Peñas y septiembre 12 de 72.

Don Jphe Agustin de Rueda entregará un mulata que tiene ensucasa a Francisco Pinto lo que cunplira pena de 4 pesos aplicados para su merced [?] y lomas que ubiere lugar en justicia y le notifico bajo la pena de dies pesos aplicados en la misma forma no sea atrebido ni des ver

letra "rústica", aunque con diferente caligrafía, se notan los mandatos del alcalde provincial en 1772. Los asuntos son civiles mandando comparecer o ejecutando alguna diligencia. Para completar el corpus de pruebas, también se anexó una declaración de 1772, donde una feligresa de una parroquia de la jurisdicción de la ciudad de Pamplona declaró que había sido estafada por Otero[99].

En la audiencia, hasta el 16 de octubre de 1773 se obtuvo un parecer del fiscal, quien recomendó que se le diera traslado a Otero para que con su audiencia se determinara lo que más fuera de justicia. El real acuerdo no acogió el parecer del fiscal y vistos los autos mandó librar una real provisión a las justicias ordinarias de San Gil para que le hicieran saber a don Manuel Otero "que se arregle en su jurisdicción a los casos de la hermandad, sin mezclarse en oír demandas civiles, y que dichas justicias estén a la miras, en caso de excederse den cuenta a esta Real Audiencia con la competente justificación"[100].

La defensa de que del conocimiento de materia civil hizo el alcalde ordinario podía deberse, además de las razones ya expresadas, también a cuestiones materiales. Que Otero conociera querellas civiles significaba que les arrebataba juicios de los que se podía recibir costas judiciales por embargos, firmas, autos, entre otras cosas. Esto es de mayor importancia si tenemos en cuenta que en la justicia civil era la que mayor número de casos suscitaba, pues englobaba relaciones y actividades cotidianas de vecinos, comerciantes y labradores. Este tipo de casos, sus motivaciones, desarrollos, así como las argumentaciones que los litigantes pusieron sobre el papel para ganar las querellas, son parte de una cultura jurídica que introduciremos a continuación.

---

gonsado con ninguno que siñene que alegar con paresera ante mi ysila mulata seresistiere entregela amarra que la lleven y traspanse la a mi casa Otero [rúbrica] al pero,

f. 406r.

Villa de San Gil y 9bre 12 de 1772.

Por el presente hordeno y mando a don Juan Joseph Gonzlez conparezca en mi juzgado a contextar una demanda que se le tiene puesta, lo que executará, sin la menor omisión sola pena de que le parará, el perjuizio queaia lugar por dro y se le advierte que ban dos con esta, aviendo sido la 1a de el señor alcalde ordinario de esta dicha villa; a la que aste el día de esta fecha no sea dado por entendido.

Otero [rúbrica]

f. 407r.

99 *Ibid.*, ff. 411r-412r.

100 *Ibid.*, f. 414v. La provisión fue librada a finales del mes de octubre.

Capítulo 7
"Como más convenga a mi derecho": un acercamiento a la justicia civil y las prácticas litigantes

En las páginas siguientes daremos un panorama judicial de San Gil desde varios ángulos. Por una parte, abordaremos una visión general de la litigiosidad civil que se presentó entre 1694 y 1795, haciendo cierto desglose del número y tipo de casos presentados y de las características generales de sus motivos y desarrollos. No sin antes presentar una serie de figuras procesales que serán de utilidad en la comprensión de este tema. Hemos restringido esta parte del estudio a un análisis panorámico, puesto que la complejidad del tema, así como la cantidad de casos presentados en materia civil (alrededor de 260) merecerían una investigación independiente.

En una segunda parte esbozaremos una propuesta metodológica y su puesta en práctica. Atendiendo a los estudios más recientes sobre el tema y a su complejidad, hemos considerado pertinente una reflexión sobre el proceso civil y una *estrategia de investigación* que nos permitió estructurar una manera de entender los documentos. El panorama quedará completo con el análisis integral y detallado de algunos litigios. Cabe una última aclaración: la investigación se fue definiendo por las demandas de orden civil debido a la disponibilidad de las mismas en el periodo de estudio y a la escaza cantidad de querellas criminales presentes en el archivo local. Sobre la marcha llegamos a comprender la importancia de estos procesos y su pertinencia frente a la tradicional preferencia de los asuntos criminales.

La sociedad indiana, como heredera de la tradición jurídica de Occidente, era una sociedad abocada a lo jurídico y a lo judicial. A lo jurídico, pues en esta época el derecho –en un sentido amplio del término[1]– tenía una gran relevancia. Las definiciones jurídicas sobre la calidad de las personas (personalidad jurídica), pertenencia a una corporación, a una institución o referentes a alguna transacción económica, establecían un parámetro recomendable, aunque no exacto, para los comportamientos. Por ello no fueron gratuitos los esfuerzos de litigantes por definir, por ejemplo, un proceso de limpieza de sangre, o tal vez la competencia de un juez, puesto que según se lograran definir jurídicamente tenía distintas implicaciones judiciales. A lo judicial, pues la administración de justicia no solo era la parte más importante del gobierno de la monarquía desde hacía siglos, sino que a nivel local cumplía un rol fundamental en la vida comunitaria.

Lo anterior no quiere decir que el derecho lo fuera todo, ni que fuera una sociedad con predilección por el conflicto, sino interesada en tratar de resolverlo por medio de la conciliación o del litigio. Esta visión constituía una parte del sustento cultural de aquella sociedad corporativa. En esa medida, recientes trabajos han ido evidenciando la importancia de la justicia en distintas localidades del imperio español a través del acceso a los tribunales por parte de los más variados grupos sociales, como indios[2], campesinos[3] y negros esclavos o libertos[4]. Cada grupo y cada persona recurrían a la justicia cuando era necesario y en muchas ocasiones lograban fallos favorables, o al menos presión sobre su contrincante para acceder a su derecho. En otras ocasiones las tensiones sociales se resolvían por vías violentas.

7.1. El contexto litigante de San Gil: características generales

Para la comprensión de las prácticas litigantes en San Gil, se hace necesario definir su contexto litigante. Con esto queremos decir el conjunto de características

---

1 Recordemos que se entendía por *derecho* un amplio espectro de elementos que iban desde las leyes codificadas, la doctrina, la labor de los tribunales y sus decisiones y la costumbre. Véase el capítulo 2.

2 OWENSBY, Brian Philip. *Empire of law and Indian justice in colonial Mexico*. Stanford: Stanford University Press, 2008; CUNILL, Caroline. *Op. cit.*, además de varios artículos recientes de esta autora; SOLIS ROBLEDA, Gabriel. *Entre litigar justicia y procurar leyes: la defensoría de indios en el Yucatán colonial*. México, D. F.: CIESAS, M.A. Porrúa, 2013. TRASLOSHEROS, Jorge E. "Los indios, la Inquisición y los tribunales eclesiásticos ordinarios en Nueva España. Definición jurisdiccional y justo proceso, 1571-c.1750". En: TRASLOSHEROS, Jorge E. y DE ZABALLA, Ana (Coords.). *Op. cit.*, pp. 47-74.

3 FRADKIN, Raúl O. *"La ley es tela de araña"*...

4 Ver también el balance historiográfico hecho en el primer capítulo del presente estudio.

generales del ámbito en el que se desenvolvieron los procesos. Se trata de un panorama de las prácticas litigantes que sirven como marco previo para comprender los procesos en concreto. En primer lugar, el derecho procesal había establecido vario tipos de juicios y cada uno tenía ciertas peculiaridades. Segundo, se definirá la cantidad de procesos llevados a cabo en San Gil en el periodo de estudio, una clasificación de los asuntos de los pleitos, sus porcentajes con respecto al total y las principales características de estos en relación con sus motivaciones y desarrollos.

7.1.1. Algunas nociones procesales

Técnicamente, en las obras de juristas de los siglos XVII y XVIII, el juicio era un "auto que el juez hace, discerniente en el derecho entre las partes, en razón de la causa que ante él se trata con legítimo contradictor"[5]. Esta era la definición que hacía Juan de Hevia Bolaños en 1603, la cual retomaba de una ley de las Siete Partidas (P. I, T. 22, L. 1), lo que significaba que era una definición que tenía siglos de ser considerada, manejada y vigente[6]. No obstante, era común la confusión de este término con otros como contienda o proceso, pero Hevia Bolaños se ajusta a la definición que consideraba el juicio como la finalidad de un proceso judicial, sin olvidar que en la legislación y la doctrina se llamaba *juicio* al conjunto de actos que integraban la actividad procesal[7].

Ahora bien, el término *proceso* designaba el cúmulo de todas las partes procesales y acciones de los litigantes que intervenían en la resolución de un conflicto. *Procedimiento*, por su parte, era puntualmente el conjunto de reglas técnicas a las que estaban sometidos los cauces y las actuaciones judiciales. Esto suponía, en sí mismo, una garantía de legalidad de las partes que intervenían. El término que más nos acerca a los fines de este estudio es el de *pleito* (pleito civil), pues designa la contienda (*litis*) que se establece entre las partes y que es objeto a dirimir. Lo que nos lleva a la definición entre la materia criminal y la civil.

La terminología jurídica de la época nos ayuda a entender esta cuestión. *Proceso* y *causa* se referían más a la materia criminal que a la civil, pues era común encontrar que se le abría causa a alguien que había cometido un delito. En cambio,

---

5 Hevia Bolaños, Juan de. *Op. cit.*, Tomo I, primera parte, párr. 8, N. 1.

6 Para unas interesante y esclarecedoras consideraciones sobre el proceso y su refinamiento, ver: Martínez Martínez, Faustino. "El proceso canónico y la verdad". En: González-Varas Ibáñez, Alejandro (Coord.). *El* Ius Commune *y la formación de las instituciones de derecho público*. Valencia: Tirant Lo Blanch, 2012, pp. 209-239.

7 Gandasegui Aparicio, María José. *Op. cit*, p. 18.

pleito o *negocio*, hacen parte más propiamente de la terminología civilista. Tapia, en una anotación al Febrero Novísimo, afirmaba: "Según la acepción común, lo mismo es causa que pleito, con la diferencia que la primera de éstas dos voces se aplica más bien a los asuntos criminales, y así decimos: se ha formado causa a tal reo, y no se ha formado pleito; por el contrario, cuando se ventilan negocios civiles usamos de ésta última voz"[8]. No era letra muerta, pues en los documentos encontramos cierta fidelidad en el manejo de estas designaciones.

Además de esto, ¿qué distinguía el pleito civil de una causa criminal? En esencia, era el fin y no tanto la materia del litigio[9]. El cometido de la causa criminal era de carácter "público", donde la actividad del poder estaba dirigida a controlar y reprimir actitudes sociales amenazantes y, en caso de haber ya cometido un delito, de resarcir la *vindicta pública*; en términos metafóricos, vengar a la sociedad por la ofensa que se le hacía. En este tipo de juicios, el juez era un elemento procesal activo, ya que inquiría, averiguaba y juzgaba. Las causas "de oficio" eran muestra de ello, ya que eran las que iniciaba la misma autoridad y no un particular. El cometido del pleito civil era otro, el de hacer efectivo un derecho a la protección judicial en salvaguarda de un derecho o situación de poder personal, individual o privado que se suponía afectado o vulnerado[10]. Aquí el juez "parece un mero espectador elevado a la categoría de director de escena, sin que su aportación "ex oficio" vaya más allá de hacer o denegar aquello que las partes solicitan, eso sí, siempre dentro de las normas procesales"[11].

En la *Curia Philípica* se distinguían muy bien el juicio civil, el criminal y además, el mixto. El juicio civil lo definía por el carácter de utilidad privada que tenía, así su origen fuera un crimen o un asunto civil. Con respecto al criminal, se afirmaba que refería a la vindicta o utilidad pública. El juicio mixto era un intermedio entre los dos anteriores. Cabe también una última distinción: entre *vía ordinaria* y *vía ejecutiva*, que daban lugar y eran equivalentes a "juicio ordinario" y "juicio ejecutivo". El término *vía* designaba la forma o el modo que se seguía para sustanciar los juicios y podía ser ordinaria o ejecutiva. La primera era la manera regular, ajustada a todas las solemnidades del derecho y guardándolas para seguir un proceso, lo que la hacía más larga. Con ello se pretendía que la sentencia

---

8 Tapia, E. "Adiciones a Febrero Novísimo", p. 5. Citado por: *Ibid*., p. 20, cita 23.

9 *Ibid*., p. 12.

10 *Ibid*., p. 8.

11 *Ibid*., p. 11.

estuviera con pleno conocimiento de causa[12]. La segunda era una forma de juicio breve, sumario, pero que traía aparejados instrumentos ejecutivos[13] y que, por lo tanto, debían tener efecto. Se trataba de ejecutar lo que ya el juez tenía mandado o lo que constaba en algún título que por sí mismo fuera prueba suficiente[14].

Toda esta serie de definiciones procesales son necesarias para entender los puntos que desarrollaremos más adelante. No solo es una cuestión de definición de figuras jurídicas, sino que tales figuras tuvieron un funcionamiento práctico en los pleitos civiles de San Gil en el siglo XVIII. Por lo tanto, son necesarias para entender el transcurrir cotidiano de la justicia, puesto que en reiteradas ocasiones veremos que en los expedientes se consignó "ordinario" o "ejecutivo", "vía ordinaria" o "vía ejecutiva", "juicio ordinario" o "juicio ejecutivo", lo que explica, en parte, el carácter más o menos expedito de la tramitación judicial. Recordemos que el debido proceso apegado a las reglas procesales era importantísimo como garantía de justicia y a la menor alteración se generaba "vicio" en el juicio, como hemos visto en otros apartados de este estudio.

7.1.2. Breve panorama estadístico

En el panorama general que queremos trazar, debemos distinguir la cantidad de pleitos civiles, así como su desglose en distintas categorías. Las que hemos utilizado no corresponden con la tipología de juicios que definimos en el apartado anterior, aunque aquella nos ayuda a comprender los pleitos. La categorización que hemos considerado más conveniente, pues nos acerca más al corazón de la cotidianidad de la justicia y sus aspectos sociales, es por el motivo de los procesos. De esta forma, clasificamos los pleitos civiles de la villa de San Gil en cuatro tipos: por "pesos" (deudas), tierras, sucesiones y otros tipos de casos. Cada uno de estos asuntos suscitó la vía ejecutiva o la ordinaria. Por ello nos pareció más conveniente la clasificación por motivo del pleito, que por el tipo de juicio.

Esta clasificación, la relativa gran cantidad de pleitos y sus porcentajes, son una clarísima muestra del tipo de economía y de sociedad en la región que estudiamos. En efecto, el predominio de las causas por tierras y deudas evidencia una

---

12 Escriche, Joaquín. *Op. cit.*, Tomo III, p. 485.

13 *Ibid.*, Tomo IV, p. 1224.

14 *Ibid.*, Tomo III, p. 509. Este autor aclara que no es propiamente un juicio, sino un modo de proceder para que se cumplan las obligaciones decididas en juicio o comprobadas por títulos o instrumentos, "y así tiene por objeto la aprehensión o embargo y la venta o adjudicación de los bienes del deudor en favor de su acreedor".

sociedad en constante movimiento económico por actividades productivas y comerciales. Los pleitos civiles muestran el día a día de los hombres y mujeres que vivieron de endeudarse e incumplir un préstamo o de cobrar algunos pesos que les adeudaban; de luchar por el pedazo de tierra que habían comprado o heredado, o por la cerca que les había movido su vecino; de las triquiñuelas de albaceas y herederos de un difunto, o su justo reclamo, como de las pretensiones de acreedores. En fin, más que mostrarnos lo extraordinario –entendido como lo anormal– de esta sociedad, como se ve en la criminalidad, aquellos procesos nos muestran lo que les fue cotidiano, su día a día.

Antes de comenzar con los números, es necesaria una aclaración. Las vicisitudes del tiempo, el abandono de los archivos por parte de las administraciones municipales y las condiciones precarias de los espacios donde reposaba la documentación hasta hace unos treinta años, afectó buena parte de la misma. Se hace evidente la desaparición por deterioro de múltiples procesos, la fragmentación de muchos otros, llegando a conservar en varias ocasiones tan solo un folio de lo que fue algún expediente, así como la ilegibilidad de otros. Todo esto ha causado vacíos que ha hecho dificultosa la tarea de definir tendencias y porcentajes. No obstante, no podemos evitar esta labor, al menos porque es el único referente que tendremos del número de casos en el periodo de estudio. El lector deberá tener siempre presente esta advertencia a la hora de mirar las cifras que presentamos.

Desde la erección de San Gil en villa y hasta 1795, hubo al menos 250 pleitos judiciales en materia civil (ver gráfica 2). De esta cantidad se observa la preponderancia de los pleitos por "pesos" (deudas) con 111 procesos (42,04%). Esto evidencia un dinámico movimiento de dinero –en moneda o en especie–, lo que no es sinónimo de una economía monetarizada. En segundo lugar, de pleitos por repartos de bienes o sucesiones se presentaron 58 expedientes (21,96%). En tercer lugar, encontramos las querellas por tierras con 37 ejemplos (14,01%) lo que demuestra una importancia de la propiedad y las dinámicas que con ella tenían que ver; recordemos que en San Gil, durante todo el siglo XVIII, se dio un activo mercado de tierras[15]. Finalmente, hay un porcentaje del 20,07% (53 casos), que abarca variados asuntos de justicia como emancipaciones, definiciones de calidad, entre otros. El 1,89% de pleitos criminales no ha sido de mucho interés por su casi

[15] Ver capítulo 3 y SALAZAR CARREÑO, Robinson. *Tierra y mercados...*, Cap. 1.

nula representatividad[16] en términos numéricos, más no cualitativos, aunque no ahondaremos en ellos.

Gráfica 2. Porcentajes por motivo de pleitos en San Gil, 1694-1795

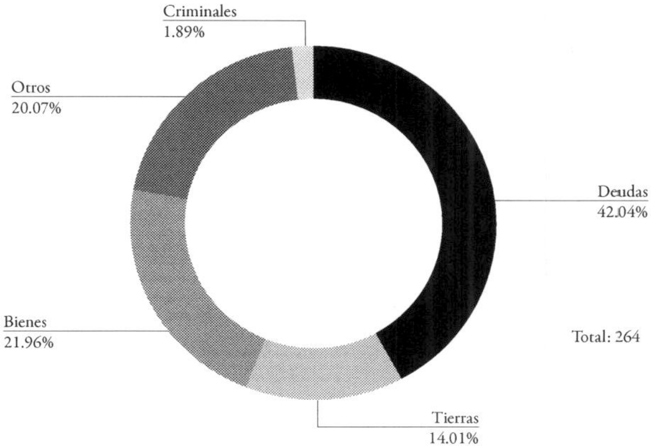

Fuentes: AGMSG. *Administración Municipal*, cajas 001 a 008; *Tribunal Superior*, cajas 001 a 008.

Ahora bien, con respecto a la tendencia en las cantidades de casos por años, se presentó un aumento en términos generales (ver gráfica 3). No obstante, en varios años se ven vacíos o descensos en el número de querellas, los cuales se pueden explicar de dos formas: debido al infortunio de la pérdida de documentación o por algunas condiciones sociales o económicas. Por ejemplo, en años como 1708, 1724 o 1748, claramente se ve el vacío a causa de la desaparición de procesos, esto si tenemos en cuenta que para casi todos los años hubo al menos un expediente y con la tendencia general al aumento. En periodos como los comprendidos entre 1754-1759 o 1773-1775 se podrían explicar de la misma manera.

16 Los fondos existentes nos dan cierta imagen distorsionada de la realidad criminal de San Gil en el siglo XVIII. La usencia de pleitos criminales en el archivo de San Gil seguramente se debe a que buena parte o bien desapareció o se encuentran en el Palacio de Justicia, como solía estarlo el fondo *Tribunal Superior*. Este hecho cobra mayor relevancia si consideramos que en el AGN, Sección Colonia, fondo *Juicios criminales*, se encuentran múltiples causas criminales de San Gil que llegaron a la Real Audiencia. En los fondos del archivo sangileño hacen aparición, paradójicamente con muchísima fuerza, para el año de 1800 causas criminales de variados asuntos. Para el único estudio y con respecto a las injurias, ver: SALAZAR CARREÑO, Robinson y VELASCO, Julian Andrei. *El honor mancillado. Injurias en la villa de San Gil (Virreinato del Nuevo Reino de Granada) en vísperas de la Independencia*. En: CARRANZA VERA, Claudia y CASTAÑEDA GARCÍA, Rafael (Coords.). *Palabras de injuria y expresiones de disenso: aproximaciones al lenguaje licencioso en la América colonial*. San Luis Potosí: El Colegio de San Luis, 2015, pp. 269-303. (En prensa).

Gráfica 3. Cantidad anual de demandas civiles en San Gil, 1694-1795

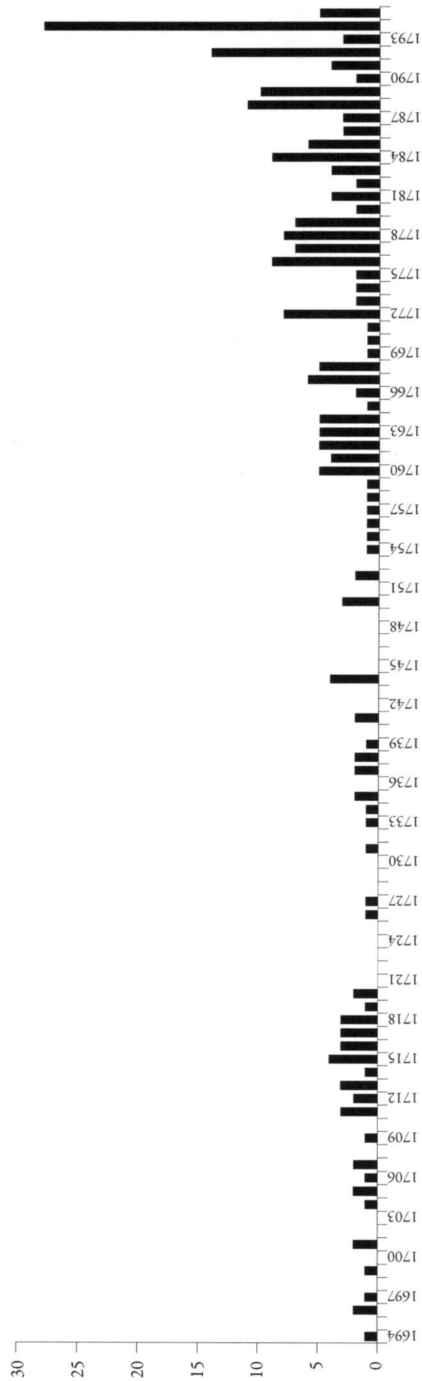

Fuentes: AGMSG. *Alcaldía de San Gil*, cajas 001 a 008; *Tribunal Superior*, cajas 001 a 008.

En realidad, los periodos donde figuran algunos índices son difíciles de explicar. Entre 1694 y 1739 podríamos pensar que el relativo bajo número de casos se debió al carácter formativo de los primeros años del gobierno local, al poco número de jueces y una población muy dispersa y poco densificada que dificultaría el alcance de la justicia. De 1739 a 1771 se podría esperar cierto aumento de casos, pues es el periodo donde la estructura de la administración de la justicia refuerza su autoridad y extensión[17]. No obstante, solo hasta la década de 1760 se aprecia un aumento significativo en el número de casos. Ahora, desde 1771 se esperaría un descenso debido a la separación del Socorro como nueva villa, aunque no se ve esto, sino distintas fluctuaciones.

Tal división no parece haber afectado a los índices de la justicia, seguramente porque es una muestra de la "independencia" judicial que tenía el Socorro y su zona de influencia. Eso supondría, entonces, que los índices presentados en la gráfica corresponderían a la justicia impartida por el alcalde ordinario residente en San Gil. Ya en la última parte del periodo, 1771-1795, el peso demográfico de la población creciente se haría evidente en un aumento de los conflictos por resolver, además de que no podemos olvidar que de alguna manera las reformas borbónicas y las nuevas ideas ilustradas pudieron influir en la mayor rigurosidad que se debía tener en la administración de justicia[18]. En este periodo parte del aumento de litigios se puede explicar al tener en cuenta que otro alcalde ordinario estaría posibilitado para atender querellas en San Gil.

Para comprender mejor las categorías que aquí hemos utilizado, haremos una descripción tipológica de las mismas. En otras palabras, haremos una caracterización general de cada una de las categorías de pleitos que esbozamos líneas arriba. Definiremos las principales causas que suscitaban los distintos pleitos, algunos aspectos de sus desarrollos y, hasta donde nos sea posible, sus consecuencias. Aunque no profundizaremos mucho en ello, podremos entender un poco más las especificidades de los distintos procesos y lo que implicaban.

---

17 Ver capítulo 4 del presente estudio.

18 Como vimos en el capítulo 3, era muy significativo que en la reforma que se propuso y se ejecutó para la división de los corregimientos, se la justificara en el mejoramiento de la administración de justicia.

7.1.3. Causas, desarrollos y consecuencias en los pleitos civiles

a) Dinero contante y no sonante: demandas por deudas

Las demandas o pleitos que encontramos en la documentación designados por "pesos" corresponden a aquellos en que el motivo que los suscitó fue una deuda. Esta deuda podía tener distintas variantes: incumplimiento en el pago de un vale, intereses del mismo, parte de una cantidad que hacía falta por pagar o parte del pago de una venta. Las causas de los incumplimientos eran múltiples. Por ejemplo, varios negocios se hacían tan solo con la garantía de la palabra, aunque no fue extraño su incumplimiento; había otros en que los negociantes acordaban realizar el documento legal pasado un tiempo; también cabe mencionar la falta de circulante[19] –aunque se registrara la cantidad– y circunstancias de diferente índole que ocurrían en la vida de cada persona.

Algunos incumplimientos se presentaron por falta de monetario, lo cual no fue extraordinario, ni siquiera extraño, por lo que algunos llegaron a comprometerse a pagar la deuda en especie o ceder una propiedad. Doña María Bautista de los Reyes, en 1771, presentó un vale que comprobaba que Policarpo Selis y su esposa, Salvadora González, vecinos de San Gil, le debían 36 patacones (pesos de plata) y 4 reales, para lo cual habían hipotecado una casita de palos y teja con su solar. Además, declaraba que la dicha casa ya se la tenían entregada por 28 pesos, comprometiéndose a pagarle el resto en los productos que le diera la tierra

> y para el seguro de la casa me tenían entregado el título y escritura de su favor como no me habían hecho escritura les demandé ante la Real Justicia para que me la hicieran y entonces a ruego de los dichos Selis les concerdí [*sic*] el plazo que consta del vale con la condición que si cumplido no me pagaban me otorgarían la escritura y así les dejé en ella hasta que se cumpliera el plazo que les concedí[20].

En otro caso, el 29 de mayo de 1772, el doctor don José Velásquez de Subillaga retomaba la demanda que había puesto tiempo atrás a don Joaquín Gómez, por

---

[19] En ocasiones se pagaba con artículos o dando un bien. La falta de monetario se vería demostrada en la insolvencia de algunos deudores al punto que solo embargándoles los bienes se podía dar cumplimiento a su deuda.

[20] AGMSG. *Alcaldía de San Gil*, Caja 004, AGM 071, f. 02r. (Civil entre María Bautista de los Reyes contra Policarpio Selis y Salvadora González, 1771).

cantidad de 300 pesos y sus réditos (intereses), de lo cual presentaba el vale hecho en la parroquia de Barichara, cuyo plazo se había cumplido hacía casi dos años. En aquel entonces el alcalde ordinario de ese año le había decretado que cumpliera con la deuda, pero Gómez no lo había hecho y por ello Velásquez volvía a pedir que se capturara al deudor y se le embargaran los bienes[21].

Una petición como la anterior, que consistía en el pago de la deuda a través del embargo de los bienes del deudor, sería también interpuesta por don Juan José Enrique "mercader tratante de esta carrera", en 1761. En este caso, a él le debían varias personas desde hacía tres años y más tiempo, quienes habían sido citados por la real justicia y no habían comparecido a satisfacer la deuda. Por ello, Enrique decidió pedir que se embargaran los bienes, por parte del juez de comisión que nombrara el alcalde ordinario, don Pedro Antonio Velásquez[22], y se capturara a todos sus deudores con el memorial que se iba a sacar de su libro de cuentas[23]. Esta situación era bastante común en San Gil y no era exclusiva de mercaderes. Un personaje como el capitán de infantería española, el español don Pedro de Otero Dosal y Estrada, declaraba en su testamento que algunos feligreses de Simacota, Socorro y Mogotes le debían cantidades que oscilaban entre 12 y 36 pesos cada uno, a algunos mandaba que se les cobraran[24], acción que sus albaceas debían hacer ante la autoridad de la justicia.

Este tipo de demandas y las peticiones correspondientes se referían a lo que a cada quien le correspondía legítimamente, a que se causaba perjuicios por carecer de lo que le pertenecía, a que sus derechos eran incumplidos. Invade cierto sentimiento de legalidad, ya que muchos de ellos presentaron o pidieron que se sacara la copia del vale o de los documentos que comprobarían que legalmente el deudor debía lo que debía. Así, muchos de los procesos tuvieron documentos

---

21 AGMSG. *Alcaldía de San Gil*, Caja 004, AGM 058, f. 04r. (Causa sobre que Don Juan Antonio (deudor) y Manuel Matías se comprometen a pagar 300 pesos al señor doctor don Joseph Antonio Velázquez, 1772).

22 AGMSG. *Alcaldía de San Gil*, Caja 003, AGM 037, f. 021v. (Civil entre Baltasar Ardila y Pablo Pico por intereses, 1760); Caja 004, AGM 047, f. 1v. (Auto del alcalde ordinario para que Javier Goméz haga declaración por no haber obedecido una orden del alcalde, 1761).

23 *Ibid.*, f. 021r.

24 AGMSG. *Tribunal Superior*, Caja 004, Doc. sin No., ff. 5r-5v. (Testamento del capitán de infantería española don Pedro Dosal y Estrada, 1762).

adjuntos que comprobaron la legitimidad de la deuda[25]. Los demandantes hicieron referencia a tres nociones fundamentales: "derechos", "perjuicios" y "legitimidad".

En el caso citado de Enrique, él afirmaba: "el estar yo con mis créditos pendientes y sujeto a muchas pérdidas y perjuicios que no es razón que por no pagar lo que tan justamente me deben; lo haya de padecer mi crédito y hacienda"[26]. En otras ocasiones, otros demandantes argumentarían cosas tales como: "y porque para resguardo de mi derecho conviene", "quebrantarme con grande perjuicio mío"[27] y "como plenamente tengo justificado y consta de la información"[28]. Pudo observarse en la documentación que en la mayoría de las ocasiones se hizo alusión a la comprobación por medio de los documentos en los cuales los deudores se habían comprometido con la dependencia, al perjuicio y daño que se les había hecho por no disponer del capital que ya se les debería haber entregado, resaltando siempre la pertenencia de ese dinero.

En correspondencia con las alusiones mencionadas, los demandantes de los casos por deudas pedían, en general, el pago de su deuda haciendo cumplir el compromiso que habían hecho los involucrados, el apresamiento del deudor y el embargo de sus bienes, decretar lo más conveniente al caso o hacer comparecer al deudor o su fiador para que declare según lo demandado. Los alcaldes ordinarios dictaron sus decretos según estas peticiones: declararon por presentadas las pruebas que mostraron los demandantes, o pidieron traer a la vista estos documentos, dieron "boletas de comparendo" a los deudores o dictaron notificaciones

25 AGMSG. *Alcaldía de San Gil*, Caja 004, AGM 050, f. 01r. (Don Bernardo Bustamante por cantidad por que lo demanda su hijo, 1761); AGM 058, ff. 01r-v. (Causa sobre que don Juan Antonio (deudor) y Manuel Matías se comprometen a pagar 300 pesos al señor doctor don Joseph Antonio Velázquez, 1772); AGM 059. ff. 01r-v. (Civil entre don Juan Joseph Enrique, Fiel ejecutor, contra doña Bernarda de Remolina y Manuel Niño por cantidad de pesos, 1763); AGM 061, ff. 02r-v. (José Antonio Vesga poniendo de manifiesto los bienes de Francisco Sarmiento para el pago de la deuda por que se les ejecute como fiador de él, 1770); AGM 069, ff. 01r-3v. (Certificación del cura rector, vicario y juez eclesiástico de Barichara doctor don Joseph Martín Pradilla, 1763).

26 AGMSG. *Alcaldía de San Gil*, Caja 003, AGM 037, f. 21r. (Civil entre Baltasar Ardila y Pablo Pico por intereses, 1760). Las cursivas de esta cita y las siguientes son nuestras.

27 AGMSG. *Alcaldía de San Gil*, Caja 004, AGM 061, f. 1r. (José Antonio Vesga poniendo de manifiesto los bienes de Francisco Sarmiento para el pago de la deuda por que se les ejecute como fiador de él, 1770).

28 AGMSG. *Alcaldía de San Gil*, Caja 004, AGM 066, f. 06r. (Civil entre Ignacio José Rueda y Pablo Amaya por interés, 1772).

para el pago de la deuda y si no lo hicieran "se [procedía] ejecutivamente contra sus personas y bienes" (embargo) junto con un avalúo.

Los embargos y avalúos eran las acciones ejecutivas que se realizaban para que se concretara el pago de la deuda y se recurría a ellos cuando la necedad o la insolvencia monetaria de los demandados no daba lugar al cumplimiento de su obligación. Los embargos eran pedidos por los demandantes al colmarse su paciencia esperando el pago de las cantidades que les correspondían e inmediatamente después de ello, o junto a la expedición del embargo, se decretaba realizar el avalúo de los bienes que se iban o se habían embargado y para ello se nombraban hasta tres "avaluadores" (uno por parte de la justicia ordinaria, otro por el demandante y un tercero por el demandado), aunque esto varió. Así, por ejemplo, el 19 de agosto de 1768, el alcalde ordinario don Felipe González de Noriega decretaba el embargo de los bienes de María Manuela de Silva pues no había cumplido con el pago de la deuda que había contraído con el mercader tratante, vecino de Girón y residente en San Gil, Juan Manuel Romano del Villar[29].

Los avalúos se realizaron junto con los embargos y como requisito para pagar las deudas. El alcalde ordinario de 1764, don Francisco Vicente Pradilla, debió comisionar al señor don Francisco Antonio Ferreira, alcalde mayor provincial de la Santa Hermandad de San Gil para que embargara los bienes de Bárbara de Remolina, y su hijo Manuel Niño. Declaró que

> sin admitir réplicas excusa, ni consideración hará que pongan de manifiesto todos sus bienes muebles y raíces, y en especial los que constan por hipoteca en expresa de su obligación y fecho que sea por personas desinteresadas de ciencia y y conciencia hará que se avalúen y avaluados los pondrá todos en depósito y por embargo en persona de todo abono [...] y se pondrán sus bienes a vela y pregón hasta su remate[30].

En este caso, la justicia procedía con todo rigor, como lo había pedido el demandante en su declaración. En varios casos se muestra cómo se realizaba el embargo y avalúo: los demandados debían "poner de manifiesto" los bienes hipotecados, es decir, declararlos y ponerlos a disposición para que se embargaran y avaluaran por las personas nombradas. Posteriormente se depositarían en una

---

29 AGMSG. *Alcaldía de San Gil*, Caja 004, AGM 073, f. 01v. (Civil contra Manuela Silva, 1768).

30 *Ibid*., f. 06v.

persona de ciertas calidades o en el depositario general de la villa. El último paso para resarcir el pago pendiente era el remate de los bienes en almoneda, es decir, mediante pregones. Se realizaban hasta treinta de ellos en la plaza pública de la villa, con el fin de que los bienes en venta fueran cedidos al mejor postor.

b) El legítimo derecho a la propiedad: demandas por tierras

Los pleitos por tierras fueron aquellos en los que una propiedad rural era el centro del litigio. Podía darse por la propiedad o posesión, por los límites entre dos propiedades o por una venta. Las principales motivaciones que tuvieron los demandantes para concurrir ante el alcalde ordinario para interponer una demanda fueron los derechos de propiedad que se tenían sobre la misma. Así, el 3 de febrero de 1761, Tomás Quintero, vecino de San Gil y quien residía en el sitio de Peamonte, demandaba a Francisco Ortiz Galeano porque no le había otorgado la escritura de la tierra que le había vendido. Pero con motivo de llevar 34 años sin la escritura de la propiedad y por haber tenido varias riñas con Ortiz, pedía que ambos presentaran sus declaraciones con respecto al problema[31]. En otro caso, en 1762, Juana Petronila Muñoz declaraba que hacía diez años, al casarse, su padre le había dado un "pedazo" de tierra en el sitio de Agua Blanca para que viviera allí. Así lo hicieron hasta cuando fue el señor alcalde de la Santa Hermandad, don Javier Plata, quien le notificó

> desembarazase la dicha tierra y mis casas donde vivo diciendo que el dicho mi padre se la ha vendido a don Martín Martines cuyo motivo me obligó a pasar a casa de dicho don Martín y satisfecha de la cantidad en que había comprado a dicho mi padre le puse el dinero de manifiesto y que recibiese su plata que había dado por haberla vendido dicho mi padre que a mí no me podía faltar el tanto de ella cuando no fue por hija legítima y habérmela nombrado dicho mi padre por poseedora de tantos años[32].

Lo que intentaron hacer los demandantes fue legitimar su propiedad, hacerla valer. En el primer caso se quería hacer valer su derecho por haberla comprado;

---

[31] AGMSG. *Alcaldía de San Gil*, Caja 003, AGM 037, f. 19r. (Civil entre Baltasar Ardila y Pablo Pico por intereses, 1760).

[32] AGMSG. *Tribunal Superior*, Caja 004. Doc. sin No., f. 1r. ("Civil sobre tierra con Don Martin Martinez este año de 1762").

en el segundo, la propiedad se sustentaba en ser la tierra de herencia de sus padres –aunque no mencionaba un documento que lo sustentara– y en que ella la *sentía* de su propiedad, por haber vivido en ella durante un tiempo.

Los derechos aludidos se sustentaban en la compra, herencia, incluso por motivos particulares como el desamparo. En esa lógica se realizaron declaraciones como: "por tener legítimo derecho a un pedazo de tierra que era de Jacinta de Porras mi legítima abuela"[33], "tiene legítimo derecho por haber comprado la tierra"[34], "porque la tierra la compré de su propio dueño por haberla heredado de legítima materna y no siendo esta tal tierra bienes esponsales ni gananciales"[35]. Un caso especial fue el citado de Juana Petronila Muñoz, quien al enterarse de que su tierra iba a ser embargada declaraba "que siendo yo una pobre desamparada de mi marido cargada de [ilegible] jas medianas y que me echase de mi propiedad casa y tierras y que no tengo dónde ir a vivir"[36]. Los demandantes, comúnmente, solicitaron al alcalde ordinario que hicieran comparecer a los demandados para presentar los documentos requeridos o a quienes pudieran dar su versión sobre el asunto. Es interesante cómo el declarante podía lograr hacer una combinación de los factores jurídicos, económicos y hasta piadosos para darle fuerza a su petición. Ello demuestra lo imbricados que estaban todos esos elementos.

c) Hijo legítimo, herencia legítima: sucesiones

Este tipo de demandas hacían referencia especialmente a las peticiones que se interpusieron ante la justicia ordinaria para que se hiciera todo lo debido para el reparto de los bienes de alguien a través de una sucesión, hubiera un testamento (vía testamentaria) o no (vía legítima o *ab intestato*). Estos casos tenían cierta relevancia porque se hacía alusión a los derechos legítimos de herencia y constituían una parte importante del derecho romano y, por lo tanto, del civil. Podían constituir un asunto delicado, pues una vez que moría alguien, albaceas, familiares y acreedores hacían aparición para percibir lo que por derecho les correspondía o lo que pudieran conseguir.

---

33 AGMSG. *Alcaldía de San Gil*, Caja 003, AGM 037, f. 1r. (Civil entre Baltasar Ardila y Pablo Pico por intereses, 1760).

34 *Ibid*., f. 19r.

35 AGMSG. *Tribunal Superior*, Caja 004. Doc. sin No., f. 04r. ("Civil sobre tierra con Don Martin Martinez este año de 1762").

36 *Ibid*., f. 01v.

Que el difunto hubiera dejado un testamento podía facilitar las cosas, pero esencialmente la dinámica de las sucesiones era la misma. Eran los albaceas o los herederos quienes abrían la causa mortuoria para repartir los bienes. Los alcaldes ordinarios debían evaluar el testamento para ello. En muchas ocasiones se realizaban inventarios de los bienes, ya que lo declarado en los testamentos apenas era una parte del patrimonio del finado. Mientras se hacían esas diligencias, acreedores del fallecido comparecían ante el juez que llevara el caso para reclamar lo que les correspondía, pues del patrimonio dejado se debían pagar las deudas o se heredaban.

Las sucesiones podían llegar a ser muy dilatadas. Así fue en el caso de la herencia de Domingo Antonio Berbeo, la cual se extendió al menos por ocho décadas[37] y sus más de 200 folios ya nos habla de la complejidad del asunto. Otro caso, aunque de menor extensión temporal, fue el juicio sucesorio[38] de Pedro de Otero Dosal y Estrada, quien falleció en 1762 y el reparto de sus bienes se extendió al menos hasta 1769. No debe sorprender la extensión temporal y material tan grande que podían llegar a tener estos juicios, ya que se debían efectuar múltiples acciones (avalúos, embargos, inventarios, certificaciones) y recibir varios documentos (recibos de dependencia, de pagos, escrituras).

7.2. Las prácticas litigantes desde una mirada micro: circunstancias, lógicas y estrategias de litigantes

7.2.1. El proceso: una visión desde las circunstancias sociales

En los estudios más recientes sobre historia de la justicia, ha cobrado cada vez mayor relevancia el análisis del proceso judicial. No solamente en los aspectos formales (jurídicos), sino también en los aspectos sociales. En años anteriores se había atendido más a esta cara social o cultural de los litigios, pero hoy en día es indisoluble el abordaje de ambas dimensiones. La parte jurídica y la judicial estaban tan imbricadas que incluso puede hablarse, para algunos, de una

37 AGMSG. *Tribunal Superior*, Caja 002, Doc. sin No. [100 fs.]. (Causa de los bienes de Domingo Antonio Berbeo, 1714); Caja 003, Doc. sin No. [20 fs.]. ("Por fin Y muerte de Don Domingo Antonio Berbeo este año de 1715", 1715); Caja 008, Doc. sin No. [13 fs.]. (Parte de la sucesión del maestre de campo don Domingo Antonio Berbeo, 1795). AGMSG, *Alcaldía de San Gil*, Caja 001, AGM 017. [92 fs.]. (Documento por fin y muerte de Domingo Antonio Berbeo, 1716).

38 AGMSG. *Tribunal Superior*, Caja 004, Doc. sin No. [67 fs.]. (Causa (y testamento) de sucesión de los bienes del Cap. Pedro de Otero y Estrada, 1762).

cultura jurídico-judicial[39]. Hay algunos análisis actuales en la historiografía mexicana[40] y en la argentina[41] sobre la temática que contribuyen a la amplitud del campo de estudio. En casi todos los trabajos ha predominado la utilización de los pleitos criminales.

¿A qué debemos la falta de interés en los pleitos civiles? Jaime del Arenal hace varios años aventuró una respuesta y abogó por el análisis de la justicia civil ordinaria, argumentando que los pleitos civiles son también relevantes para entender el universo judicial[42] del antiguo régimen. Y si lo vemos con detenimiento es indudable su trascendencia en dimensiones institucionales, jurídicas y culturales. Nada más verídico. La justicia civil[43] tenía una relevancia en el mundo judicial de la Edad Moderna –y no solo en este– y sus registros requieren una reflexión particular. Análisis recientes de la historiografía argentina han demostrado cómo a través de pleitos de índole civil ha sido posible conocer múltiples aspectos de la vida social[44]. Para el caso de la Nueva España, se han realizado trabajos donde los "insumos" judiciales han sido de carácter civil. En uno de los más recientes, se ha mostrado cómo los pleitos que por tierras presentaron los indios de un pueblo de Tlaxcala en el siglo XVIII[45] permiten ver el complejo mundo judicial y de las instancias disponibles para recibir justicia.

Jorge Traslosheros, por su parte, nos ha señalado la importancia de los expedientes de la justicia criminal, la eclesiástica y la civil. En esta última se da cuenta "de la permanente negociación entre los particulares y los modos de resolver sus

---

39 HERZOG, Tamar. "Sobre la cultura jurídica...", pp. 903-911.

40 GAYOL, Víctor. *Laberintos de justicia...*; GAYOL, Víctor y DIEGO-FERNÁNDEZ SOTELO, Rafael. *Op. cit.*

41 FRADKIN, Raúl O. (Comp.). *El poder y la vara...*; del mismo autor. *"La ley es tela de araña"...*; BARRIERA, Darío (Compilador). *Justicias y fronteras...*, del mismo autor. *La justicia y las formas de autoridad. Organización política y justicias locales en territorios de frontera. El Río de la Plata, Córdoba, Cuyo y Tucumán, siglos XVIII y XIX*, Rosario, ISHIR Conicet-Red Columnaria, 2010; POLIMENE, María Paula (Coord.). *Op. cit.*

42 DEL ARENAL FENOCHIO, Jaime. *Op. cit.*, p. 39 y ss.

43 Existe un análisis minucioso, aunque para el caso de Castilla: GANDASEGUI APARICIO, María José. *Op. cit.*

44 Raúl O. FRADKIN (Comp.). *"La ley es tela de araña"...* Los artículos contenidos allí muestran, mediante el análisis detallado y sistemático de pleitos civiles, cómo campesinos y esclavos utilizaban a su manera los conceptos de *ley* y *justicia* para presentar querellas y lograr ganarlas.

45 Víctor GAYOL, "Política local y gobierno provincial...". En: GAYOL, Víctor y DIEGO-FERNÁNDEZ SOTELO, Rafael. *Op. cit.*, pp. 131-172.

problemas tan mundanos como puede ser una herencia o una deuda"[46]. "Un expediente judicial se construye a partir de un litigio cargado de pasión, frustración, inteligencia, razones, falacias, verdades y negociaciones a través de las cuales el juez va estableciendo una verdad jurídica"[47]. El análisis de la justicia tradicionalmente se ha realizado a través de pleitos criminales, debido a su "curiosidad", carácter de "extraordinario" o la consideración de que son una de las mejores vías para conocer la sociedad. Frente a esto, no hay que olvidar que la justicia civil también refleja costumbres, representaciones y otras dimensiones de la vida. Es más, puede constituir también una vía predilecta para su conocimiento.

La fuente judicial "Es difícil en su materialidad"[48], ya que abruma por su voluminosidad. Parafraseando a A. Farge, podemos afirmar algo similar, tan solo que en otro sentido: "es difícil en su materialidad" por todo lo que ha implicado su formación, es decir, su *construcción*. La fuente judicial no solo es compleja por la abundancia de expedientes y la cantidad de información que nos puede proporcionar, sino también por circunstancias sociales que la generaron. Pensemos en el conjunto de elementos que pueden considerarse al respecto: 1) Las situaciones normales de la vida social que dan lugar a un pleito judicial –incluso sin pensar en riñas, amancebamientos y delitos de esa naturaleza; 2) el complejo sistema de tribunales y jueces que se encargaban de la administración de justicia en la monarquía católica; 3) la especificidad de la dimensión territorial y social que administraba un determinado tribunal y con ello su dinámica administrativa; 4) los conflictos por competencias jurisdiccionales o por otros motivos que tuvieran jueces de un mismo lugar; 5) el saber judicial de jueces, escribanos y litigantes; y 6) las dimensiones materiales de los expedientes tales como su forma de organización en el archivo, el papel sellado o común que fuera utilizado, las anotaciones al margen en los folios, entre otras minucias que a primera vista podrían parecer sin utilidad alguna.

Todo lo que hemos dicho en este texto va en vía a lo que se acaba de señalar. Haciendo retrospectiva por los capítulos del trabajo, se podrá observar que hemos

46 Traslosheros, Jorge E. "Invitación a la historia judicial. Los tribunales en materia religiosa y los indios de la Nueva España: Problemas, objeto de estudio y fuentes". En: Martínez López-Cano, Del Pilar, María (Coord.). *La Iglesia en Nueva España. Problemas y perspectivas de investigación*. México: UNAM, Instituto de Investigaciones Históricas, 2010, p. 143.

47 *Ibid.*, p. 144.

48 Farge, Arlette. *La atracción del archivo*. Valencia: Instituto Alfons el Magnanim, 1991, p. 9.

abordado, de una u otra forma, los seis elementos definidos en el párrafo anterior. Todo ello fue, en cierta medida, con el objetivo de llegar a una mejor comprensión de los pleitos civiles en San Gil. Para esto era necesario trazar las principales características del orden jurídico de aquella época, aunque también las condiciones específicas de la jurisdicción que estudiamos; evidenciar la existencia y relación de las distintas jurisdicciones para entender el aparato de oficiales disponibles y actuantes en la administración de justicia; por último, los mecanismos cotidianos de funcionamiento de la justicia, así como el saber judicial y la labor de los escribanos como parte de la configuración de la justicia.

En la villa de San Gil la materia civil, en términos teóricos y prácticos, la conocieron varios jueces. De entrada descartamos los alcaldes provinciales y los de la Santa Hermandad, puesto que su jurisdicción los restringía a lo criminal, aunque actuaban como jueces ejecutores de diligencias en los procesos civiles. Estos fueron atendidos por el teniente de corregidor, los alcaldes ordinarios y los alcaldes partidarios. Una vez entendido el trasfondo institucional corresponde acercarse a aspectos más sociales de los altercados judiciales.

7.2.2. Juegos judiciales: una propuesta de acercamiento

Una vez aclarados los puntos anteriores, podemos pasar a la cuestión concerniente a una posible aproximación al funcionamiento social de los litigios. Como ha anotado el sociólogo Pierre Bourdieu, cuando dos personas se inmiscuyen en un enfrentamiento, en un conflicto, y no hay codificación que lo reglamente, entran en un *juego*. Según este autor, esto consiste en que los actores, más que a reglas del derecho, en muchas situaciones responden a un "sentido del juego", a un sentido práctico. Así, siguiendo un texto de Weber[49], considera que la regla tiene unas condiciones para actuar, para que los actores la utilicen, ya que hay otros principios generadores de prácticas. Entonces, "para comprender sus prácticas [las de los actores], es necesario reconstruir el capital de esquemas informacionales que les permite producir pensamientos y prácticas sensatas y regladas sin intención de sentido y sin obediencia consciente a reglas explícitamente enunciadas como tales"[50].

---

[49] El texto no es citado pero Bourdieu menciona que el escrito decía más o menos lo siguiente: "Los agentes sociales obedecen a la regla cuando el interés en obedecerla la coloca por encima del interés en desobedecerla". BOURDIEU, Pierre. "La codificación". En: *Cosas dichas*. Barcelona: Gedisa, 1993.

[50] *Ibid.*, p. 83.

De tal modo que, lo que él denomina *habitus*, es decir, el sistema de disposiciones para las prácticas[51], hace que los agentes sociales se comporten de determinada manera en ciertas circunstancias[52]. Sus acciones, que no son regidas por reglas explícitas, son espontáneas, pero obedecen a una lógica práctica: "*la lógica de la práctica es ser lógica hasta el punto donde ser lógico cesaría de ser práctico*"[53]. Aunque la elaboración conceptual de Bourdieu se dirige más a la relación que las prácticas guardan con las codificaciones, podemos decir que en la época de nuestro interés, más que una "codificación"[54] jurídica –que las había en el sentido de compilaciones normativas: Las Siete Partidas, Recopilación de Indias, entre otras–, funcionaban *codificaciones sociales*, prácticas sociales, prácticas judiciales, prácticas litigantes.

Ahora bien, si tenemos en cuenta estas ideas para la sociedad y la justicia del antiguo régimen, el análisis se vuelve más complejo. Los "esquemas informacionales", las prácticas judiciales, es decir, el sentido práctico de los actores de estos tiempos correspondía a un orden jurídico y cultura jurisdiccional. Este se basada en la equidad (*aequitas*), en la justicia conmutativa, la cual se refería a dar a cada quien lo que le correspondía según su calidad. Pero lo interesante de ese contexto judicial era que todos compartían esas mismas coordenadas culturales. La justicia estaba en el "código genético" de esta época. Es lo que en parte explica cómo campesinos y esclavos realizaban argumentaciones judiciales refiriéndose a la costumbre, la ley y la justicia[55]. Esto no quería decir que todos lo expresaran de igual forma ni que esa cultura fuera uniforme.

En estos términos, podríamos considerar un pleito judicial como un *juego judicial*. En él, los litigantes ponderaban (a veces inconscientemente) los costos y beneficios de sus defensas y acusaciones, pensaban muy bien en los argumentos para sustentarlas y conforme el pleito avanzaba se incluía o se omitía información clave, según los intereses particulares de cada pleiteante (o en ocasiones de manera

---

51 Para profundizar sobre estas ideas, ver: Bourdieu, Pierre. *Bosquejo de una teoría de la práctica*. Buenos Aires: Prometeo Libros, 2012, pp. 183-224.

52 Bourdieu, Pierre. "La codificación". p. 84.

53 *Ibid.*, p. 86.

54 Lo entendemos como un conjunto de leyes consignadas en una compilación más que en el sentido que se alude cuando se habla de la "época de la codificación" en el siglo XIX.

55 Ver los trabajos citados de Fradkin. Además de la reciente tesis: González Undurraga, Carolina. *Esclavos y esclavas litigantes: justicia, esclavitud y prácticas judiciales en Santiago de Chile (1770-1823)*. Tesis de grado (Doctora en Historia). México: El Colegio de México, 2013.

espontánea). Incluso podríamos hablar de una especie de *racionalidad judicial*[56], por designarlo de alguna manera, y la cual se sustentaba en los referentes mencionados. Conforme a esto, proponemos algunas reflexiones que pueden servir de *estrategia de investigación* para el análisis de la litigiosidad a un nivel micro de los actores con su posición social y sus circunstancias particulares.

Este tipo de análisis puede hacerse a través de un esquema tripartito de nociones: *circunstancias, lógicas* y *estrategias*. La primera hace referencia a las circunstancias sociales en las que se genera un conflicto y que influyen en su transcurrir; en palabras más, palabras menos, su contexto concreto. Esta cuestión podría parecer obvia, y en cierta medida lo es, pero no está de más destacarla ya que su relevancia sigue siendo aludida en múltiples estudios[57], en especial si tenemos en cuenta la dinámica social en poblados pequeños[58] durante la época del dominio español. Solo entendemos las acciones de los actores en esa compleja malla de la vida que los rodeaba y de la cual son parte y expresión[59]. Esto cobra mayor relevancia si consideramos que la información que testigos, litigantes y documentos van ofreciendo conforme transcurren las causas se va enriqueciendo, de principio a fin, con lo que les ocurrió, les ocurre y les ocurrirá hasta finiquitar la querella.

La segunda noción alude a que todo litigante tiene una intención específica (consciente o no) y direccionaba sus declaraciones y acciones en torno a ella. En ello también puede intervenir una negociación extrajudicial o el "cambio de planes" de algún demandante, pero siempre las diligencias judiciales que solicite, sus declaraciones, la presentación de ciertos testigos –y, por ello, que declaran cierta información específica–, así como la documentación que ofrezca, estarán enmarcadas en una intencionalidad que puede ser identificada. Sería una lógica que cada litigante tendría, donde sus acciones tienen sentido, y que de tal forma

---

56 Raúl Fradkin incluso propone la idea de que la forma en que los peones de la campaña bonaerense se relacionaban con la justicia constituye una *cultura jurídica* particular, que sería el núcleo de la *cultura política* de este sector. Ver las dos obras citadas de este autor.

57 Ver FRADKIN, Rául O. *"La ley es tela de araña"*...; Víctor Gayol ha destacado el contexto particular de la provincia de Tlaxcala para entender mejor las querellas que presentaban por parte de los indios de allí.

58 GARRIDO, Margarita. *Reclamos y representaciones*...

59 Ejemplos de ellos pueden verse en los artículos contenidos en las compilaciones de Fradkin. Igualmente CUTTER, CHARLES R. *The legal culture*... Para el caso colombiano de esta perspectiva, ver: CEBALLOS GÓMEZ, Diana Luz. *Op. cit.*; y GARRIDO, Margarita. *Reclamos y representaciones*... Cfr. BOURDIEU, Pierre. *Bosquejo de una teoría*..., pp. 201-224.

son contrastables con las de alguien más. Todo esto siempre estará vestido del ropaje del reclamo a sus derechos.

Con lo anterior llegamos a la tercera noción: cada actor utilizaría una *estrategia* particular para ganar la contienda judicial. Las estratagemas apuntaban a conformar una especie de *capital simbólico judicial* que le favoreciera ante el juez y al mismo tiempo le restara credibilidad a su contrincante, es decir, cada quien siempre intentará probar, de una u otra forma, que "merece justicia". Tales estrategias pueden variar en número; pueden estar basadas en la costumbre, en otras reglas sociales cotidianas, en documentos, en aspectos discursivos, o en todas las anteriores; en fin, sus lógicas, sus fuentes y sus fines pueden estar enmarcados en múltiples aspectos. La misma justicia podía ser una táctica[60]. Tampoco puede verse estas situaciones, ni se plantea de tal forma, como un "extremo racionalismo" de los actores, aunque no olvidemos lo anotado por Giovanni Levi sobre las distintas formas de racionalidad –léase modalidades de la misma– que pueden mostrar los actores históricos en determinados contextos[61]. Lo que proponemos es tan solo una manera de observar los pleitos judiciales después de haber tenido en cuenta lo que hemos desarrollado en las páginas anteriores.

a) Análisis de casos

El esquema que acabamos de referenciar tiene un marcado componente empírico. La lectura de distintos pleitos por deudas o tierras impulsó a una reflexión para lograr una estrategia metodológica que ayudara a una mejor comprensión e interpretación de los mismos. Pero lo relevante aquí es que lo mencionado y los casos que presentaremos no son "llamativos" ni están "fuera de lo normal", sino que son casos de los muchos y cotidianos del periodo analizado. Tampoco dejemos de tener en cuenta que los litigantes entraban en una esfera en la cual se desenvolvía un juego de argumentaciones. La amplia escala cromática de situaciones y actores sociales nos hace pensar también en una infinitud de lógicas y estrategias judiciales. Nuestra propuesta no es otra cosa que una manera de acercarnos a esa realidad en extremo compleja. Y no olvidemos algo fundamental: en la realidad, la justicia como virtud, como impartición y como discurso permeaba todas las esferas de la vida de las personas del antiguo régimen.

---

60 HERZOG, Tamar. *La administración como fenómeno social...*, p. 25.

61 LEVI, Gionanni. "Sobre microhistoria". En: BURKE, Peter (ed.). *Formas de hacer historia*. Madrid: Alianza Editorial, 1996, p. 133.

En 1762, Francisco de Bustamante interponía un pleito por una deuda de 307 patacones (pesos de plata) y cuatro y medio reales contra su padre, don Bernardo de Bustamante, cuyos fiadores fueron doña Paula Gómez Orozco y Manuel Durán de Silva[62]. Bernardo le debía el dinero dos años atrás cuando Fernando se había casado. Desde tal época le había *suplicado* que le pagara, para lo cual solo le había dado una esclava de 11 años por valor de 200 pesos, de la cual no le había hecho el seguro, es decir, no le había otorgado la escritura. La petición se dirigía a que esto se cumpliera además para que se le pagaran los restantes 107 pesos con cuatro reales y medio. Fernando argumentaba que

> cuando me entregó la esclava trató conmigo de que me iría pagando cuando fuera teniendo en el término de dos años no me ha dado nada aunque he ido con varias necesidades a su casa y le suplicado me supla antes bien sobre este asunto se *disgusta y desasona contra mí y aún se irrita a mal decirme*: por todo interpongo la *justa y piadosa justicia de su administración*[63].

El mismo día, 9 de septiembre, Bernardo recibió el traslado y la boleta de comparendo para que realizara el seguro de la esclava y al tratar de hacerlo su hijo se enteraría que la esclava ya estaba escriturada en Francisca de Arenas, por lo que solicitaba que ella compareciera ante el alcalde y en presencia de su padre

> declare *el fraude que sobre esto hay* y compeler a dicho mi padre otorgue escritura a mi favor pues hace el tiempo dicho me tiene entregada la expresada esclava y *en pago de una deuda tan justa como es la mía* y aunque sobre esto quiera alegar la expresada Arenas no me parece se le debe a atender por estar yo en posesión beato[...] o como sea en buena fe: también suplico a vuestra merced haga en justicia el que mi padre me pague lo restante de mi tutela y los réditos correspondientes de cinco por ciento desde el año de 45 hasta el de 60 de la cantidad por entero y el de 61 y 62 de sólo 107 pesos 4 y medio reales por haberme pagado los 200 en la expresada esclava[64].

---

62 AGMSG. *Alcaldía de San Gil*, Caja 004, AGM 050, ff. 2r y 4r. (Demanda por pesos de Francisco de Bustamante contra su padre Bernardo de Bustamante por 307 pesos y 4 y medio reales, 1762).

63 *Ibid.*, f. 2r.

64 *Ibid.*, f. 3v.

No obstante estas declaraciones, por el día 27 Fernando de Bustamante cambiaría su petición. Solicitaba ante el alcalde ordinario don Miguel Meléndez de Valdéz, darse por desistido de la demanda interpuesta días anteriores. Las dos partes habían realizado un acuerdo extrajudicial donde uno de los fiadores, don Manuel Durán de Silva, se comprometía a que en quince días le entregaría 107 pesos y cuatro reales y medio por razón de su legítima, "y dos pesos de mis costas"

> la cual cantidad con las de 200 pesos que también recibí del dicho mi padre en una esclava llamada Juana María Monta las de 307 pesos 4 reales y medio y los dos pesos de costas, en ya virtud me doy por contento, y no tengo que pedir ni que deducir ahora ni en ningún tiempo contra el dicho mi padre ni contra la escritura que otorgó[65].

El caso de los Bustamante demuestra cómo las realidades o *circunstancias* no solo daban pie al establecimiento de los casos, sino cómo durante su resolución un acuerdo o convenio, para utilizar las palabras del demandado, podía dar la vuelta a la querella. Ese marco de realidades intentaba, sumado a la cercanía familiar, ofrecer las posibilidades de resolución, como efectivamente se dio. La *lógica* por la cual Fernando había dirigido su actuación se enfocaba en la demostración de los malos sentimientos de su padre, de las acciones moralmente condenables, como el *fraude* a que hacía alusión. Además, si tenemos en consideración que la cuenta derivaba de la legítima materna del demandante, puede decirse que la *estrategia* utilizada involucraba mostrar lo mal padre que podía ser Bernardo al no conceder lo que era *legítimo* a su hijo. Los elementos de esa *estrategia* no solo eran esos argumentos morales, sentimentales y religiosos, sino materiales. Por ejemplo, la desatención de un hijo por parte de su padre, y que iba en contra del marco religioso –familiar hispano–, podía demostrarse mediante testimonios que en últimas certificaba este tipo de cuestiones legalmente. Cabe resaltar que la honra del hijo hacia el padre quedó por fuera del caso, pudieron más el legítimo derecho, así como cierta racionalidad económica.

Otro caso de diferente ámbito se daría en 1763 cuando don Juan Enríquez, regidor y fiel ejecutor de la villa, demandaba a Bárbara de Remolina y a su hijo, Manuel Niño, por el rédito de la deuda que habían contraído con él hacía dos

65 *Ibid*., ff. 4r-v.

años por 200 pesos, y debido a que Bárbara no había comparecido al llamado de la justicia pedía proceder contra ellos ejecutivamente

> sin admitirles réplica excusa ni contradicción pasando (en caso necesario) a prisión de sus personas embargo y secuestro de todos sus bienes pues así por la general como por la especial los tienen ligados a mí dependencia poniéndolos a vela y pregón trance y remate hasta que de ellos se certifique la cumplida satisfacción de los doscientos treinta y tres pesos dos y medio reales de que soy acreedor con más lo costos y costas de la cobranza a que son obligados[66].

Se anexaba el vale por el cual recibían los 200 pesos en 1761. Luego, por no haber querido comparecer los acusados se delegó al alcalde de la Santa Hermandad, don José Simón de Silva, para que notificara sobre el pago a Bárbara y a su hijo, y de no hacerlo que se pasara el embargo de sus bienes[67]. Silva ejecutaría el 9 de julio en el sitio de Gachas (San Gil) lo dictado por el alcalde ordinario. Se embargaría, el mismo día, los bienes hipotecados por Bárbara Remolina en la escritura.

No obstante tal ejecución a favor del demandante, este volvería a hacer petición, respondiendo al traslado que le notificaba el embargo, en septiembre de 1764, argumentando que no se habían embargado todos los bienes hipotecados y pedía "dar la providencia más útil" para el saneamiento de su deuda. Miguel Vicente Pradilla, quien permanecía en el cargo de alcalde ordinario desde el año anterior, dictó un auto para que el alcalde provincial de la Santa Hermandad, Francisco Ferreira, pasara a la morada de Bárbara Remolina y su hijo, y que sin admitir réplica ni excusa hiciera poner de manifiesto todos los bienes hipotecados[68]. Además, se pidió que se hiciera el avalúo y depósito de los bienes y que se les hiciera saber "a la dicha Bárbara Remolina y al dicho su hijo comparezcan el luego y sin ninguna dilación en mi juzgado apercibiéndolos que de no ejecutarlo

---

66 AGMSG. *Alcaldía de San Gil*, Caja 004, AGM 059, f.3r. (Juan Enríquez, regidor y fiel ejecutor de San Gil, contra Bárbara Remolina y su hijo por una deuda, 1763).

67 *Ibid.*, f. 3v.

68 Por parte de doña Bárbara: 14 reses de ganado vacuno, siete yeguas y un fondo de cobre de 100 libras; por parte de don Manuel Niño y Rojas: medio solar, una casa en él de teja y palos de 40 pies que tiene en la parroquia de santa Bárbara de Mogotes. Bienes de los cuales sólo se había embargado el medio solar.

y se pondrán sus bienes a vela y pregón hasta su remate, quedando citados en toda forma de derecho"[69].

Para el 16 de noviembre se le informaría a Manuel Niño que se le iba a notificar que no podrían salir del lugar hasta no pagar el resto de la deuda, bajo la pena de 50 pesos, y que si vencido el término legal no habían pagado se pasaría a ponerle preso, embargar los bienes hipotecados, avaluarlos y rematarlos en pregón[70].

La causa no daría los resultados que se hubieran podido esperar con tantas medidas ejecutivas. Enríquez volvió a hacer una petición el 21 de mayo de 1765, en la cual solicitaba mandarle a doña Bárbara no saliera de la jurisdicción hasta satisfacer la cantidad que se le debía, ya que argumentaba que se le habían pagado 100 pesos por parte de Manuel Niño, quien estando en la cárcel se dio a la fuga afuera de la jurisdicción por el resto de la cantidad y las costas. El auto de 16 de noviembre de 1764 se adelantaría a la petición del demandante, pero lo notificaría el alcalde ordinario de 1765, Roque María Estengo, año en que el demandante, dice Estengo, también era alcalde ordinario: "Juan Enríquez regidor fiel ejecutor y actual alcalde ordinario por depósito de vara"[71].

Era evidente el peso social. Aunque a ciencia cierta se desconoce si se dio pago a la deuda, lo importante de este caso parece ser la preeminencia del demandante por ser un vecino, "don" y tener oficios de "República", es decir, un gran reconocimiento social y poder político. Allí parecen reconocerse *micropoderes*, es decir, la importancia social, económica o de otro tipo que tenía una persona y que podían ser factores claves en el proceso. En este pleito las circunstancias eran el acto en el cual se habían comprometido, Bárbara y su hijo, al pago de una deuda, además del encarcelamiento que sufrió Manuel Niño. La lógica utilizada por Enríquez se dirigía no a la demostración de su derecho, sino a las medidas ejecutivas para el pago de su deuda y tan solo el hecho de presentar el "vale de deuda" ya le concedía la oportunidad de solicitar medidas ejecutivas.

La dirección de su argumentación adquirió el carácter de implacable y efectiva al ser el único que aportaba pruebas, al parecer los demandados estaban conscientes de que no podían hacer nada. En esa lógica, el vale se constituía como el primer elemento de su estrategia, que se basaba en el argumento legal de que había pasado un buen tiempo desde el plazo establecido para el pago de la deuda, lo que

69 *Ibid.*, f. 6v.

70 *Ibid.*, f. 7r.

71 *Ibid.*, f. 8v.

le impulsaría a pedir el embargo de los bienes. Además, no se puede desconocer que posiblemente ese capital social que tenía por ocupar oficios de "República" le concedía un aura de credibilidad –y también de influencia–, lo cual se demostró con la designación de diferentes oficiales para las diligencias, ya que en otros casos similares no se delegó a tantas personas para tales acciones.

El último ejemplo es un caso de denuncia. Este lo llevó don Benedicto Villareal y en él se hacen presentes la desconfianza en el alcalde ordinario que podía responder a dos causas: en verdad una mal juicio del alcalde causando una injusticia, o por el favoritismo por una de las partes. Quien sufría la injusticia vio esto desde dos lógicas: la del alcalde como incapaz de dar un juicio adecuado o como mentirosa a su parte contraria. Dentro del caso que se ilustrará, se hacen menciones al antónimo de la verdad y la honestidad, que siempre aparece como *malicia*. Esta será mencionada reiteradamente como cualidad del contrincante para argumentar que aquella parte quiere causarle perjuicio y favorecerse a sí misma mediante mentiras y artimañas para engañar.

Antonio de Cala interpondría causa por tierras en 1767 en representación de Diego, José y María del Busto sus cuñados "todos pobres", contra Ana Bueno por tres estancias de ingenio en el sitio de Contabara. Su primera petición fue que Ana Bueno y sus yernos, Roque López y Agustín Caballero, mostraran de qué forma *poseían* tal propiedad[72]. Este conflicto se alargaría y se haría más complejo al punto de que cada parte, que en concreto fueron por un lado Antonio de Cala, y por otro, Juan Valentín Caballero y Jacinto Roque López, empezaron a calumniarse de una manera muy "sutil". Cala diría que la escritura presentada por Caballero y López era "vaga" ya que

> es clandestina y de contrabando, por cuanto concurre en la usurpación de los maravedíes reales de su majestad [...] es congruente que además de los expresados bienes que padece la escritura contraria es indubitable comprobante de

---

72 AGMSG. *Alcaldía de San Gil*, Caja 004, AGM 074, f. 1v. (Antonio de Cala en representación de Diego, José y María del Busto contra Ana Bueno por tierras, 1767). El problema giraba en torno a que la parte representada por Antonio de Cala argumentaba poseer la tierra por herencia de sus padres y de sus abuelos, quienes la habían comprado, y presentaban el documento que lo certificaba, a un habitante de Vélez. La parte contraria argumentaba que el suegro de Cala había vendido la tierra a Juan Galvis, quien la había poseído por más de 27 años, pero no se aclara qué relación tiene esta parte con Galvis o cómo obtuvo la tierra, sólo mencionan mostrar unas escrituras que certificarán que Galvis poseía la propiedad legalmente.

> su nulidad ser otorgada por persona no parte en propiedad del derecho [...] y aún digo la malicia que por ellos se percibe pues así la posesión como curso que en ella antecede por su in[roto]tancia tan bastantes que maliciar [...] todo está sin fecha de cómo y cuándo se hicieron tales diligencias, y así además que éstas no dañaran a mis partes aunque muy arregladas estuvieran; por haberlos visto presentes. Digo que son simples e inútiles e infructuosas y de ningún valor ni efecto para la defensa que pretender puedan las contrarias, en cuya atención deberán presentarse con otros instrumentos que les califique su propiedad porque éstos me parece son nulos en abono del derecho que pretenden[73].

Además, declaraba "no ser de malicia", fórmula procesal reiteradamente utilizada en diferentes casos. A tal declaración del 17 de agosto respondería la otra parte el 21 del mismo mes diciendo que la única probanza de Cala era, como era público y notorio, su "mal pensamiento", con presunción "siniestra", que iba contra la honra, y movido a quitarles lo que de justo derecho habían poseído. Argumentaban también que como el vendedor de la tierra había fallecido, Cala quería interponer su "maliciosa industria" con sus instrumentos "maliciosos", por lo cual pedían que se trajeran a la vista los documentos de cada parte "y se vea la *desigualdad* de unas y otras y acredite el dicho Cala su *maliciosa propuesta* o [sal] ga del *engaño* tan *malicioso* que ha propuesto". Asimismo, mencionaban que la posesión dada a Juan de Galvis por don Pedro Manuel Sarmiento de Olvera, siendo alcalde mayor provincial de la Santa Hermandad y regidor de la villa, podía verse en el archivo con firmas para que Cala saliera del engaño "*tan pernicioso en que se halla* y al mismo tiempo se halla en dicho amparo de testigos don Francisco Sarmiento y don Francisco Gómez de Abreu quienes que hallan [*sic*] vivos quienes podrán sacar al mencionado Cala nuestro contrario del error en que se halla"[74].

El día 27 Cala respondería que la parte contraria pretendía "colorear" la acción de su derecho y decía que la escritura que ellos presentaban no tenía la firma de Gertudris Muñoz, por lo que era inválida

> porque don Martín del Busto si vendió fue lo que no era suyo, no consiento la tal escritura porque las tierras fueron de Bartolomé Muñoz, y Catalina de Rueda; no admito tal escritura porque estos dichos no vendieron las tierras

---

[73] *Ibid.*, f. 9r-v.

[74] *Ibid.*, f. 11r-v. Las cursivas de esta cita y las siguientes son nuestras.

> [roto] [...] sus dueños, y así estos las poseen como dicho tengo de contrabando, de malicia, de mala conciencia, gozando de inmunidades en sagrados ajenos [...] porque esta *les vuelvo a decir*, que no sirve, es nula, es vaga, es infructuosa, es de ningún valor, es de ningún provecho, y es en suma inconsecuente[75].

Debido a la amplitud del caso, dejamos hasta acá su descripción. Vemos cómo se considera por parte de Cala como maliciosa a su parte contraria y por extensión todas sus acciones, igualmente lo hacía la parte contraria. Las circunstancias que envolvían el pleito se formaban desde el tiempo en que la tierra se vendió o se heredó, es decir, no solo situaciones familiares, sino transacciones comerciales con la tierra. Las lógicas de los dos declarantes, especialmente de Cala, tomaban el sentido de señalar lo malicioso que podía resultar el otro litigante y todos sus hechos, palabras, argumentaciones, pensamientos y sentimientos. Era no solo una deslegitimación jurídica, ya que no había claridad sobre la documentación que lo comprobara, sino una deslegitimación moral. Se utilizaron como estrategia las palabras, las reiteraciones discursivas y los adjetivos para comprobar la malicia de la otra parte. Es interesante ver que esto Cala lo realizó desde el principio, cuando en su primera declaración ya deslegitimaba las pretensiones de sus contrarios. Con ello trataba de sentar un precedente de confianza ante la autoridad.

---

75 *Ibid.*, f. 13r-v.

Conclusiones
Una configuración de la justicia

En las páginas antecedentes hemos visto un caso concreto de la forma en que se construyó y funcionó la administración de justicia en una jurisdicción de la monarquía católica. A esa construcción, desde las primeras páginas, la denominamos *configuración*. Allí la habíamos puesto como un presupuesto teórico. Después del desarrollo de nuestra exposición, lo hemos llenado de contenido empírico. De tal forma, puede decirse que la *configuración* de la administración de justicia en San Gil en el siglo XVIII fue un proceso compuesto, complejo y holístico.

Compuesto, pues se formaba de distintos órdenes o dimensiones sociales. Teniendo en cuenta la monarquía católica que estaba en la tradición jurídica de Occidente, era evidente que nuestro fenómeno de estudio se incrustara en los criterios y fundamentos de ella. Esto sustentaba la cultura jurídica de jueces y litigantes, así como una serie de códigos sociales compartidos, aunque expresados de distintas formas. En otro orden, pero vinculado con esa tradición, los juzgados y sus jueces eran los que hacían posible que los criterios se volviesen realidad por medio de procesos judiciales. Si bien no se expresaban de la misma manera los criterios jurídicos y religiosos, estos estaban presentes y eran usados a su manera por cada actor social.

Complejo, pues la imbricación de sus dimensiones era tal que se hace difícil distinguirlas. No tenía por qué ser de otra forma si tenemos en cuenta que la cultura de aquella época no separaba la justicia de la religión, del derecho, de la moral, ni de variados órdenes normativos más. Para efectos de nuestro análisis, hubiera sido menos enriquecedor haber considerado la justicia simplemente como un ejercicio de dominación y control, o como una aplicación mecánica de la legislación, o igualmente, considerarla como ineficiente e inoperante siendo un bastión de corrupción. Creemos que haberla considerado en buena parte de su complejidad nos acercó un poco más a su realidad histórica. Era una apelación a su propia historicidad.

Holístico, en la medida que no podemos comprender cabalmente el fenómeno si no lo miramos de una manera integral, de forma *comprensiva*, al estilo weberiano. Se hacía patente ver las condiciones estructurales de la sociedad particular donde evaluaríamos nuestro fenómeno. La justicia como un "todo" social y cultural, como un fenómeno presente y relacionado con todos los rincones de la vida.

Esta investigación hizo patente la importancia y necesidad de comprender aquella época con sus conceptos particulares sobre el gobierno y el derecho. En esa medida, también sobre la mejor comprensión de la que deben ser objeto los procesos judiciales. Todavía es bastante común que se utilicen los pleitos judiciales para analizar diversos fenómenos sin comprender adecuadamente el tipo de fuente documental de que se trata, ni la información allí contenida y su lenguaje particular. De esa falta de entendimiento se siguen derivando afirmaciones apresuradas sobre la administración de justicia y los comportamientos sociales. Las fuentes judiciales son una construcción de un conjunto de acciones sociales condensadas en un expediente. Si no atendemos a sus dimensiones jurídicas ni a los valores que sobre la justicia, la ley, el gobierno y los derechos tenían los litigantes, difícilmente podremos entender lo consignado en las demandas civiles, criminales o de otro tipo.

Igualmente, se hace necesaria una nueva manera de tratar estos documentos y los fenómenos de los que nos da cuenta, y describirlos de una nueva forma. Apelar a la propia lógica de las fuentes, exige un requerimiento: un cambio de vocabulario. A partir de las fuentes y el significado preciso que le asignaron o que interpretaron quienes las confeccionaron, se ha derivado una nueva manera de describir los fenómenos que se analizan. Es significativo, por ejemplo, el título una obra de Pietro Costa: *Iurisdictio. Semantica del potere político nella pubblicistica medievale*, que nos indica una fuerte red de sentidos jurídicos –toda una semántica del poder– para una época y que cada palabra poseía una carga normativa muy importante. Algunos autores, como A. Agüero, B. Clavero, C. Garriga, P. Grossi y A.M. Hespanha, tienden y propugnan por no traducir algunos términos de la literatura jurídica medieval y moderna, aunque en obras de los siglos XVII y XVIII ya aparece la traducción de distintos conceptos, pero sin modificar mucho la esencia de su sentido. El problema sigue radicando en la actualidad, donde las palabras de una política y derecho diferentes pueden llevar, y han llevado, a interpretaciones alejadas de la realidad histórica. Este ha sido el caso de la palabra *funcionario*. No se trataría solo de las fuentes doctrinarias, sino también de las doctrinales.

* * *

La administración de justicia en la villa de San Gil fue una parte del complejo aparato de gobierno de la monarquía hispánica. El gobierno que ella ejercía, tenía sus principales fundamentos en el derecho y la religión católica. En esa tradición jurídica occidental la justicia desempeñaba un papel primordial, pues su impartición era considerada la tarea fundamental del gobierno. De allí que no sorprenda la extensa, imbricada y compleja estructura de tribunales que en todos los rincones de la monarquía se regían por criterios comunes, pero que conforme a lugares y tiempos particulares se concretaban de manera multiforme. Es significativo también el cuidado con que se trataban las cuestiones judiciales, especialmente las referentes a los jueces y sus competencias.

La principal manera de impartir justicia en la jurisdicción de San Gil fue a través de sus autoridades capitulares y las políticas que ellas definieron. En una zona tan poblada y económicamente dinámica, se reforzó cada vez más la extensión e impartición de justicia, esto en vías de distribuir justicia a los vasallos del rey y salvaguardar el orden social. El cabildo sangileño adoptó varias estrategias con ese fin, como la implantación de jueces partidarios o la solicitud de ampliar jurisdicción de algunos jueces. No obstante, también hicieron presencia la jurisdicción real a través del teniente de corregidor y los alcaldes de la Santa Hermandad. La multiplicidad de jueces que hicieron presencia en San Gil hizo que los vasallos tuvieran un abanico jurisdiccional en el cual resolver sus conflictos e hicieron uso de ellos.

En la imbricada convivencia de potestades, el ideal era guardar armonía. Sin embargo, los jueces se enfrentaron por defender la competencia propia de su oficio, pues las fronteras entre jurisdicciones muchas veces no eran claras o separadas. Por su parte, los litigantes, al sospechar o considerar un abuso o imparcialidad de un magistrado, usaron del mecanismo de la recusación con el fin de garantizar un proceso claro y justo. El uso de ese tipo de herramientas, así como de claridad para seguir los procesos, respondía al saber judicial arraigado en la cultura misma y que era transmitido de muy diversas formas. De allí que los magistrados no necesitaran conocimientos jurídicos formales para ser elegidos jueces ni para desempeñar su labor.

A pesar de que nuestro cometido fue dar respuesta a algunos interrogantes, quedan muchos otros para posteriores indagaciones. Uno de los más destacables y con el que finalizamos el último capítulo es el de un análisis profundo de la cultura jurídica de los litigantes y jueces por medio de los litigios, los argumentos utilizados, las flexibilidades del proceso y de ahí la elaboración de una historia cultural y social a partir de esos registros. Otro de los problemas sería trascender los límites temporales de la presente investigación para desentrañar lo ocurrido ya a finales del siglo XVIII y a inicios del XIX. Allí podría analizarse si el orden jurídico tradicional cambió poco y en qué aspectos, con el fin de aportar nuevas luces en los debates sobre esta cuestión y desmarcarnos de una historia política de las independencias, que tanto ha estado en auge.

La problemática que hemos estudiado aquí, sigue sin ser investigada en la historiografía colombiana. Esperamos que nuestra pesquisa contribuya para poner más atención a los tribunales que funcionaron en el Virreinato de Santa Fe. En esa vía, lo primero que podemos resaltar es la necesidad de estudiar la audiencia que residió en la capital, sus competencias, ejercicio de las mismas tanto en la administración de justicia como en las labores gubernativas; su funcionamiento interno con todo el personal subalterno que poseía; y la cultura jurídica presente en los litigios llevados en ella. La justicia provincial impartida por gobernadores y corregidores también es un campo virgen y que goza de algunos buenos archivos regionales o locales para ser estudiada[1]. La justicia local quizá sea la más desconocida, pero también un gran campo intacto por la investigación, al igual que la justicia y el control rural de la población por medio de alcaldes de la Santa Hermandad.

Si algo demuestra el panorama jurisdiccional del virreinato que trazamos en el primer capítulo, es la increíble inmensidad y complejidad de los juzgados que existieron. Asimismo, una sorprendente incomprensión y desconocimiento de la gran diversidad de jueces en las distintas provincias del virreinato, de las formas en que ejercieron sus potestades según una región u otra, o de unos cargos u otros. Solo resta, aquí, convocar a sus respectivos estudios.

1 Popayán, Cali, Buga, Medellín y Tunja poseen los más grandes y mejor conservados acervos judiciales.

Fuentes y bibliografía

Fuentes documentales

Archivo General de Indias (AGI) (Sevilla)

Fondos:
-*Santa Fe*: Legajos 556 y 561.
-*Contaduría:* Legajo 1549.
-*Indiferente General*: Legajo 1713.

Archivo General de la Nación (AGN) (Bogotá): Sección Colonia

Fondos:
-*Cabildos*: Tomo 10.
- *Competencias Cauca, Magdalena, Tolima, Santander, Panamá, Ecuador*: Tomo 8.
-*Competencias Santander*: Tomo 6.
-*Curas y Obispos*: Tomos: 9, 10, 22, 33, 37, 41, 46 y 49.
-*Empleados Públicos Santander*: Tomos 2, 3, 4, 6, 8, 9, 11, 13, 15, 16, 20, 25, 26 y 29.
-*Empleados Públicos Cartas*: Tomo 4.
-*Juicios Criminales*: Tomos 43, 46, 52 y 60.
-*Miscelánea*: Tomos 5, 6, 10 y 68.
-*Impuestos Varios*: Tomos 9 y 13.
-*Poblaciones Boyacá*: Tomo 2.
-*Poblaciones de Santander*: Tomo 3.
-*Virreyes*: Legajo 17.

Archivo General de la Nación (AGN) (Bogotá): Sección Anexo

Fondo: -*Gobierno.*

Archivo General de la Nación (AGN) (Bogotá): Sección Mapoteca

Fondo:

-*Mapoteca 4*, Referencias: 28 A, 28 A bis, 405 A, 450 A, 451 A 681 A y 686 A.

Archivo Histórico Regional (AHR) Universidad Industrial de Santander (Bucaramanga)

Registros parroquiales: bautismos y defunciones de San Gil (rollos 1699070 y 1699131), Barichara (rollos 1699199 y 1699449), Simacota (rollos 1855587 y 1855713), Charalá (rollos 1699447 y 1699504) y Zapatoca (rollos 1855743 y 1855833).

Archivo General Municipal de San Gil (AGMSG)

Fondos:

-*Alcaldía de San Gil*: Cajas 001-013.

-*Notarial*: Paquetes 001-020.

-*Tribunal Superior*: Cajas 001-012.

Archivo Notarial del Socorro (ANS)

-*Notaría Primera*: Tomos 1-17.

Fuentes publicadas

Castillo de Bobadilla, Jerónimo. *Política para corregidores, y señores de vassallos, en tiempo de paz, y de guerra, y para juezes eclesiásticos y seglares y de sacas, aduanas, y de refidencias, y fus oficiales: y para regidores, y abogados, y del valor de los corregimientos, y goviernos realengos, y de las ordenes* [Edición facsimilar]. 2v. Madrid: Instituto de Estudios de Administración Local, 1978 [1597].

Codazzi, Agustín. *Geografía física y política de la Confederación Granadina. Estado de Santander. Antiguas provincias de Vélez, Socorro, Soto, Ocaña, Santander y Pamplona.* Volumen V. (Edición, análisis y comentarios de Camilo A. Domínguez Ossa, Augusto J. Gómez López, Guido Barona Becerra), s.l., Universidad Nacional de Colombia, 2004.

Colmenares, Germán. *Relaciones e informes de los gobernantes de la Nueva Granada* (3 Tomos). Bogotá: Fondo de Promoción de la Cultura del Banco Popular, 1989.

Durán y Díaz, Joaquín. *Estado general de todo el Virreinato de Santafé de Bogotá en el presente año de 1794. Lo da a luz don Joaquín Durán y Díaz*. Bogotá: Banco de la República, 2012.

Escriche, Joaquín. *Diccionario razonado de legislación y jurisprudencia*, (4 Tomos), Madrid: Imprenta de Eduardo Cuesta, 1874 [1831]. Disponible en: http://bib.us.es/guiaspormaterias/ayuda_invest/derecho/pixelegis.htm

Hevia Bolaños, Juan de. *Curia Filípica*. Madrid: Viuda de Juan García Infanzon, 1717 [1603].

Guerrero Rincón, Amado Antonio y Gutiérrez Ramos, Jairo. *Gobierno y administración colonial. Siglo xviii: fuentes para la historia de Santander*. Bucaramanga: Ediciones uis, 1996.

las siete partidas del sabio rey don alfonso el ix, con las variante de más interés, y con la glosa del lic. gregorio lópez, del consejo real de indias de s.m. (7 tomos) Barcelona: Imprenta de Antonio Bergnes y Ca., calle de Escudellers No. 2., 1843 [s. xiii]. Disponible en: http://bib.us.es/guiaspormaterias/ayuda_invest/derecho/pixelegis.htm

Moreno y Escandón, Francisco Antonio. *Indios y mestizos de la Nueva Granada: a finales del siglo xviii*. Bogotá: Fondo de Promoción de la Cultura del Banco Popular, 1985.

Oviedo, Basilio Vicente de. *Cualidades y riquezas del Nuevo Reino de Granada*. Bogotá, Imprenta Nacional, 1930 [c. 1761].

recopilación de leyes de los reinos de las indias, mandadas a imprimir y publicar por la majestad católica del rey don carlos ii [1680]. Disponibles en: http://www.congreso.gob.pe_ntley_LeyIndiaP.pdf

Bibliografía

Libros

Agüero, Alejandro. *Castigar y perdonar cuando conviene a la república: la justicia penal de Córdoba del Tucumán, siglos xvii y xviii*. Madrid: Centro de Estudios constitucionales, 2008.

Aguilera, Mario. *Los comuneros: guerra social y lucha anticolonial*. Bogotá: Universidad Nacional, 1985.

Altamira y Crevea, Rafael. *Manual de investigación de la historia del derecho indiano*. México: Instituto Panamericano de Geografía e Historia, 1948.

Álvarez Orozco, René. *Textiles crudos, alpargates y sombreros. Artesanías, centros de producción y espacio económico en la provincia del Socorro. Siglos xvi-xix*. Bucaramanga: Sic Editorial, 2006.

ARDILA DÍAZ, Isaías Pbro. *Historia de San Gil en sus 300 años*. Bogotá: ARTO LTDA., 1990.

ARNOLD, Linda. *Burocracia y Burócratas en México, 1742-1835*. México: Grijalbo, 1991 [1988].

ARTOLA, Miguel. *La monarquía de España*. Madrid: Alianza, 1999.

BARRIENTOS GRANDÓN, Javier. *El gobierno de las Indias*. Madrid: Marcial Pons, 2004.

BARRIERA, Darío G. *Abrir puertas a la tierra: microanálisis de la construcción de un espacio político: Santa Fe*, 1573-1640. Rosario: Museo Histórico Provincial de Santa Fe, 2013.

______. (Comp.). *Justicias y fronteras. Estudios sobre historia de la justicia en el Río de la Plata (siglos XVI-XIX)*. Murcia: Universidad de Murcia, Servicio de Publicaciones, Red Columnaria, 2009.

______. (Comp.). *La justicia y las formas de la autoridad: organización política y justicias locales en territorios de frontera. El Río de la Plata, Córdoba, Cuyo y Tucumán, siglos XVIII y XIX*. Rosario: ISHIR Conicet-Red Columnaria, 2010.

BAYLE, Constantino. *Los cabildos seculares de la América española*. Madrid: Sapientia, 1952.

BELLINGERI, Marco (Coord.). *Dinámicas de antiguo régimen y orden constitucional: representación, justicia y administración en Iberoamérica, siglos XVIII-XIX*. Torino: Otto, 2000.

BERMAN, Harold. *La formación de la tradición jurídica de occidente*. México: Fondo de Cultura Económica, 1996 [1983].

BERTHE, Jean-Pierre y CALVO, Thomas (Eds.). *Administración e imperio: El peso de la monarquía hispana en sus Indias (1631-1648)*. Zamora: El Colegio de Michoacán, Fideicomiso Teixidor, 2011.

BOURDIEU, Pierre. *Bosquejo de una teoría de la práctica*. Buenos Aires: Prometeo Libros, 2012.

______ y TEUBNER, Gunther. *La fuerza del derecho*. Bogotá: Siglo del Hombre, Uniandes, Instituto pensar, 2000.

BURKHOLDER, F. y CHANDLER, D.S. *De la impotencia a la autoridad: la Corona española y las reales audiencias en América, 1687-1808*. México: FCE, 1984 [1977].

CASTRO GUTIÉRREZ, Felipe. *Historia social de la Real Casa de Moneda de México*. México: UNAM, Instituto de Investigaciones Históricas, 2012.

CEBALLOS GÓMEZ, Diana Luz. *"Quyen tal haze que tal pague". Sociedad y prácticas mágicas en el Nuevo Reino de Granada*: Ministerio de Cultura, 2002.

CLAVERO, Bartolomé. *Historia del derecho: derecho común*. Salamanca: Universidad de Salamanca, 1994 [1979].

COLMENARES, Germán. *Historia económica y social de Colombia.* Tomos I y II. Santa Fe de Bogotá: Tercer mundo editores, 1997.

CÓRDOBA OCHOA, Luis Miguel. *De la quietud a la felicidad. La villa de Medellín y los procuradores del Cabildo entre 1675-1785.* Santafé de Bogotá: Instituto Colombiano de Cultura Hispánica. Colección: Cuaderno de Historia Colonial, Título V, 1998.

COSTA, Pietro. *Iurisdictio. Semantica del potere político nella pubblicistica medievale (1100-1433).* Milano: Giuffré edittore, Universitá di Fireenze, 1969.

CRUZ BARNEY, Óscar. *El régimen jurídico de los consulado de comercio indianos: 1784-1795.* México: UNAM, Instituto de Investigaciones Jurídicas, 2001.

CUTTER, Charles R. *The legal culture of Northern New Spain, 1700-1810.* Albuquerque: University of New Mexico Press, 1995.

DOUGNAC RODRÍGUEZ, Antonio. *Manual de historia del derecho indiano.* México: Instituto de Investigaciones Jurídicas UNAM, 1994.

ELÍAS, Norbert. *La sociedad cortesana*. México: FCE, 1996 [1939].

EVANS, G. R. *Law and theology in the Middle Ages.* London, New York: Routledge, 2002.

FAJARDO, Darío. *El régimen de la encomienda en la provincia de Vélez (población indígena y economía).* Bogotá: Universidad de los Andes, 1969.

FARGE, Arlette. *La atracción del archivo.* Valencia: Instituto Alfons el Magnanim, 1991.

FERNÁNDEZ ALBADALEJO, Pablo. *Fragmentos de monarquía: trabajos de historia política.* Madrid: Alianza, 1993.

FERRÉS, Carlos. *Época colonial, la administración de justicia en Montevideo*. Montevideo: Casa A. Barreiro y Ramos, 1944.

FRADKIN, Raúl O. (Comp.) *El poder y la vara: estudios sobre la justicia y la construcción del Estado en el Buenos Aires rural, 1780-1830.* Buenos Aires: Prometeo Libros, 2007.

______ (Comp.). *"La ley es tela de araña": Ley, justicia y sociedad rural en Buenos Aires, 1780-1830.* Buenos Aires: Prometeo Libros, 2009.

GALDAMES, Oswaldo Silva. *Instituciones y funcionarios en Chile colonial.* Santiago de Chile: Universidad de Chile, 1992.

GANDASEGUI APARICIO, María José. *Los pleitos civiles en Castilla. 1700-1835: estudio del funcionamiento de la administración de justicia castellana en el marco de los pleitos privados*. (4 tomos). Madrid: Universidad Complutense de Madrid, 2005.

Garavaglia, Juan Carlos y Schaub, Jean-Frédéric. *Lois, justice, coutume: Amérique et Europe latines, 16e-19e siècle*. París: Ecole des hautes études en sciences sociales, 2005.

García Ayluardo, Clara (Coord.). *Las reformas borbónicas, 1750-1808*. México: cide, fce, Conaculta, inehrm, Fundación cultural de la Ciudad de México, 2010.

García Marín, José María. *El oficio público en Castilla durante la baja Edad Media*. Madrid: Instituto Nacional de Administración Pública, 1987.

______. *La justicia del rey en Nueva España*. Córdoba: Universidad de Córdoba, 2011.

Garrido, Margarita. *Reclamos y representaciones. Variaciones sobre la política en el Nuevo Reino de Granada, 1770-1815*. Bogotá: Banco de la República, 1991.

Gayol, Víctor. *Laberintos de justicia. Procuradores, escribanos y oficiales de la Real Audiencia de México, 1750-1812,* (2 Vols)., Zamora: El Colegio de Michoacán, 2007.

______ y Diego-Fernández Sotelo, Rafael (Coords.). *El gobierno de la justicia. Conflictos jurisdiccionales en Nueva España (siglos xvi-xix)*. Zamora: El Colegio de Michoacán, Archivo Históricos del Municipio de Colima, 2012.

Góngora, Mario. *El Estado en el derecho indiano. Época de Fundación (1492-1570)*. Santiago de Chile: Universidad de Chile, 1951.

González, María del Refugio. *El derecho indiano y el derecho provincial novohispano. Marco historiográfico y conceptual,* México: unam, 1995.

Grossi, Paolo. *El orden jurídico medieval*. Madrid: Marcial Pons, 1996 [1995].

______. *Mitología jurídica de la modernidad*. Madrid: Trotta, 2003.

Guerrero Rincón, Amado Antonio. *Poder político local: cabildo de Girón, siglo xviii*. Bucaramanga: Centro de Estudios Regionales, uis, [s.f.].

______ y Martínez, Armando. *La provincia de los comuneros. Orígenes de sus poblamientos urbanos*. Bucaramanga: ediciones uis, 1997.

Guillen de Iriarte, María Clara. *Nobleza e hidalguía en el Nuevo Reino de Granada: Colegio Mayor de Nuestra Señora del Rosario, 1651-1820*. (2 tomos). Bogotá: Ediciones Rosaristas, 1994.

Guzmán, Ángela I. *Poblamiento y urbanismo colonial en Santander: Estudio de 10 pueblos de la región central*. Bogotá: Universidad Nacional de Colombia, 1987.

Haring, Clarence H. *El imperio español en América*. México: Alianza Editorial Mexicana, 1990 [1947].

Herrera Ángel, Martha. *Ordenar para controlar: ordenamiento espacial y control político en las llanuras del Caribe y en los Andes centrales neogranadinos, siglo xviii*. Medellín: La Carreta, 2007 [2002].

Herzog, Tamar. *La administración como un fenómeno social: La justicia penal de la ciudad de Quito (1650-1750)*. Madrid: Centro de Estudios Constitucionales, 1995.

_______. *Mediación, archivos y ejercicio. Los escribanos de Quito (siglo xvii)*. Frankfurt am Main: Klostermann, 1996.

_______. *Vecinos y extranjeros: hacerse español en la Edad Moderna*. Madrid: Alianza, 2006 [2003].

_______ y Roniger, Luid (Ed.). *The collective and the public in Latin America: cultural identities and political order*. Portland: Sussex Academic Press, 2000.

Hesles Bernal, José Carlos. *El vuelo de Astrea: configuración jurídico-política de la monarquía católica*. México: Porrúa, unam, Facultad de Derecho, 2005.

Hespanha, Antonio Manuel. *Vísperas de Leviatán. Instituciones y poder político (Portugal, siglo xvii)*. Madrid: Taurus, 1989.

_______. *La gracia del derecho. Economía de la cultura en la Edad Media*. Madrid: Centro de Estudios Constitucionales, 1993.

_______. *Cultura jurídica europea: síntesis de un milenio*. Madrid: Tecnos, 2002.

Hettner, Alfred. *La cordillera de Bogotá*. Bogotá: Banco de la República, 1966 [1892].

Jaramillo Uribe, Jaime (ed.). *Manual de historia de Colombia*. Tomo i. Bogotá: Procultura, 1982.

Jiménez Gómez, Juan Ricardo. *Un formulario notarial mexicano del siglo xviii: la instrucción de escribanos de Juan Elías Ortiz de Logroño*. México: Universidad Autónoma de Querétaro, Miguel Ángel Porrúa, 2005.

Lara Cisneros, Gerardo. *¿Ignorancia invencible?: superstición e idolatría ante el provisorato de indios y chinos del arzobispado de México en el siglo xviii*. México, D. F.: unam, Instituto de Investigaciones Históricas, 2014.

Lempérière, Annick. *Entre Dios y el rey: la república. La ciudad de México de los siglos xvi al xix*. México, D. F: fce, 2013 [2004].

Létourneau, Jocelyn. *La caja de herramientas del joven investigador. Guía de iniciación al trabajo intelectual*. Medellín: La Carreta Editores, 2007.

Lorandi, Ana María. *Poder central, poder local: Funcionarios borbónicos en el Tucumán colonial: Un estudio de antropología política*. Buenos Aires: Prometeo libros, 2008.

Lorente, Marta y Vallejo, Jesús (Coords.). *Manual de historia del derecho*. Valencia: Tirant Lo Blanch, 2012.

Lozano Armendáres, Teresa. *La criminalidad en la ciudad de México, 1800-1821*. México: unam, 2010 [1987].

Luján Muñoz, Jorge. *Los escribanos en las Indias Occidentales*. México: unam, Instituto de Estudios y Documentos Históricos, 1982.

Luque Talaván, Miguel. *Un universo de opiniones. La literatura jurídica indiana*. Colección Biblioteca de Historia de América: 26. Madrid: Consejo Superior de Investigaciones Científicas. Instituto de Historia, 2003.

Lynch, John. *Administración colonial española, 1782-1810: el sistema de intendencias en el Virreinato del Río de la Plata*. Buenos Aires: Eudeba, 1962.

Maqueda Abreu, Consuelo. *El Virreinato de Nueva Granada, 1717-1780: estudio institucional*. Madrid: Dykinson, 2007.

Martínez Garnica, Armando. *Estructura, función y jurisdicción del cabildo colonial: el caso de la ciudad de Ibagué*. Bogotá: Programa Centenario de la Constitución, Banco de la República, 1983.

_______ y Guerrero, Amado Antonio. *La provincia de Guanentá. Orígenes de sus poblamientos urbanos*. Bucaramanga: Ediciones uis, 1996.

Martínez Hernández, Gerardo. *La medicina en la Nueva España, siglos xvi y xvii: consolidación de los modelos institucionales académicos*. México: unam, Instituto de Investigaciones Históricas, 2014.

Martiré, Eduardo. *Las audiencias y la administración de justicia en las Indias*. Madrid: Universidad Autónoma de Madrid, 2005.

Marzhal, Peter. *Una ciudad en el imperio. El gobierno, la política y la sociedad de Popayán en el siglo xvii*. Popayán: Universidad del Cauca, 2013 [1978].

Mazín, Óscar y Ruiz Ibáñez, José Javier. *Las Indias Occidentales: procesos de incorporación territorial a las monarquías ibéricas*. México: El Colegio de México, Red Columnaria, 2012.

McFarlane, Anthony. *Colombia antes de la independencia: Economía, sociedad y política bajo el Imperio Borbón*. Bogotá: Banco de la República, 1997 [1993].

Mclachlan, Colin M. *La justicia criminal del siglo xviii en México. Un estudio sobre el Tribunal de la Acordada*. México: Sepsetentas, 1976.

Merryman, John Henry. *La tradición jurídica romántico-canónica*. México: fce, 2012 [1969].

Mijarez Ramírez, Ivonne. *Escribanos y escrituras públicas en el siglo xvi: el caso de la Ciudad de México*. México: Unam, 1997.

MORALES G., Jorge, CADAVID, Gilberto. *Investigaciones etnohistóricas y arqueológicas en el área Guane*. Bogotá: Banco de la República. Fundación de Investigaciones [s.f.].

MORELLI, Federica. *Territorio o nación: reforma y disolución del espacio imperial en Ecuador, 1765-1830*. Madrid: Centro de Estudios Políticos y Constitucionales, 2005 [2001].

NAVARRO GARCÍA. Luis. *Hispanoamérica en el siglo XVIII*. Sevilla: Universidad de Sevilla, Secretariado de Publicaciones, 2012 [1991].

OTS CAPDEQUÍ, José María. *España en América*. Bogotá: Universidad Nacional de Colombia, 1948.

_______. *Manual de historia del derecho español en las Indias y del derecho propiamente indiano*. Buenos Aires, Editorial Losada, 1945 [1943].

PATIÑO MILLÁN, Beatriz. *Criminalidad, ley penal y estructura social en la Provincia de Antioquia, 1750-1820*. Medellín: Instituto para el Desarrollo de Antioquia, 1994.

PAZ ALONSO, María. *El proceso penal en Castilla (siglos XIII-XVIII)*. Salamanca: Universidad de Salamanca, 1982.

PHELAN, John L. *El pueblo y el rey. La Revolución comunera en Colombia, 1781*. Bogotá: Carlos Valencia, 1980.

_______. *El Reino de Quito en el siglo XVII. La política burocrática en el Imperio español*. Quito: Banco Central del Ecuador, 1995 [1967].

PIETSCHMANN, Horst. *Las reformas borbónicas y el sistema de intendencias en Nueva España: un estudio político administrativo*. México: Fondo de Cultura Económica, 1996.

POLIMENE, María Paula (Coord.). *Problemas jurisdiccionales en el Río de la Plata, Córdoba, Tucumán, Cuyo y Chile*. Rosario: Prohistoria, 2011.

PRODI, Paolo. *Una historia de la justicia: de la pluralidad de fueros al dualismo moderno entre conciencia y derecho*. Buenos Aires: Katz, 2008 [2000].

RANGEL SILVA, José Alfredo. *Capitanes a guerra, linajes de frontera: ascenso y consolidación de las elites en el oriente de San Luis, 1617-1823*. México, D. F.: El Colegio de México, 2008.

RODRÍGUEZ, Pablo. *Cabildo y vida urbana en Medellín colonial. 1675-1730*. Medellín: Universidad de Antioquia, 1992.

ROJAS, Ulises. *Corregidores y justicias mayores en Tunja*. Tunja: Imprenta departamental, 1963.

Salazar Carreño, Robinson. *Tierra y mercados. Campesinos, estancieros y hacendados en la jurisdicción de la villa de San Gil, siglo XVIII*. Bogotá: Universidad de los Andes, CESO, 2011.

Schafer, Ernest. *El Consejo Real y Supremo de las Indias: su historia, organización y labor administrativa hasta la terminación de la Casa de Austria*. (2 vols). Madrid: Junta de Castilla y León, Consejería de Educación y Cultura, 2003 [1935-47].

Sembolini, Lara. *La construcción de la autoridad virreinal en Nueva España*. México, D. F.: El Colegio de México, 2014.

Simón, Pedro fray. *Noticias historiales de las conquistas de Tierra Firme en las Indias Occidentales*. Tomo IV. Bogotá: Biblioteca Banco Popular, 1981 [1621].

Soberanes, José Luis. *Los tribunales de la Nueva España: antología*. México: UNAM, Instituto de investigaciones Jurídicas, 1980.

Soler L. Luisa Consuelo. *El reformismo borbónico en América: el caso de la Nueva Granada, siglo XVIII*. Tunja: UPTC, 2003.

Soulodre-La France, Renée. *Región e imperio. El Tolima grande y las reformas borbónicas en el siglo XVIII*. Bogotá: Instituto Colombiano de Antropología e Historia, 2004.

Splendiani, Anna María. *Cincuenta años de inquisición en el Tribunal de Cartagena de Indias*. (2 tomos). Tomo I. Bogotá: Centro Editorial Javeriano, CEJA, 1997.

Tau Anzoátegui, Víctor. *El poder de la costumbre: Estudios sobre el derecho consuetudinario en América hispana hasta la Emancipación*. En: *Tres grandes cuestiones de la historia de Iberoamérica: ensayos y monografías*. Madrid: Fundación Ignacio Larramendi, 2011. Recurso electrónico disponible en: http://www.larramendi.es/i18n/consulta/registro.cmd?id=1115

______. *Casuismo y sistema: indagación histórica sobre el espíritu del derecho indiano*. Buenos Aires: Instituto de Investigaciones de Historia del Derecho, 1992.

______. *La ley en la América hispana: del descubrimiento a la emancipación*. Buenos Aires, Academia Nacional de la Historia, 1992.

Tomás y Valiente, Francisco. *La venta de oficios en Indias (1492-1606)*. Madrid: Instituto de Estudios Administrativos, 1972.

______. *Manual de historia del derecho español*. Madrid: Tecnos, 1998 [1979].

Tovar Pinzón, Hermes (Comp.). *Relaciones y visitas a los Andes*. (4 vols). Bogotá: Colcultura - Instituto Colombiano de Cultura Hispánica, 1995.

______. *Convocatoria al poder del número. Censos y estadísticas en la Nueva Granada (1750-1830)*. Santafé de Bogotá: Archivo General de la Nación, 1994.

Trasloheros, Jorge E. *Historia judicial eclesiástica de la Nueva España. Materia, método y razones.* México: unam, Instituto de Investigaciones Históricas, Porrúa, 2014.

_______. *Iglesia, justicia y sociedad. La Audiencia del arzobispado de México, 1528-1668.* México: Porrúa, Iberoamericana, 2004.

_______ y Zaballa Beascoechea, Ana de. (Coords.) *Los indios ante los foros de justicia religiosa en la Hispanoamérica virreinal.* Serie Historia General: 25. México: Unam, Instituto de Investigaciones Históricas, 2010.

Vallejo, Jesús. *Ruda equidad, ley consumada: concepción de la potestad normativa (1250-1350).* Madrid: Centro de Estudios Políticos y Constitucionales, 1992.

Weber, Max. *Economía y sociedad: esbozo de una sociología comprensiva.* México: fce, 2012 [1964].

Wiesner Garcia, Luis. *Tunja, Ciudad y poder en el siglo xvii.* Tunja: uptc, 2008.

Zaballa, Beascoechea, Ana de (Ed.). *Los indios, el derecho canónico y la justicia eclesiástica en la América virreinal.* Madrid: Iberoamericana, Frankfurt am Main: Vervuert, 2011.

Tesis

Carreño Rey, Clara Rocío. *Surgimiento y composición de la parroquia del Socorro. 1700-1750.* Trabajo de grado (Historiadora). Bucaramanga: Universidad Industrial de Santander, 2001.

Ceron Ortiz, María Cristina y Gelvez Pinzón, Elizabeth. *Demografía histórica del Socorro en el periodo colonial, 1684-1810.* Trabajo de grado (Historiadora). Bucaramanga: Universidad Industrial de Santander, 1997.

Cortés Yepes, Mónica. *Poder y conflicto en el siglo xviii: el caso San Gil-Socorro.* Trabajo de grado (Historiadora). Bucaramanga: Universidad Industrial de Santander, 1993.

González Undurraga, Carolina. *Esclavos y esclavas litigantes: justicia, esclavitud y prácticas judiciales en Santiago de Chile (1770-1823).* Tesis de grado (Doctora en Historia). México: El Colegio de México, 2013.

Llache Orduz, Guillermo. *Bautismos, matrimonios y defunciones en el Socorro, San Gil y Barichara, 1778-1837.* Trabajo de grado (Historiador). Bucaramanga: Universidad Industrial de Santander, 2006.

Montoya Gómez, María Victoria. *Los jueces y los desordenados: la administración de justicia y los esfuerzos por ordenar vistos a través de las relaciones ilícitas.*

El caos de la ciudad de Antioquia, 1750-1809. Trabajo de grado (Doctora en Historia). México: UNAM, 2013.

ONES, Synnove. *The politics of government in the Audiencia of New Granada, 1681-1719*. Trabajo de grado (Doctor en Historia). Warwick: University of Warwick, 2000.

VELASCO PEDRAZA, Julian Andrei. *"Distribuir justicia a aquellos leales vasallos": la estructura de la justicia capitular de la villa de San Gil, 1739-1771*. Trabajo de grado (Historiador). Bucaramanga: Universidad Industrial de Santander, 2011.

Artículos

AGÜERO, Alejandro. "El testimonio procesal y la administración de justicia penal en la periferia de la monarquía católica, siglos XVII y XVIII". En: *Acta Histriae*, No. 19, 1-2, 2011, pp. 43-60.

_______. "Las categorías básicas de la cultura jurisdiccional". En: LORENTE SARIÑENA, Marta (Coord.). *De justicia de jueces a justicia de leyes: hacia la España de 1870*. Madrid: Consejo General del Poder Judicial, 2006, pp. 23-36.

ALBORNOZ VÁZQUEZ, María Eugenia. "Seguir un delito a lo largo del tiempo: interrogaciones al cuerpo documental de pleitos judiciales por injuria en Chile, siglos XVIII y XIX". En: *Nuevo Mundo Mundos Nuevos* [En línea], puesto en línea el 15 de diciembre de 2007, consultado el 20 de abril de 2014. Disponible en: http://nuevomundo.revues.org/13033

_______. "La injuria de palabra en Santiago de Chile, 1672-1822". En: *Nuevo Mundo Mundos Nuevos* [En línea], puesto en línea el 07 de febrero de 2005, consultado el 19 de abril de 2014. Disponible en: http://nuevomundo.revues.org/240.

ÁLVAREZ OROZCO, René. "Artesano y producción manufacturera en la Nueva Granada: la industria textil en la provincia del Socorro, siglos XVIII y XIX". En: *Proceso Históricos*, No. 10, julio 2006.

BARRIERA, Darío. "Un rostro local de la monarquía hispánica: justicia y equipamiento político del territorio al sureste de Charcas, siglos XVI y XVII". En: CLAHR: Colonial Latin American Historical Review, Vol. 15, No. 4, 2006, pp. 377-418.

_______. "Por el camino de la historia política: hacia una historia política configuracional" en: *Secuencia*, Nueva Época, No. 53, mayo-agosto 2002, pp. 162-196.

______. "Justicias, jueces y culturas jurídicas en el siglo XIX rioplatense". En: *Nuevo Mundo Mundos Nuevos* [En línea]. Débats, marzo 2010. Consultado el 12 de abril de 2014. URL: http://nuevomundo.revues.org/59252

______. "Justicias rurales: el oficio de alcalde de la Hermandad entre el derecho, la historia y la historiografía (Santa Fe, gobernación del Río de la Plata, siglos XVII a XIX)". En: *Andes*, Vol. 24, No. 1, 2013. Descargado el 25 de marzo de 2014. Disponible en: http://www.scielo.org.ar/pdf/andes/v24n1/v24n1a01.pdf.

BOURDIEU, Pierre. "La codificación". En, *Cosas dichas*, Barcelona: Gedisa, 1993, pp. 82-91.

CLAVERO SALVADOR, Bartolomé. "La monarquía, el derecho y la justicia". En: MARTÍNEZ RUIZ, Enrique y DE PAZZIS PI CORRALES, Magdalena (Coords.). *Las jurisdicciones*. Madrid: Actas, 1996, pp. 15-38.

COLMENARES, Germán. "Factores de la vida política colonial: El Nuevo Reino de Granada en el siglo XVIII (1713-1740)". En: Jaramillo Uribe, Jaime (ed.). *Manual de historia de Colombia*. Tomo I. Bogotá: Procultura, 1982.

______. "La ley y el orden social: fundamento profano y fundamento divino". En: *Varia. Selección de textos*. Biblioteca Germán Colmenares. Santafé de Bogotá: Tercer Mundo Editores, 1998.

CONDE CALDERÓN, Jorge. "La administración de justicia en las sociedades rurales del Nuevo Reino de Granada, 1739-1803". En: *Historia Crítica*, No. 49, enero-abril 2013, pp. 35-54.

CUÑO BONITO, Justo. "El Consulado de Comercio: Cartagena de Indias y su papel económico y político en conflicto de independencia (1795-1821)". En: *Studia Histórica. Historia Contemporánea*, No. 27, 2009, pp. 311-348.

CUTTER, Charles R. "La magistratura local en el norte de la Nueva España: El caso de Nuevo México". En: *Anuario Mexicano de Historia del Derecho*, No. 4, 1992, pp. 29-39.

DEDIEU, Jean Pierre, "Procesos y redes. La historia de las instituciones administrativas de la época moderna, hoy", en: CASTELLANO, Juan Luis, DEDIEU, Jean Pierre y LÓPEZ-CORDÓN, Ma. Victoria (Editores), *La pluma, la mitra y la espada. Estudios de historia institucional en la Edad Moderna*, Madrid, Barcelona, Universidad de Burdeos, Marcial Pons, 2000, pp. 13-30.

______."El pleito civil como fuente para la historia social", *Bulletin Hispanique, "Hommage à François Lopez"*, No. 1, juin 2002, pp. 141-160.

DEL ARENAL FENOCHIO, Jaime. "La justicia civil ordinaria en la ciudad de México durante el primer tercio del siglo XVIII". En: *Memoria del X Congreso del*

Instituto Internacional de Historia del Derecho Indiano. México: UNAM, 1995, pp. 39-64.

GARRIDO, Margarita. "La justicia en un lenguaje de sentimientos". En: *Memorias del XIII Congreso nacional de historia de Colombia* [CD ROM]. Bucaramanga: UIS, 2006.

______. "La política local en la Nueva Granada". En: *Anuario Colombiano de Historia Social y de la Cultura*. Bogotá: Universidad Nacional, No. 15.

GARRIGA, Carlos. "Orden jurídico y poder político en el Antiguo Régimen". En: *ISTOR. Revista de Historia Internacional*, No. 16, Año IV, primavera 2004. [En línea].

______. "Concepción y aparatos de justicia: las reales audiencias de las Indias". En: *Cuadernos de Historia de la Academia Nacional de Derecho y Ciencias Sociales de Córdoba*, No. 19, 2009, pp. 203-244.

______. "Los límites del reformismo borbónico: a propósito de la administración de la justicia en Indias". En: BARRIOS PINTADO, Feliciano. *Derecho y administración pública en las Indias hispánicas*. Actas del XII Congreso Internacional de Historia del Derecho Indiano (Toledo, 19 a 21 de octubre de 1998). Vol. I. Cuenca: Ediciones de la Universidad de Castilla-La Mancha, 2002, pp. 781-821.

______. "Justicia y política entre Nueva España y México. De gobierno de la justicia a gobierno representativo". En: GAYOL, Víctor (Coord.). *Formas de gobierno en México. Poder político y actores sociales a través del tiempo. Vol. I: Entre Nueva España y México*. Zamora: Colmich, 2012. pp. 33-79.

______. "Justicia animada: dispositivos de la justicia en la monarquía católica". En: LORENTE SARIÑENA, Marta (Coord.). *De justicia de jueces a justicia de leyes: hacia la España de 1870*. Madrid: Consejo General del Poder Judicial, 2007, pp. 59-104.

______. "*Contra iudicii improbitatem remedia*. La recusación judicial como garantía de la justicia en la corona de Castilla". En: *Initum*, No. 11, 2006, pp. 157-382.

GAYOL, Víctor. "Colofón". En: ROJAS, Beatriz. *Cuerpo político y pluralidad de derechos: los privilegios de las corporaciones novohispanas*. México: Centro de Investigación y Docencia Económicas, Instituto de Investigaciones Dr. José María Luis Mora, 2007, pp. 275-295.

GEERTZ, Clifford. *Conocimiento local: ensayo sobre interpretación de las culturas*. Barcelona: Paidos, 1994, pp. 195-264.

González, María del Refugio y Lozano, Teresa. "El alcalde mayor o el corregidor como Jueces". En: *Revista de la Facultad de Derecho de México*. No. 142, 143, 144 (julio-diciembre), Sección Doctrina, 1985. Disponible en: http://www.juridicas.unam.mx/publica/librev/rev/facdermx/cont/142/dtr/dtr6.pdf

______ "La administración de justicia". En: Borah, Woodrow (Coord.). *El gobierno provincial en la Nueva España. 1570-1787*. México: Universidad Nacional Autónoma de México, [1985] 2002, pp. 83-116.

González Undurraga, Carolina. "Lo verbal en lo letrado. Una reflexión a partir de los procedimientos judiciales (Chile, fines de la Colonia y principios de la República)". *Nuevo Mundo Mundos Nuevos* [En línea], *Coloquios*, puesto en línea el 02 de julio de 2012, consultado el 30 de abril de 2014. URL: http://nuevomundo.revues.org/63570.

Gutiérrez, Jairo; Martínez, Armando y Guerrero, Amado. "Las categorías jurídicas de los procesos del poblamiento en la región santandereana". En: *Anuario de Historia Regional y de las Fronteras*. No. 1, 1995.

Gutiérrez Ramos, Jairo. "Recepción y uso de la Constitución de Cádiz en las provincias realistas de la Nueva Granada". En: Botero Bernal, Andrés (Coord.). *Cádiz en la Nueva Granada: ocho estudios sobre la constitución gaditana en el período de la independencia neogranadina*. Medellín: Universidad de Medellín, 2013, pp. 211-242.

Herrera Ángel, Martha. "Las divisiones político-administrativas del Virreinato de la Nueva Granda a finales del periodo colonial". En: *Historia Crítica*, No. 22, dic. 2001, pp. 76-104.

Herzog, Tamar. "Sobre la cultura jurídica en la América colonial (siglos xvi-xviii)". En: *Anuario de Historia del Derecho,* 1995, Vol. LXV, p. 903-911.

Jaramillo Uribe, Jaime. "La administración colonial". En: Jaramillo Uribe, Jaime (Ed.). *Manual de historia de Colombia*. Tomo i. Bogotá: Procultura, 1982.

Levaggi, Abelardo. "Los alcaldes de la Hermandad de Buenos Aires en el periodo hispánico. Nuevos aspectos." En: Sobenares Fernández, José Luis y Martínez de Codes, Rosa María (Coord.). *Homenaje a Alberto de la Hera*. México: unam, 2008, pp. 421-434.

______. "La alcaldía de Hermandad en el Virreinato del Río de la Plata (1776-1810) (Casuística y jurisprudencia)". En: *Revista de Estudios Histórico-Jurídicos*, Vol. xxxi, pp. 317-348.

Levi, Giovanni. "Un problema de escala". En: *Relaciones. Estudios de Historia y Sociedad*, Vol. 24, No. 95, 2003, pp. 279-288.

______. "Reciprocidad Mediterránea" En: *Hispania*, Vol. LX/1, No. 204 (2000), pp. 103-126.

______. "Sobre microhistoria". En: Burke, Peter (ed.). *Formas de hacer historia*, Madrid, Alianza Editorial, 1996, pp. 119-143.

Marín Leoz, Juana María y Vázquez Varela, Ainara. "Vecinos y moradores": Análisis de los alcaldes ordinarios del cabildo de Santa Fe entre 1700 y 1810" En: Alzate, Adriana María, Monolo, Florentino y Valencia Villa, Carlos Eduardo. *Imperios Ibéricos en Comarcas Americanas: estudios regionales de historia brasilera y neogranadina*. Bogotá: Editorial Universidad del Rosario, 2008.

Martínez Martínez, Faustino. "Acerca de la recepción del *Ius Commune* en el derecho de Indias: notas sobre las opiniones de los juristas indianos". En: *Anuario mexicano de Historia del Derecho*, No. 15, 2003, pp. 447-523.

______. "El proceso canónico y la verdad". En: González-Varas Ibáñez, Alejandro (Coord.). *El* Ius Commune *y la formación de las instituciones de derecho público*. Valencia: Tirant Lo Blanch, 2012, pp. 209-239.

Mayorga, Fernando. "La administración de justicia en el período colonial: instituciones e instancias del derecho indiano". En: *Revista Credencial Historia* (Bogotá), No. 136 (Abr., 2001), pp. 3-7; Biblioteca Virtual del Banco de la República, 2005. Disponible en: http://www.lablaa.org/blaavirtual/revistas/credencial/abril%202001/136colonia.htm

Mazín, Óscar. "Clero secular y orden social en la Nueva España de los siglos xvi y xvii". En: Menegus, Margarita, *et al. La secularización de las doctrinas en la Nueva España. La pugna entre las dos iglesias.* México: iisue-Bonilla Artigas Editores, 2010, pp. 139-206.

Montoya Gómez, María Victoria. "La jurisdicción de los jueces pedáneos en la administración de justicia a nivel local. La ciudad de Antioquia, 1750-1809". En: *Anuario Colombiano de Historia Social y de la Cultura*, Vol. 39, No. 2 julio-diciembre 2012, pp. 19-40.

Morelli, Federica. "Pueblos, alcaldes y municipios." En: *Historia Crítica*, No. 36, julio-diciembre 2008, Bogotá: Universidad de los Andes, pp. 36-57.

______. "El espacio municipal. Cambios en la jurisdicción territorial del cabildo de Quito, 1765-1830". En: Bellingeri, Marco (Coord.). *Dinámicas de antiguo régimen y orden constitucional: representación, justicia y administración en Iberoamérica, siglos xviii-xix*. Torino: Otto, 2000, pp. 261-294.

Muñóz Cogaría, Andrés David. "La administración de justicia penal y la criminalidad en la gobernación de Popayán (1750-1820)". En: *Anuario Colombiano de Historia Social y de la Cultura*, Vol. 40, No. 1, enero-junio 2013, pp. 19-48.

______. "Gentes abandonadas a una conducta la más degradante y criminal": delitos contra la propiedad y el honor en la Gobernación de Popayán (1750-1820). En: *Historia Caribe*, Vol. IX, No. 24, enero-junio 2014, pp. 17-61.

Olivera, Mercedes y Romero, María de los Ángeles. "La estructura política de Oaxaca en el siglo xvi". En: *Revista Mexicana de Sociología*, Vol. 35, No. 2, abril-Junio 1973, pp. 227-287.

Ots Capdequí, José María. "El régimen municipal en el Nuevo Reino de Granada durante el siglo xvii". En: *Universidad Nacional de Colombia*, Vol. 3, No. 5, enero-marzo 1946, p. 75.

Reyes Cárdenas, Catalina. "Corrupción, poder y abuso: el caso de los capitanes aguerra durante el tardío colonial en el Nuevo Reino de Granada". En: *Historelo. Revista de historia regional y local,* Vol. 5, enero-junio 2013, pp.42-72.

Rodríguez, B. M. "Una justicia corporativa. Saberes, prácticas y estrategias judiciales hacia el interior del Tribunal del Consulado de Buenos Aires (1794-1821)". En: *Anuario del Instituto de Historia Argentina*, No. 13, 2013, [En línea], descargado el 20 de agosto de 2014 de: http://www.anuarioiha.fahce.unlp.edu.ar/article/view/IHAn13a04

Ruiz Rivera, Julián B. "Reformismo local en el Nuevo Reino de Granada". En: *Temas Americanistas*, No. 13, 1997, pp. 80-98.

Salvat Monguillot, Manuel. "La 'Instrucción de regentes'". En: *Revista Chilena de Historia del Derecho*. No. 3, 1964, pp. 57-72.

Stone, Lawrence. "El derecho". En: *El pasado y el presente*. México: Fondo de Cultura Económica, 1986, pp. 215-226.

Tau Anzoátegui, Víctor. "La Monarquía: poder central y poderes locales". En: *Nueva historia de la Nación Argentina*, Tomo ii: *Periodo Español: 1600-1810*. Buenos Aires: Academia Nacional de la Historia y Editorial Planeta, 1999, pp. 221-250.

______. "Órdenes normativos y prácticas socio-jurídicas: la justicia". En: *Nueva historia de la Nación Argentina*, Tomo ii: *Periodo Español: 1600-1810*. Buenos Aires: Academia Nacional de la Historia y Editorial Planeta, 1999, pp. 283-316.

Tio Vallejo, Gabriela. "Presencias y ausencias del cabildo en la construcción del orden provincial: el caso de Tucumán, 1770-1830". En: *Aracauria*, año/vol. 9, No. 18, 2007, pp. 238-241.

______. "Los <<vasallos más distantes>>. Justicia y gobierno, la afirmación de la autonomía capitular en la época de la Intendencia. San Miguel del Tucumán". En: Bellingeri, Marco (Coord.). *Dinámicas de antiguo régimen y orden constitucional: representación, justicia y administración en Iberoamérica, siglos xviii-xix*. Torino: Otto, 2000, pp. 217-260.

Traslosheros, Jorge. "Orden judicial y herencia medieval en Nueva España". En: *Historia Mexicana*, Vol. lv, No. 4, abril-junio 2006, pp. 1105-1138.

______. "Invitación a la historia judicial. Los tribunales en materia religiosa y los indios de la Nueva España: Problemas, objeto de estudio y fuentes". En: Martínez López-Cano, María del Pilar (Coord.). *La Iglesia en Nueva España. Problemas y perspectivas de investigación*. México: unam, Instituto de Investigaciones Históricas, 2010, pp. 129-149.

______. "Armonía de voluntades. Potestades eclesiástica y secular en la Nueva España en el siglo xvii, a propósito de San Miguel el Grande". En: *Iberoamericana. América Latina-España-Portugal*, Nueva Época, No. 3, septiembre 2001. pp. 41-60.

Twinam, Ann. "La reformas sociales de los Borbones: una interpretación revisionista". En: Uribe-Urán, Víctor Manuel y Ortiz Mesa, Luis Javier (Eds.). *Naciones, gentes y territorios. Ensayos de historia e historiografía comparada de América Latina y el Caribe*. Medellín: Universidad Nacional de Colombia, sede Medellín, Universidad de Antioquia, 2000, pp. 73-102.

Vallejo, Jesús. "Amor de árbitros. Episodio de la sucesión de Per Afán de Ribera el Viejo". En: Scholz, Johannes-Michael. *Fallstudien zur spanichen and portugeisischen Justiz*. Frankfurt am Maim: Vittorio Klostermann, 1994, pp. 211-269.

______. "Leyes y jurisdicciones en el *Ordenamiento de Alcalá*". En: Waltman, Frank y Martínez de la Vega Mansilla, Patricia. *Textos y concordancias del* Ordenamiento de Alcalá. Madrid: Madison, 1994.

______. "Acerca del fruto del árbol de los jueces. Escenarios de la justicia en la cultura del *Ius Commune*". En: *Anuario de la Facultad de Derecho de la Universidad Autónoma de Madrid*. 2, 1998, pp. 19-46.

______. "Derecho como cultura. Equidad y orden desde la óptica del *Ius Commune*". En: De Dios, Salustiano, Infante, Javier, Robledo, Ricardo y Torijano,

Eugenia (Coords.). *Historia de la propiedad. Patrimonio cultural.* III Encuentro Interdisciplinar, Salamanca, 28-31 de mayo de 2002. Madrid: Servicio de Estudios del Colegio de Registradores, 2003, pp. 54-70.

Velasco Pedraza, Julián Andrei. "'Distribuir justicia en beneficio de aquellos leales vasallos': la estructura de la administración judicial en la villa de San Gil, 1739-1771". En: Bonnett, Diana, González, Nelson e Hinestroza, Carlos (Coords.). *Entre el poder, el cambio y el orden social en la Nueva Granada colonial. Estudios de caso.* Colección de Estudios Interdisciplinarios sobre la Conquista y la Colonia de América. Vol. 6. Bogotá: Universidad de los Andes, CESO, 2013, pp. 135-168.

______. "La Jura de Carlos III en la villa de San Gil: un aporte documental". En: *Anuario de Historia Regional y de las Fronteras,* No. XIII, 2008, pp. 203-228.

______. "Los alcaldes ordinarios y la administración de justicia en la villa de San Gil. 1760-1772: un esbozo preliminar". Ponencia presentada en el *V coloquio de Estudios Históricos del Nororiente Colombiano* (V Cehinc), Bucaramanga, 25, 26 y 27 de marzo de 2009.

Zorraquín Becú, Ricardo. "La función de justicia en el Derecho Indiano". En: *Conferencias y Comunicaciones,* Vol. III, No. XXIII, Instituto de Historia del Derecho. Buenos Aires: Universidad de Buenos Aires: 1948.

______. "La justicia capitular durante la dominación española". En: *Conferencias y Comunicaciones,* Vol. II, No. XVII, Buenos Aires: IHDA, UBA, 1963.

______. *La organización política argentina en el periodo hispánico.* Buenos Aires: Perrot, 4ta. edición, 1981, Capítulo I, pp. 11-67.

Anexos

Anexo 1. Glosario

Acuerdo. 1. Reunión de oficiales de una institución para tratar sobre un asunto. 2. Decreto o resolución que se generaba por votación en la anterior y que tenía carácter ejecutivo.

Alcalde partidario. También llamado foráneo o pedáneo. Cargo encargado de la administración judicial, del gobierno y de las labores correspondientes a un escribano en una parroquia o sitio. En principio tenía una jurisdicción limitada pero podía solicitar obtener la ordinaria y su territorio estaba dado por los límites del partido para el que era elegido.

Apercibimiento. Corrección disciplinaria que se aplicaba para evitar la continuidad de un comportamiento indebido.

Auto. Decreto judicial dado en un pleito criminal o civil.

Causa. Demanda, pleito, proceso o querella judicial.

Compulsar. Sacar una compulsa (copia) o traslado de un instrumento.

Compulsorio(a). Dícese del mandato de un juez para compulsar algún instrumento o proceso. Como sustantivo se usaba para designar el carácter de un despacho o una provisión.

Costas. Suma monetaria que debía pagarse por llevar a cabo un pleito judicial. Su monto estaba dado por la extensión material y el número de diligencias en la causa, ya que cada acción procesal o de un cargo, el papel sellado, así como la firma de las autoridades tenían valor. Comúnmente, quien resultaba culpable debía pagar las costas, pero en ocasiones algunas personas pedían llevar con esa carga.

Décima. Cada una de las partes de una cantidad divida en diez y que percibía alguna autoridad por concepto de su labor. Se solía pagar a los ministros de justicia que realizaban las ejecuciones.

Emolumento. La remuneración adicional a lo que percibía fijamente un oficio.

Jurisdicción. 1. Límite político-territorial de una ciudad, villa o entidad territorial (p.e., la jurisdicción de la ciudad de Pamplona o la de la gobernación de Girón) o una institución (p.e., jurisdicción de la Audiencia Quito). 2. Facultad de un oficial para impartir justicia en un ámbito o materia determinados.

Justicia(s). Cada uno de los oficiales que tenía algún tipo de potestad jurisdiccional.

Litis. Litigio, querella.

Oficial(es). Cada una de las personas que ocupaban un cargo al servicio del rey. La palabra era un genérico, pero en la real hacienda existía el cargo de Oficial Real.

Ordinaria(o). 1. Era la provisión o auto de una de las justicias a petición de una de las partes. Se designaba así por la frecuencia y orden en proveerse. 2. En el caso de funcionar como adjetivo, como sucede en la expresión *jurisdicción ordinaria*, esta significaba la que era distinta a la jurisdicción de comisión (temporal), para denotar el conjunto de facultades permanentes y completas de un oficial.

Partidos. Eran las jurisdicciones internas de una ciudad o villa que eran administradas por alcaldes partidarios. Los límites eran trazos por el cabildo o coincidían con las demarcaciones de las parroquias. Aunque la designación fue casi exclusivamente para esas divisiones internas, igualmente pueden encontrarse menciones a divisiones territoriales internas de cualquier tipo, o también mayores, con la misma palabra.

Partija. División o repartición de bienes, fuera en un proceso o extrajudicialmente.

Provisión. Despacho o mandamiento que en nombre del rey podían hacer algunos tribunales como la audiencia y que se debía ejecutar lo que allí se consignaba. 2. En otra acepción era la acción de dar un oficio o una dignidad (p.e. provisión de un cargo).

Público y notorio. Expresión que designaba que una determinada situación o condición de una persona, un grupo o en general, era conocida por un buen número de personas en un poblado. Esto podía implicar que los pormenores del asunto circulaban fácilmente.

Recusación. Era la excepción que se ponían a un juez para que no entendiera en una causa. El término también designaba la acción legal que se decretaba para evitar injusticias por parte de un empleado.

Traslado. Consistía en una copia dada a quien se pidiera o a quien se debiera para informarle del proceso que se había comenzado en su contra y al cual debía responder, o también para informar del estado del mismo.

Vindicta pública. La satisfacción de los delitos que se exigía como justicia y para ejemplo del público.

Anexo 2. Crecimiento demográfico real de algunas parroquias de la jurisdicción de San Gil, 1739-1771*

Año	Poblados					
	San Gil	Socorro	Simacota	Barichara	Charalá	Zapatoca
1739	64	248	13		17	
1740	48	211	37		104	
1741	102	314	69		32	
1742	91	245	85		78	
1743	59	263	67		136	
1744	31	245	116		178	-1
1745	21	268	80		163	0
1746	35	238	55		155	24
1747	102	322	61		200	22
1748	38	273			124	7
1749	14	296	74	35	59	21
1750	21	207	155	14	94	16
1751	7	222	41	21	157	10
1752	68	203	32	31	26	31
1753	-7	119	13	33	4	33
1754	16	105	85	25		26
1755	26	189	92	43		21
1756	27	150	35	21		19

Continúa

Año	Poblados					
	San Gil	Socorro	Simacota	Barichara	Charalá	Zapatoca
1757	36	196	70	1	183	18
1758		289	57	18	108	15
1759		206	113	14	213	56
1760		194	104	11	124	38
1761		319	31	15	182	21
1762		188	40	11	211	-26
1763		409	242	21	466	8
1764		527	185	13	428	10
1765		393	171	34	344	7
1766		253	-108	64	261	-1
1767		576	221	107	406	1
1768		329	122	89	275	0
1769		455	190	60	318	-2
1770		429	160	59	384	29
1771		410	161	93	340	15
Totales	799	9291	2286	833	4243	418

*Al número de bautismo se le restó el de defunciones en cada año. Los saldos son los datos consignados.

Fuentes: Archivo Histórico Regional (AHR) - UIS, *registros parroquiales*: bautismos y defunciones de San Gil (rollos 1699070 y 1699131), Barichara (rollos1699199 y1699449), Simacota (rollos 1855587 y 1855713), Charalá (rollos 1699447 y 1699504) y Zapatoca (rollos 1855743 y 1855833).

Anexo 3. Alcaldes ordinarios de la villa de San Gil, 1691-1789

Nombre	AO1	AO2	Otros cargos
Gómez Rubio Juan, capitán	1691*, 1707		Tesorero Santa Cruzada 1691
Meléndez de Valdéz Manuel, capitán	1694*, 1695	1701	
Gómez Romano Manuel	1703, 1724*	1694*, 1705	
Tamayo y Arnao Pedro	1701, 1705	1695	Juez para las composiciones de tierras 1701
Río Santellises Tomás del, capitán	1696		AO 1711
Domínguez Infante Francisco, capitán	1697*, 1711	1723*	
Ortíz Gabriel Ángel		1697*	
Cortés José, capitán y sargento mayor	1698, 1702		Alg M SF 1698, 1702
Rueda Nicolás de, capitán		1698*	
Pabón de Vasconcelos Fernando, maestre de campo	1699*		
Rueda Sarmiento José de		1699*	
Parra Antonio Tomás de la	1700	1703	AO 1713
Sánchez Martín, capitán	1702*, 1707		
Gómez Betancourt Ignacio, capitán		1702*	
Fernández Felipe	1704		
Alba Francisco de		1704	
Hurtado de Mendoza Ignacio Apolinar, capitán	1706		
Sarmiento de Olbera Tomás, capitán		1706	R más antiguo 1706, DV 1717, AO 1723

Continúa

Nombre	AO1	AO2	Otros cargos
Osses Forero Felipe de	1708		CNF, JCR y TSC 1708
Rodríguez Durán Juan, capitán	1709		AO 1719
Uribe Salazar Buenaventura de, capitán de caballos y corazas	1725	1709	AO 1719
Díaz Bermúdez Alonso, capitán	1710, 1714		
Parra Ordóñez Sebastián de la		1710	
Gualdrón de la Peña Cristóbal, capitán	1711		
Gómez Currea Pedro	1712		
Parra Francisco Tomás de la, capitán	1713		
Rivero Francisco Julían, capitán		1713	
Ortíz Pedro Justo	1721*	1714	
Gutiérrez de la Rosa Francisco, capitán	1715		AO 1716, Alg MSF 1716
Vesga Santiago Tomás de	1740*	1715	CNF JCR 1740
Uribe y Franco Esteban de		1716, 1724*	AO Foráneo del Soc. 1715
Currea de Betancourt Leonardo, capitán	1716, 1717		CNF, JCR 1716
Gómez de Velandia Francisco, comisario general de caballería		1717	
Díaz de Bustamante Domingo			DV 1717, AO 1722, DV 1727
García de Cabrera Juan, capitán	1718		FSO, CNF, JCR 1718
Díaz del Castillo Marcelo		1718	
Tavera de Acuña Francisco, cap. de infantería esp.			AO 1719
Hernández de Silva Juan			AO 1719
Gómez Romano Pablo	1720*, 1722*	1735	
Bautista de los Reyes Pedro, capitán		1720*, 1722*, 1728*, 1734	
González del Busto Carlos		1721*	
Ardila y Rivera Cristóbal de	1734		DV 1722, CNF, JCR 1734
Bautista de los Reyes Salvador		1725	
González de Noriega Bartolomé	1726*		
Sarmiento de Olbera Alonso		1726*	

Continúa

Nombre	AO1	AO2	Otros cargos
Pradilla y Ayerbe Francisco	1727*		
Fernández de Saavedra Salvador, capitán	1728*, 1732	1729, 1752*	CNF, JCR 1732
Ortíz de Zárate Bartolomé	1729		CNF, JCR 1729
Otero y Estrada Pedro de, capitán	1730*		FSO 1730
González de Heredia Luis, cap. y sargento mayor	1731		CNF 1731
Cárdenas Félix de		1731	
Tovar Justiniano José Simón de			AO y teniente gral. De cap. Gral. Superintendente de armas de Vélez y San Gil 1731
Maldonado de la Zerda Juan Antonio	1733	1742*, 1745*	CNF, JCR 1733, Alg MSO 1742
Camacho Savidos Bartolomé Francisco		1733	
Meléndez de Valdéz Miguel Antonio, maestre de campo	1735, 1744*, 1762		
Plata Juan Bernardo, capitán	1736*, 1748*		CN de SG, 1748
Aguayo y Garagarsa Antonio de, capitán	1737		CNF, JCR 1737
Plata Simón Faustino		1737	
Acevedo y Peñalosa Antonio de	1739*		
González del Busto Lorenzo	1749*	1740	CNF 1740
Álvarez Moller Gaspar	1741*		AO y R 1758
Vargas Sotomayor Manuel de		1741*	
Martín Moreno Juan	1742*		CNF 1742
Uribe Salazar Miguel de	1743*		
García de Cabrera Ignacio Javier		1744*	
Ferreira Francisco Antonio	1745*		
Zavala Santiago de	1746*		CNF de SG, 1746
Navarro y Murillo Pedro Joseph	1747*		
Vargas Hinestroza Francisco de		1748*	
Ruíz de Cote Manuel	1750 DV		Alf R, 1750; CNF y JCR
Martín Moreno Pedro Joseph		1750*	Alg M, 1750
Céspedes y Loyola Diego de, capitán			AO 1751

Continúa

Nombre	AO1	AO2	Otros cargos
Suárez Francisco	1751*		CNF de SG, JCR 1751
Archila Salvador de		1751*	
Ferreira Francisco Antonio	1752*		
Estévez Juan, Sargento	1753*		DV 1768
Suárez Francisco	1754*		AlfR 1754-1767, DV 1763, AO en reemplazo 1767
Ferreira Manuel	1756		
Plata Pedro Joseph	1757*		
Gómez Montero Joseph	1759*		
Silva y Velasco Juan Andrés de	1760		
Plata Pedro Antonio		1760, 1765	
Velásquez Pedro	1761		
Uribe Salazar Antonio José de		1762, 1770	
Plata Pedro José		1763	
Pradilla Miguel Vicente	1764, 1776		
Plata Juan Dionisio		1764	
Estengo Roque María	1765		
Rojas Ildefonso de			DV 1765
Enríquez Juan José			R, DV 1765
Fernández de Saavedra Ignacio		1766*	DV 1767
Sáenz de la Peña Felipe	1767, 1778*		
Plata y Acevedo Juan Bernardo	1771	1767*	AO 1768
González de Noriega Felipe	1768		
Uribe y Reyes Buenaventura de		1768	
Durán Noriega Manuel	1769		
Silva Joseph Simón de	1770		
Suárez Cristóbal José (regidor decano)			DV 1770, 1771; AlfR 1772, Alc Ord DV 1772, 1777, 1779
Sánchez de Tejada Ignacio		1771*	
Martínez de Ponte Félix (regidor decano)			Alc Ord DV 1772

Continúa

Nombre	AO1	AO2	Otros cargos
Martínez Martín	1772		AO 1775
Vargas Pedro Alejandro de	1773		
Cruz de Rueda Juan de la		1773, 1787	
Acevedo Ignacio Javier	1774		
Plata Pedro Ignacio		1774	
Sarmiento Gabriel Ángel	1775, 1787*		
Meléndez de Valdéz Diego	1782, 1789	1775	
García Salvador		1776	
Bautista de los Reyes Mateo		1777	
Martínez Nieto Juan Manuel	1780		
Cadena Pedro José de la		1780	
Acevedo Francisco		1782	
Cadena Carlos Joaquín de la	1783*		
Reyes Miguel de los		1783*	
Acevedo Juan Rafael de	1788*		
Navarro Ramón Javier		1789	

* No se tiene certeza si era de primera o segunda nominación.

AO: Alcalde Ordinario; AO1 o AO2: Alc Ord de primer o segundo voto; DV: Alcalde ordinario en depósito de vara; Alf R: Alférez Real; CNF: Corregidor de Naturales y Forajidos; JCR: Juez de Cobranzas Reales; R: Regidor; FSO: Familiar del Santo Oficio; Alg. M: Alguacil Mayor.

Fuentes: AGMSG, *Tribunal Superior*, Cajas 1-12; *Alcaldía de San Gil*, Cajas 1-12; *Fondo Notarial*, Paquetes 1-17; ANS, *Notaria Primera*, Tomos 1-16.

Anexo 4. Alcaldes partidarios de la jurisdicción de San Gil, 1739-1789

Fecha	Lugar	Nombre
1727	Valle de Oiba	García Pimentel Francisco, capitán
1727	Monguí de Cha.	Motta José de la
1727	Simacota (viceparroquia)	Rodríguez de León Pedro
1739	Monguí de Cha.	Mejía León
1739	Simacota	Camacho Francisco
1743	Simacota	Vergara y Gamboa Francisco José de
1744	Monguí de Cha	Martínez del Busto Enrique
1745	Oiba (feligresía del pueblo de)	Azuero Francisco
1747	Simacota	Tavera de Acuña Francisco Javier
1747	Monguí de Cha.	Villafrades José Enrique de
1748	Vicepar de Culatas	Arenas Lorenzo de
1750	Confines	Obregón Manuel Esteban de
1750	Monguí de Cha.	Chacón de Torres Santiago
1750	Simacota	Aziencio Francisco de
1750	Confines de Culatas (y para la feligresía de Oiba)	Félix Cancino
1750	Zapatoca (viceparroquia)	Duran Marcos
1751	Simacota	Rincón José del
1757	Monguí de Cha.	Reyes Alonso de los
1757	Simacota	Asiencio Franciso Javier de
1757	Oiba	Azuero Francisco de

Continúa

Fecha	Lugar	Nombre
1757	Zapatoca	Rueda Ortiz Francisco de
1757	Barichara	Gómez de la Parra Marcos
1760	Monguí de Cha	Mejía Murillo León
1760	Oiba	Pereyra Esteban
1760	S. Joaquín (vicep)	Plata Francisco José
1761	Monguí de Cha.	Meneses Francisco Calixto
1762	Oiba	Plata Juan Dionisio
1762	Zapatoca	Cruz de Rueda Juan de la
1763	Oiba	Arenas Juan José de
1763	Barichara	Ortiz Camargo José
1764	Zapatoca	Rueda Antonio de
1764	Valle de S. Joseph	Cala y Ardila Antonio de
1764	Simacota	Ramírez Juan Javier
1765	Monguí de Cha.	Meneses Francisco Calixto
1766	Barichara	Díaz del Castillo Juan Francisco
1766	Páramo (vicep)	Martínez Andrés
1766	Simacota	Vásquez Mateo
1766	Simacota	Díaz Félix
1767	Simacota	Vásquez Mateo
1767	Oiba	Niño y Rojas Francisco
1768	Monguí de Cha.	Gutiérrez de Arce Marcos
1768	Simacota (Alc Foráneo)	Berbeo Ignacio
1768	Simacota	Ramírez de Benavides Juan Javier
1769	Socorro	Fernández Domínguez Diego
1770	Oiba	Vargas Matías José de
1770	Barichara	Gonzáles de Noriega José
1770	Sube (sitio)	Camargo José
1770	Zapatoca	Rueda Francisco Javier de
1770	Zapatoca	Franco Diego

Continúa

Fecha	Lugar	Nombre
1770	Valle de S. Joseph	Salazar Domingo de
1771	Valle de S. Joseph	Ardila García Vicente de
1772	Zapatoca	Rueda Cortés Luciano Joaquín
1773	Barichara	Martínez de Ponte Gerbacio José
1775	La Robada	Gamarra Francisco Javier
1777	Zapatoca	Serrano Simón Tadeo
1777	Barichara	Gómez Alberto
1778	Zapatoca	Serrano Simón Tadeo
1778	Zapatoca	Forero Luis Fernando
1778	Barichara	Gómez Tello Francisco Javier
1778	Barichara	Cadena Carlos Joaquín de la
1779	La Robada	Ortíz Nicolás
1780	La Robada	Ortíz Pedro José
1782	Barichara	Sarmiento y Otero Ignacio Javier
1787	Barichara	Rueda Gil José de
1787	Barichara	Rueda Luque Pablo de
1787	La Robada	Gamarra Francisco
1787	Zapatoca	Naranjo de Rueda Mariano Joaquín
1789	Pueblo de Curití	Silva Agustín de

Fuentes: AGN. Sección Colonia, *Empleados públicos de Santander*, Tomos III, IV, VIII, IX, XV, XVI, XX y XXIX; *Miscelánea*, Tomos V y VI; AGMSG, *Fondo Notarial*. Paquetes 1-9. ANS, *Notaría primera*, Tomo 14.

Anexo 5. Escribanos de la villa de San Gil, siglo XVIII*

Nombre	Tipo	Años de ejercicio	Otros cargos
Peláez de Estrada Custodio	EP	1701-1710, 1719	
De Bustos Pérez Manuel	EP	1711	
Ruiz Álvarez Sebastián Antonio	EP	1719-1720	EP-Socorro 1711-16
De Fonseca y Rojas Alberto Justiniano		1721-1726	
Gómez Rubio Pedro	EP	1723, 1725-1729	
Ortiz Navarro Francisco José		1727	
De los Santos Girón Pedro		1729-1730	AF 1729-30
Cortés de la Peñuela Andrés		1730-1733	
Álvarez Moller Gaspar	EN	1733-1738	AO 1741, R-DG 1758-64
Martín Moreno Diego	EC	1735-1738	
Berbeo Andrés Justino		1740-1746	ASH 1736
De Luque Obregón Nicolás		1747-1760; 1763	
De Rueda Rosales Nicolás Ignacio		1762, 1764-1765	
Santiago de Esparza Felipe		1769-1770	
González Ignacio José		1770, 1772, 1774-1775	
Cortés José Joaquín		1779-1780	
Nieto de Paz Jorge		1782, 1784	

Continúa

Nombre	Tipo	Años de ejercicio	Otros cargos
Carlier José Isidro	EN	1784-1785, 1787, 1789	
Zapata Nicolás Mariano		1804,1807	
Amaya Eusebio de		1807	
Álvarez Joaquín Fernando		1808	

*Las fechas consignadas son de los años en que se tiene seguridad que desempeñaron el cargo.

EP: escribano público, EC: escribano de cabildo, EN: escribano del número, AF: alférez real, AO: alcalde ordinario, ASH: alcalde de la Santa Hermandad, R-DG: regidor depositario general.

Fuentes: AGMSG. *Fondo notarial*, Paquetes 1-18; ANS, *Notaría primera*, Tomos 1-18; AGN. Sección Colonia, *Empleados públicos de Santander*, Tomos II-IV, VII, XI-XII, XIV y XX.

Este libro fue compuesto en caracteres Garamond Premier
Pro 11,5 puntos, impreso sobre papel propal de 70 gramos
y encuadernado con método *Hot Melt*,
en octubre de 2015, Bogotá D. C., Colombia
Xpress. Estudio Gráfico y Digital S.A.

Made in the USA
Monee, IL
18 October 2026

66035470R00173